W0073257

An einem ganz normalen Sommertag in Kalifornien war es so weit. Peter Unfried wusste: Mist, es muss sich etwas ändern. Nicht, dass er vorher noch nie von der Klimakatastrophe gehört hätte. Selbstverständlich hatte er sich damit beschäftigt – aber unkoordiniert und theoretisch, wie man es mit vielem macht. Nach dem Motto: Sicher wichtig, aber man hat ja auch noch anderes zu tun.

»Öko« schildert eine beispielhafte Entwicklung vom gedankenlosen Genießer zum verantwortungsbewussten Konsumenten, der beherzt an seiner persönlichen Energiewende arbeitet. Peter Unfrieds amüsanter Selbstversuch liefert dabei ganz konkrete Handlungsmöglichkeiten: Welches Auto? Welcher Strom? Welcher Kühlschrank? Wie kann das eigene Haus aussehen? Der Satz »Ich allein kann ja sowieso nichts gegen den Klimawandel tun« gilt nicht mehr!

Peter Unfried lebt mit einer Frau, zwei Kindern und Dreiliter-Auto in Berlin und ist Chefreporter der *taz.*

PETER UNFRIED

ÖKO

Lebe wild und emissionsfrei!

Aktualisierte Ausgabe
April 2011
DuMont Buchverlag, Köln
Alle Rechte vorbehalten
© 2008 DuMont Buchverlag, Köln
Umschlag: Zero, München
Umschlagabbildung: FinePic®, München
Gesetzt aus der Garamond und der DIN
Satz: Fagott, Ffm
Druck und Verarbeitung: CPI – Clausen & Bosse, Leck
Gedruckt auf säurefreiem und chlorfrei gebleichtem Papier
Printed in Germany
ISBN 978-3-8321-6161-3

www.dumont-buchverlag.de

INHALT

12
Mein Energie-Plan

EINLEITUNG

Mist. Jetzt muss etwas passieren. Bei mir!

Ich kam aus der Nachmittagsvorstellung. Trat auf die Pacific Avenue. Blinzelte in die Sonne. Seufzte.

Keine Ahnung, warum, aber ich wusste: Es war so weit.

Es lag nicht an Amerika. Ich flog jeden Sommer nach Kalifornien. Seit Jahren. Weil es Spaß machte und großartig war und weil man nur einmal lebt. Es war auch nicht so, dass ich an diesem Sommertag des Jahres 2006 durch Al Gores Dokumentarfilm *An Inconvenient Truth* erstmals über die Gefahr einer Klimakatastrophe informiert worden wäre.

Ich bitte Sie.

Selbstverständlich hatte ich mich mit Klimawandel, Kohlendioxid, Lebensstil und Konsum beschäftigt; aber unkoordiniert, theoretisch, wie man es mit vielem macht. Sicher wichtig. Aber man hat ja auch noch anderes zu tun.

Es ist erstaunlich, wie sich aus der Zufälligkeit des Moments das Unbehagen am Äußeren, einer drohenden Klimakatastrophe, und die Unzufriedenheit mit dem Inneren, einigen Aspekten des eigenen Lebens, verdichten kann zu einer grundsätzlichen Erkenntnis.

Ich kam damals aus dem Kino und wusste: Jetzt muss etwas passieren. Und zwar bei mir.

Der Tag war da, wo selbst das Beschwören des Ö-Wortes nicht mehr half. Ö wie Ökologie. Hässliche Menschen. Runzlige Rüben. Moralisches Getue. Diesmal ließ sich die Sache nicht mehr wegdrücken: Ich war bereit, ein »Neuer Öko« zu werden.

Und dann beginnt das, was ich in diesem Buch zu beschreiben versuche: Ich würde es eine lebensverändernde Bewusstseinserweiterung nennen.

Meine Erfahrung: In der ersten Phase braucht so ein Neuer Öko Leitbilder, an denen er sich orientieren kann. Es braucht jemand wie Al Gore, der den planetarischen Ansatz der Sache verdeutlicht. Und es braucht Freunde und Vorbilder im täglichen Leben, die zeigen, wie es geht, anders zu leben. Und dass es geht, ohne komplett uncool zu werden und im Ansehen der Peer-Group zu sinken, der liebsten und wichtigsten Menschen oder auch nur irgendwelcher dahergelaufener Arschlöcher.

In der Fortgeschrittenen-Phase agiert der Neue Öko auf der Grundlage eines größeren Wissens, eines neuen Selbstbewusstseins und einer relativen Begeisterung für seine Sache: Er weiß jetzt, dass er richtig liegt. Er hat gemerkt, wie sich mit dem neuen Ansatz persönliche, soziale, ökologische und globale Interessen vereinen lassen. Er hat jetzt keine Angst mehr, sich lächerlich zu machen.

Bei mir war der eher unbewusste Kauf eines klimafreundlichen Dreiliter-Autos die Initiation zu einer neuen Art von Konsum. Erst die Erfahrung mit dem neuen Produkt hat eine grundsätzliche Veränderung des Konsumverhaltens nach sich gezogen.

Kurz gesagt: Es war der beste Kauf meines Lebens, und deshalb wollte ich mehr. Nicht mehr Konsum. Sondern mehr bewussten Konsum. Im Laufe dieser Entwicklung wird die angenehme und bequeme Freiheit des Ignoranten ersetzt durch Kompetenz und, nun ja, in zunehmendem Maße durch Prinzipien. Was andere für die Rückkehr des Fundamentalismus halten – oder halten wollen –, ist eine ständig klarer herausgearbeitete Leitlinie, an der sich der Konsument orientiert und nach der er einen immer größer werdender Teil seines Lebens ausrichtet. Sie markiert den Übergang vom bewusst gleichgültigen Hedonisten zum bewussten und hedonistischen Neuen Öko.

Es irrt, wer nun denkt, es gehe hier letztlich um ein bisschen Bio-Karotten, Wellness und ein fair gehandeltes T-Shirt. Lebensstil und Konsum des neuen Konsumenten basieren nicht primär auf persönlicher Gesundheit und Ernährung. Sie sind vielmehr Ausdruck und Zuspitzung der Bereitschaft, eine entscheidende Zukunftsfrage der Gesellschaft anzugehen: die Energie-Frage. Ich verstehe mich als politisch und ökologisch agierender Konsument. Mein Ziel lautet: Viel weniger und andere Energie zu verbrauchen. Das klingt auf den ersten Blick nicht gut, aber das täuscht. Am Ende der Entwicklung steht – entschuldigen Sie das Pathos – ein schöneres und besseres Leben.

Das eine wird kleiner, das andere wichtiger. Vor allem erlebt man in einem halben Jahr mehr als vorher in fünf Jahren. Das ganze Leben wird viel intensiver.

Vielleicht sollte ich vorsichtshalber erwähnen, dass ich keiner Partei angehöre, keinen Platz in irgendeinem Himmel erwarte, nicht übermäßig an das Gute glaube, nichts von Esoterik halte, aber Dachgeschosswohnungen, Rotwein und Schweinefleisch mag. Ach ja, und dass ich leider immer ziemlich lange brauche, um grundlegende Dinge herauszufinden. Vielleicht ist das der Grund, warum ich richtig begeistert bin, wenn es mir endlich gelungen ist.

Wie der Klimawandel die Menschen erreichte

Das Thema Klimawandel gehört seit anderthalb Jahrzehnten zum Repertoire der Politik. Seit 1990 gibt es Klimaschutzziele der deutschen Regierung, einige dieser Ziele sind sehr beachtenswert. Schade nur, dass man damit traditionell keine Wahlen gewinnen kann.

Wer jedenfalls glaubt, dass Machtpolitiker wie Angela Merkel (CDU) oder Sigmar Gabriel (SPD) das Klima aus persönlicher Überzeugung im Handumdrehen retten, hat womöglich verpasst, wie sie sonst agieren. Und wem sie verpflichtet sind. Merkel etwa kämpfte zeitweise für Kohlendioxidreduzierung – und gleichzeitig an der Seite der Autoindustrie gegen klimafreundlichere Autos. Früher hätte man das Schizophrenie genannt, heute heißt es Realpolitik. Merkel beobachtet aber selbstverständlich sehr aufmerksam, wie Gesellschaft und Medien mit dem Thema umgehen.

Seit Mitte der 90er berichten die Medien bemüht und pflichtschuldig von diversen Welt-Klimaveranstaltungen, von denen es im Schlusskommentar regelmäßig heißt, dass sie »enttäuschend« verliefen und mit unbefriedigendem Ergebnis geendet hätten. Und damit zum Sport.

Im Herbst 2006 ging das Thema dann plötzlich. Klimasendungen, Klimasonderbeilagen, Klimamagazine, überall Tipps, wie man Energie sparen und damit die Welt retten könne.

Wie kam's? Ursache war ein Zusammenkommen mehrerer Ereignisse. Die Zerstörung von New Orleans durch den Hurrikan »Katrina« wirkte kollektiv nach. Der Winter in Deutschland war warm und schneefrei, was nicht nur die Mittelgebirgs-Tourismusindustrie alarmierte. Mit dem ehemaligen Weltbankchef Nicolas Stern rechnete kein Öko-Spinner, sondern ein Ökonom der Weltspitze in seinem Report vor, was die Klimakatastrophe kosten wird, beziehungsweise was sich bei rechtzeitigem Handeln sparen lässt. Eine Bekämpfung des Klimawandels würde laut Stern jährlich etwa ein Prozent des weltweiten Bruttosozialprodukts kosten, die Schäden des Klimawandels dagegen das Fünf- bis Zwanzigfache. Etwas tun ist billiger als nichts tun? Das machte nachdenklich.

Der IPPC-Report des UN-Klimarates traf die Voraussage, dass nur noch fünfzehn Jahre bleiben, um Schlimmeres zu verhindern, und veranschlagte die Wahrscheinlichkeit, dass der Mensch Verursacher des Klimawandels ist, mit 90 Prozent. In einem anderen Jahr hätte man gesagt: »Ach, was?« Nun reichte selbst das für Schlagzeilen wie »Mensch schuld an Horror-Klima«. Vieles, was ventiliert wurde, war nicht wirklich neu. Vieles, was diskutiert wurde, nicht wirklich fundiert. Aber mehr und neue Leute fingen an, darüber zu lesen, zu reden und nachzudenken.

Und dann war da noch etwas: Al Gore, der ehemalige Vizepräsident Bill Clintons, stieg auf vom nationalen Problem zur globalen Lösung. Vom peinlichen Verlierer des Jahrhunderts zum planetarischen Über-Präsidenten. Was immer man von seinen Jahren als Vizepräsident halten mag, in denen die Clinton-Regierung samt Gore das erkannte Problem ausgesessen hat: Spätestens mit der Zuerkennung des Friedensnobelpreises war Gore endgültig zum Symbol dafür geworden, dass es Wichtigeres gibt als Wirtschafts-, Macht- und Realpolitik. Und Größeres, als US-Präsident zu sein.

Gores Dokumentarfilm *An Inconvenient Truth* über die Folgen des Klimawandels hatte in Deutschland nicht jene inhaltliche und kulturelle Wucht, die er in den USA entfaltete. Dort avancierte er zum dritterfolgreichsten Dokumentarfilm aller Zeiten und Oscar-Gewinner.

In den USA sind allerdings zwei Dinge anders: Der Kenntnisstand und das Bewusstsein waren und sind noch deutlich geringer ausgeprägt als in Deutschland. Die Bereitschaft der Glamour-Elite – etwa in Hollywood – das Thema zu transportieren, ist deutlich größer.

Die deutschen Experten krittelten schnell und teilweise zu Recht daran herum und bemängelten, dass Gore zwar Lösung symbolisiere, aber keine Lösungen präsentiere. Aber die begleitende Berichterstattung rückte ihn auch in Deutschland ins Zentrum des Themas. Und thematische Neueinsteiger kamen zumindest sehr nachdenklich aus dem Kino raus. Kein halbes Jahr nach Erscheinen des Films ging dann gar die SPD-Bundestagsfraktion geschlossen ins Kino – und kehrte richtig mitgenommen zurück. Spätestens da war klar, dass das Thema Klimakatastrophe nicht nur am Rand der Gesellschaft angekommen ist, sondern auch in deren Mitte.

Horst-Eberhard Richter, der Gießener Elder Statesman der Psychoanalytik, sah das Thema Klimawandel nun fest verankert in der Gesellschaft. »Das kriegt man aus den Leuten nicht mehr raus.« Sie würden es »bis tief in die eigenen Lebensentwürfe hinein« spüren.

Trotzdem, so die Kritiker, habe sich faktisch wenig bis nichts bewegt, sehe man davon ab, dass ein paar Energiesparlampen eingedreht wurden. Damit ignorieren sie aber etwas Entscheidendes: Es gibt nicht nur die, die es schon immer wussten, und die, die es niemals wissen wollen. Es hat zwar keinen Schlag getan, aber in einigen Bereichen ist Bewegung entstanden.

Menschen haben angefangen, sich neu zu orientieren. Das meint übrigens auch nicht, dass einer jetzt *Bionade* trinkt statt *Coke*. Man sieht es auch noch nicht an riesigen Verkaufszahlen von umweltfreundlichen Autos, aber etwa am kleinen, doch wachsenden Markt für Flugkompensationszertifikate oder Ökostrom. Vor allem der Wechsel zu Ökostrom ist eine konsumistische und politische Entscheidung, die nach meiner Erfahrung häufig am Anfang einer grundsätzlichen Einarbeitung in die Energiefrage steht – und in der Folge einer Evaluierung des eigenen Lebensstils und Konsums. Es gibt einen generellen Wissens- und Kompetenzzuwachs. Erst wer weiß, wie viel Energie er eigentlich womit verbraucht, fängt an zu überlegen, wie es besser gehen könnte: Er wird das, was ich einen Neuen Öko nenne.

Dass die Klimakonferenz von Kopemhagen Ende 2009 ohne Ergebnis blieb, war zwar nicht erfreulich, aber erwartbar. Neu war, wieviele Millionen Menschen das alarmiert hat. Das zeigt: Das größte Bewegungspotential steckt in den Köpfen von Millionen Menschen – und das wurde gerade erst angestoßen.

Was ist ein Neuer Öko?

Die Neuen Ökos waren noch gar nicht geschlüpft, da hatte das Magazin *Der Spiegel* bereits alles entlarvt. Dieses ganze Getue plötzlich mit den Energiesparlampen, den Toyota Prius', den Role Models aus Hollywood, den Flugkompensationszahlungen und der ganze, neue Ethik-Kram! »Sie wollen unbedingt ein bisschen die Welt retten. Aber sie wollen dabei auf nichts verzichten, am wenigsten auf Stil.« Andere Kritiker schlossen sich an: Grüne Yuppies, mehr nicht. 30- bis 50-jährige Besserverdienende, die »vom Weltschmerz erfasst« seien, sowie neue Unternehmen, die das moralische Catering dieser Kundschaft als Geschäftsfeld ausschlachteten. Früher war diese Sorte Mensch nur ästhetisch fixiert, dann entdeckten sie Bio-Fleisch, nun stehen sie auch auf gute, saubere Ethik bei der Herstellung von T-Shirts. Oder soll man es so sagen: Sie haben ihre Ästhetik mit der Ethik-Zufuhr gemixt, erweitert und daraus einen neuen Brand designt, der sie eine Zeit lang aufgeilt. Die passende Studie war selbstredend gleich zur Hand, in der behauptet wurde, letztendlich gehe es um »Selbstverwöhnung«.

Zeit-Herausgeber Josef Joffe hat die neue Ökologisierung ähnlich gesehen, als er klimabewussten Autokäufern vorwarf, sie wollten sich doch letztlich nur »gut fühlen«. Das mag im Einzelfall stimmen.

Die Reduzierung des Klimabewusstseins auf eine selbstsüchtige Ego-Aktion greift indes zu kurz. Weil sie die Psychologie in den Vordergrund stellt, aber die reale Leistung missachtet. Egal wie einer sich dabei fühlt: Es wird schlicht Kohlendioxid und Energie gespart, wenn jemand dieselbe Strecke mit derselben Fahrweise statt in einem großen Mercedes mit einem Toyota Prius fährt.

In der Fortführung der Diskussion wird man fragen können, ob dieselbe Strecke nicht zu Fuß, mit einem Elektroauto oder mit der Bahn zurückgelegt werden könnte, ob viele Menschen in dem Auto sitzen – oder man die Fahrt nicht überhaupt vermeiden kann. In einem ersten Schritt aber ist der Prius eine real und symbolisch wirkende Verbesserung. Er ist besser. Und sein Anblick auf der Straße signalisiert: Es geht besser. Viel besser.

Die nächste Frage ist, ob globale Ziele und sehr persönliche Ansprüche tatsächlich so verbunden werden können, dass sie wirksam sind im Bestreben, globalen Klimawandel erträglich zu gestalten. Naheliegend ist begründeter Defätismus, also zu sagen: Das klappt nie. Interessanter und relevanter ist es aber, darüber nachzudenken, wie es klappen kann – trotz allem, was dagegen spricht.

Von Yuppies zu Lohas

Mal abgesehen von der Menschheit als Ganzes: Auch die deutsche Gesellschaft bestand zu keinem Zeitpunkt aus Yuppies einerseits und Wollsocken-Müslis andererseits, die sich als feindliche Kulturen gegenüberstanden. Hier die Hedonisten und Materialisten, dort die Naturalisten und Anti-Konsumisten. Es gibt eine breite Mitte dazwischen, die in viele kleine Lebensstilgruppen parzelliert ist.

Aber mal angenommen, es wäre so: Dann könnte man sagen, dass die traditionellen Ökos längst auf dem Land in ihren Energieplus-Häusern sitzen, das Fahrrad oder schlimmstenfalls das Pflanzenöl-Auto in der Garage, mit dem sie morgens zum Bahnhof fahren. Während die neue Spezies seit einiger Zeit nicht mehr nur »schöne« Waren kaufen will, sondern schöne und »gute« Waren. Demnach wäre der Alte Öko sich treu geblieben, während der Neue Öko letztlich nur ein grün angestrichener Yuppie wäre.

Eine Zwischenform von Ökos und Yuppies kennen die Trendforscher bereits seit einiger Zeit: Es sind sogenannte Lohas, also Menschen, die »Lifestyles of Health and Sustainability« pflegen. Qua Definition individualistische Personen, die ihren Lebensstil genussorientiert an Nachhaltigkeit und Gesundheit orientieren. Die den Kapitalismus vielleicht theoretisch ablehnen oder auch längst nicht mehr, auf jeden Fall praktisch das Beste daraus machen.

Was Lohas ausmache, definierte das Zukunftsinstitut in einer Studie, sei die Integration bisher als widersprüchlich angesehener Bedürfnisse wie Nachhaltigkeit und Genuss, Umweltorientierung und Design, Ethik und Luxus, Einfachheit und Technik. Kurz: Sie führen Widersprüche zu einem schönen Leben zusammen. Zum Beispiel fliegen sie oft und mit Begeisterung in der Weltgeschichte herum, um dort sanftem und nachhaltigem Tourismus zu frönen. Das Hamburger Trendbüro kommt in einer Konsum-Ethik-Studie zu dem freundlichen Schluss, dass aus dem ideologischen und gesellschaftspolitischen Thema »Ökologie« oder »Nachhaltigkeit« zwar ein egozentrierter »Wohlfühlfaktor« geworden sei, dass dieser aber wohl stärker zur Verbreitung umweltgerechter Verhaltensweisen beitrage als Jahrzehnte angestrengter Umweltbildungsmaßnahmen. Vor allem hätten die Lohas das Thema in die »Mitte der Gesellschaft« gebracht.

Eines darf man vom Typus des Neuen Öko nicht annehmen: dass es sich um ein Milieu, eine homogene Gruppe der Gesellschaft handele oder handeln werde – mit identischen Verhältnissen, Einkommen, Gepflogenheiten oder Parteizugehörigkeitsgefühlen.

Man kann Latte-Macchiato-Trinker sein oder Latte-Macchiato-Trinker-Hasser, fest angestellt oder sich der digitalen Bohème zurechnend, politisiert seit den Sommern auf Nicaraguas Kaffeeplantagen oder seit Jahren nicht wählen. Oder seit Jahren die CSU wählen.

Neue Ökos entstehen in diversen Milieus, Schichten und Gruppen der Gesellschaft. Neue Ökos können sich aus den gerade angesprochenen Lohas entwickeln, aus bisher vor allem ernährungsbewussten Menschen, aus Hedonisten und im Prinzip aus fast allen Menschen. Wenn man mal von Alt-Marxisten, Feuilletonisten und Spitzenpolitikern absieht. Erstere sind meiner Einschätzung nach zu theoretisch und zu wenig pragmatisch, zweitere zu weltfremd und ästhetisch fixiert. Und die Dritten interessiert das Thema einfach nicht.

Was Neue Ökos bei allen Unterschieden eint: dass sie auf Klima- und gesellschaftlichen Wandel mit neuem Denken, neuen Lebensmustern und neuem und anderem Konsum reagieren. Der Neue Öko entwickelt sich – als Individuum und als Gruppe – langsam, aber mit wachsender Geschwindigkeit. Man muss sehen, dass die meisten Menschen Kyoto (das Wort steht wie »Kopenhagen« als Pars pro toto für die »entscheidende« Welt-Klimakonferenz, nach der nichts passiert ist) und die ganze unangenehme Sache mehr als ein Jahrzehnt ignoriert oder verdrängt haben. Das wird mit Kopenhagen nicht mehr passieren.

In einem fortgeschrittenen Stadium ist der Neue Öko kein inkonsequenter Kapitalismus-Kritiker (mehr), sondern agiert konsequent als bewusster Konsument. Er hat seine Rolle als Bürger auf seinen Konsumbereich ausgeweitet oder die Möglichkeiten entdeckt, dort individuell und kollektiv zu wirken. Das kann er speziell dann, wenn er anständig Geld verdient oder zur Verfügung hat.

Bewusster Konsum heißt: beim Kauf von Waren Prioritäten setzen auf ökologische Qualitäten, Art der Herstellung und Umgang des Unternehmens mit seinen Angestellten. Die Logik lautet: Wenn viele anfangen, bewusst zu konsumieren, wird die Ohnmacht des Individuums aufgehoben, der Markt verändert und dadurch vieles verbessert. Der bewusste Konsument schafft also im Idealfall eine Win-win-Situation: Er verbessert sein eigenes Leben und er tut etwas für einen besseren Markt und gegen den Klimawandel.

Der Neue Öko ist als Konsument kein Zitierer. Auf keinen Fall will er den klassischen Öko zitieren. Vor allem dann nicht, wenn er ein konventionell lebender und arbeitender Mensch ist, der bisher einen angestrebten Bohème-Anteil in seinem Leben durch einen speziellen, individuellen, unkonventionellen, ästhetischen Konsum realisieren wollte.

Kann gut sein, dass er es dabei belassen hätte, dieses Modell zu verfeinern, wenn das Problem des Klimawandels nicht seine Welt erreicht hätte. Kann aber auch sein, dass er gemerkt hat, dass das in (West)Deutschland herrschende Lebensstil- und Lebensglücksmodell an ein Ende gekommen ist – und sich auch ohne Klima- und Energieproblem neu orientiert hätte.

Der Neue Öko zitiert auch nicht mehr oder kaum noch ironisch andere Lebensstile, um damit gleichzeitig affirmativ zu sein und eine Abgrenzung fühlen zu können, er ist postideologisch und postironisch.

Das alles heißt nicht, dass er seinen Weißwein nicht penibel auf acht Grad zu kühlen wüsste. Er würde sich aber nicht mehr eigens einen Weißwein-Kühlschrank kaufen, wie er das vielleicht unlängst noch erwog. Und er wird dieses Leben ohne Weißwein-Kühlschrank nicht als Verzicht empfinden.

Der entscheidende Unterschied zu grünen Yuppies oder zum eigenen früheren Leben ist die Fokussierung. Konsum, Genuss, Bio-Käse- oder Autokauf und letztlich Leben orientieren sich an einem prioritären Ziel: sofort viel weniger Energie verbrauchen – und bald nur noch erneuerbare.

Im fortgeschrittenen Stadium macht der Neue Öko nach meiner Einschätzung und einer ultimativen Forderung meiner Frau nicht mehr so viel Wind um sein Tun wie ich jetzt gerade noch: Ökokonsum und Ökobewusstsein sind dann ganz normaler Bestandteil seines Lebens geworden.

Und dann ist es gut.

ZWISCHENSPIEL

Wirst du wirklich Öko?

»Sag mal, wirst du jetzt eigentlich wirklich Öko?«

Christian Minki ist ein Mensch, der mit mir viele schöne Stunden in verrauchten Kneipen verbracht hat. Genauer gesagt: Er hat die Kneipe verraucht, ich nicht.

»Wie meinst du das?«

»Du weißt schon. Ich meine: wirklich.«

Minki ist Journalist. Trägt immer Jackett zu Jeans. Wenn er zufällig Leute trifft, die er aus beruflichen Zusammenhängen kennt, hat er plötzlich so ein seltsames Lächeln im Gesicht, das ich sonst nicht von ihm kenne. Ganz seltsam.

»Was ist denn das nur für ein schleimiges Grinsen, das du kriegst, wenn du die Grünen-Chefin siehst?«

Er versteht nicht, was ich meine.

Dabei ist es ganz einfach: Wir haben unsere Kontakte nicht gemacht, um in vier Jahren beim *Spiegel* zu landen. Oder beim *Focus.* Wir nicht.

Wir waren einfach nicht professionell genug. Sondern geprägt von denen, die von 1968 geprägt waren. Da machte man so was nicht. Minki ist nicht geprägt von denen, die von denen geprägt sind, die von 1968 geprägt sind. Sonst müsste er ja von mir geprägt sein. Ist er aber nicht. Vor allem nicht, seit ich auf dem Öko-Trip bin.

Er würde nicht darüber klagen, dass Energiesparlampen durch ihr klobiges Durchschimmern das Erscheinungsbild seiner Wagenfeld-Leuchte stören. Das ist nicht sein Niveau. Aber er lauert schon darauf, dass ich seinen Minivan verdamme, den er vor zwei Jahren »wegen der Kinder« angeschafft hat. Kinder ist übertrieben. Im Moment hat er erst eins. Den Minivan hält er für schlimm und Opfer genug.

Ich merke, wie Minki mich manchmal von der Seite anschaut. Vor allem wenn ich ins Öko-Dozieren komme. Leider komme ich mittlerweile öfter ins Öko-Dozieren. Dabei passe ich doch schon auf oder denke zumindest, dass ich aufpasse.

Das hört er sich dann an, und manchmal nickt er sogar. Ein richtiges Gespräch entsteht aber selten daraus.

Einmal, als ich ziemlich ausgeholt hatte, sagte er sehr freundlich: »Früher warst du lustiger.«

Ich? Lustiger?

Es macht einen sauer, wenn einem gesagt wird, dass man früher lustiger war.

Ich (bissig und etwas zu unentspannt): »Es ist einfach immer schlecht, wenn man Ahnung von etwas hat oder eine Haltung. Damit macht man sich keine Freunde.«

Er nickte. Aus Höflichkeit. Meine zunehmende Beschäftigung mit dem Energiewandel ist ihm jedenfalls nicht geheuer. Minki meint, diese »Klima- und Lebensstilthematik« passe gar nicht zu mir.

»Du bist da irgendwie auf die schiefe Bahn geraten.«

Ehrlich gesagt: Früher habe ich selbst auch nie richtig zugehört, wenn mein Bruder »darüber« redete. Das war sogar ein echter Schenkelklopfer, wenn er zu einer Konferenz nach Helsinki mit der Fähre fuhr. Gern lenkte ich Gespräche absichtlich auf das Thema. Etwa so:

»New York? Ja, sehr schön dort. Mein Bruder ist ja gerade nach Helsinki gefahren, hihihi, mit der Fähre.«

Die Gesprächspartner schauten irritiert.

Ich (lächelnd): »Er fliegt nicht.«

Und die (ernst): »Wegen des 11. September?«

Und ich (lächelnd): »Wegen der Umwelt.«

Ich versuche mich zu erinnern, wie ich die drei Worte »wegen der Umwelt« auszusprechen pflegte; es gelingt mir nicht mehr. Ich fürchte allerdings, der Sound drückte nicht den Respekt vor seiner Leistung aus.

Nehmen wir jetzt mal an, Sie seien sensibel, kritisch, bewusst, hedonistisch, selbstverliebt und selbstironisch: also ein wunderbarer Mensch.

Eigentlich. Und jemand würde Ihnen den verantwortungsbewussten Konsum und seinen potenziellen Nutzen für Selbst, Klima und Welt nahebringen wollen. Wie müsste er das tun, damit Sie am Ende nicht sagen, das sei Ihnen zu moralisch und er selbst sei früher lustiger gewesen?

Dürfte er Sie daran erinnern, dass Sie die Welt von Ihren Kindern oder Patenkindern nur geliehen haben? Oder machen Sie dann gleich zu, weil das nicht Ihr Stil ist, zu pathetisch, zu klebrig?

Ich muss zugeben, damals in Kalifornien, unter dem Eindruck etwas tun zu müssen und bei dem ganzen unangenehmen Marketinggeschrei vom »Weltretten«, dachte ich auch: Wie soll ich bloß die Welt retten und es gleichzeitig mit meinem Gewissen und meinem Verstand vereinbaren, ein bewusster Konsument sein zu wollen, der die Welt rettet?

Ich mache mich doch lächerlich ohne Ende.

Ich entschied mich dann dafür, auf den Anspruch zu verzichten, die Welt retten zu wollen. Und dafür, mich in die Materie einzuarbeiten.

Das war im Nachhinein gesehen bereits der Übergang in Phase Zwei meiner Konsum-Ökologisierung.

Als alles angefangen hatte, wusste ich nicht, dass es anfing. Das war 2003. Ich war ein mieser Konsument und ein gleichgültiger Energieverbraucher. Ich ließ mir von Industrie und Werbung gerne und naiv Bären aufbinden und wusste nicht, was ich wollte und brauchte.

Verbrauchte Energie war für mich etwas, das ein Mars-Riegel sofort zurückbringen konnte. Wichtig waren die Ergebnisse der vierten englischen Liga. Jedenfalls wichtiger als Ökologie und Klimawandel. Damals zwang mein Bruder mich, ein Auto zu kaufen, das nur drei Liter Sprit auf 100 Kilometer braucht. Das löste zunächst Ablehnung und Protest, dann aber eine emotionale Produktbegeisterung aus, die Einstellung zum Autokonsum revolutionierte, dann das eigene Fahrverhalten veränderte, dann Besitz von meinem Geist ergriff und in der Folge eine weitgehende Veränderung meines Denkens und Konsumverhaltens auslöste.

1

DAS NEUE AUTO – UND ANDERE GRUNDSATZFRAGEN

Wie mich mein Bruder zu einem umweltfreundlichen Auto zwang

Die beste Konsumentscheidung meines Lebens ist der Kauf eines Autos gewesen. Eines Autos, das drei Liter Diesel auf hundert Kilometer braucht. Nichts hat mich mehr bereichert und vorangebracht. Dabei war es zunächst eine zufällige und singuläre Geste. Für meinen Bruder, ein bisschen auch für die Welt. Leichtes Avantgardegefühl, null Unbequemlichkeit, sehr angenehm. Wir wollten keinen Druck auf die Autoindustrie ausüben, klimafreundlichere Autos zu bauen. Es stand auch kein Konzept dahinter, es war nicht als Anfang gedacht für ein grundsätzliches Nachdenken über die Art, wie wir lebten. Wir hatten keine Ahnung von dem problematischen Wärmedämmungszustand unserer Mietwohnung, wir hatten noch nicht einmal Energiesparlampen. Ich muss auch gestehen, dass ich die Entscheidung nicht freiwillig traf. Ich wollte damals ein ganz anderes Auto.

Alles begann vor einer kalifornischen Garage. Ich war in Elternzeit, wir lebten in Kalifornien und mein Vermieter John wollte gerade in sein Auto steigen, als ich ihn stoppte. »Warum fährst du eigentlich so ein großes Auto, John?«, fragte ich. John hatte einen SUV, ein Sports Utility Vehicle. Das sind diese großen Autos, mit denen halb Amerika rumfährt. Mit fünf von denen hätte man Irak besiegen können. Jedenfalls bei gesicherter Benzinversorgung. Das erklärt aber nicht, warum ich ihn provozierte. Ich war sonst nicht so. Um den Verbrauch von Autos und den Zusammenhang mit Umwelt und Klima hatte ich mich nie groß gekümmert. Ich fing mit Anfang zwanzig mit einem gebrauchten Golf an. Und dabei blieb es im Wesentlichen.

Allerdings waren mir innerhalb weniger Monate die omnipräsenten SUV unheimlich geworden. Einerseits hat man dann doch ein Mindestmaß an ökologischer Aufgeklärtheit, andererseits faszinierte mich die Selbstverständlichkeit, mit der man hier die überdimensionierten Autos zelebrierte.

John nannte die üblichen Argumente. Also die der Werbung:

die Sicherheit der Kinder (steht selbstverständlich über allem).

Der Platz, um alles Mögliche einzuladen und rumzufahren.

Die Möglichkeit, die Straße zu verlassen und durch die Wüsten und Wälder zu brummen.

John hatte zwar mehrere Frauen, aber im Wesentlichen nur ein klitzekleines Kind. Und wenn er was transportieren musste, nahm er selbstverständlich seinen Pick-up.

»Natürlich fahre ich auch nie in die Wüste«, sagte er langsam und gutmütig, er sprach ja offensichtlich mit einem Idioten. »Natürlich ist der Karren zu groß und braucht viel Sprit. Natürlich weiß ich, dass ich von der Werbung verarscht werde. Natürlich bin ich blöd.« Dann stieg er ein, drückte das Gaspedal durch und schrie durch's offene Fenster: »Aber weißt du was, Peter? Das ist mir egal.«

Ich sah in sein grinsendes Gesicht. Sah, wie er da glücklich allein in seinem leeren Auto davonfuhr. Ich dachte an Candice, die manchmal fünf glückliche Kinder in ihrem Monster zum Strand runterfuhr. Und daran, wie wir zu Hause in unseren VW Polo Diesel die Kinder hinten so unmenschlich reinpressten, dass sie regelmäßig vor Schmerzen aufjaulten. Man musste ja direkt froh sein, dass noch niemand dem Jugendamt einen Wink gegeben hatte.

Und da entschied ich: Es ist an der Zeit. Ich habe auch Verantwortung. Ich will auch Sicherheit. Ich weiß auch, dass ich verarscht werde. Aber bald müssen wir fünf bis sieben Kinder zum Geigenunterricht kutschieren. Sobald wir wieder in Deutschland sind, kaufen wir einen Minivan.

Als wir wieder in Deutschland waren, rief mein Bruder an. »Was Neues?«

»Nee, nichts. Ach so: Wir kaufen einen Minivan.«

Die Leitung gefror. Mein Bruder – ich habe es angedeutet – ist Effizienz-Revolutionär. Jedenfalls nennt er sich so. Überzeugter Bahnfahrer. Ich wusste, dass ich ihm mit dem Platz-, Kinder- und Verantwortungsgesäusel nicht zu kommen brauchte. Ich sagte ihm, ich hätte einen Schlag auf den Kopf gekriegt.

Dann legten wir auf.

Zwei Tage später lag im Briefkasten eine Broschüre vom Verkehrsclub Deutschland (VCD). Eine Liste der einigermaßen umweltverträglichen Autos. Ich blätterte sie durch. Minivans waren nicht darunter.

Weitere zwei Tage danach kam eine handschriftlich verfertigte Analyse über die Verfasstheit der deutschen Autoindustrie. Ich las sie in der Badewanne. Als nach einer Woche die gesammelten Werke des alternativen Nobelpreisträgers Hermann Scheer zu Energiepolitik und Solarenergie angeliefert wurden, gab ich auf. Ich rief ihn zurück.

»Okay, was soll ich tun?«

»Werde erwachsen«, sagte mein Bruder. »Du bist nicht mehr in der Phase vor dem richtigen Leben.«

Mag sein. Ich bin aber gerne witzig oder was ich so dafür halte. Deshalb sagte ich: »Eher danach. Habe mich ins Private zurückgezogen. Definiere mich über die Familie. Gehöre zur verlorenen mittleren Generation.«

Er: »Larmoyanz und Ironie helfen niemandem.« Ein Minivan sei ein Dinosaurier, Lichtjahre entfernt von jener Energieeinsparung und Effizienzrevolution, die Scheer[1] in seinem Standardwerk *Solare Weltwirtschaft* formuliert habe.

Ich: »Wen schert's?« (Ich war damals noch sehr albern.)

Er: »Willst du progressive Energiepolitik unterstützen? Willst du, dass Autos gebaut werden, die weniger fossile Energie verbrauchen oder noch besser gar keine? Für die Welt deiner Kinder!« Und dann, besonders fies: »Und deiner Patenkinder!«

Er meinte seinen Sohn.

Wollte ich, wollte ich. Was ich auf keinen Fall wollte: dass mir jemand so unangenehm moralisch kam.

Er (erregt): Falls ich störrisch bliebe, werde der nächste Krieg neben anderen sicher auch berechtigten Interessen wie der Verteidigung der freien Welt, letztlich auch für mich und meinen beschissenen Minivan geführt.

Ich (möglichst kalt): Nicht auf diesem Niveau.

Dann sagte er mir, was ich zu tun hatte. Wenn ich tatsächlich glaubte, nicht komplett ohne Auto auskommen zu können.

Der Auftrag lautete, ein umweltverträgliches, modernes Auto zu kaufen.

Das war 2003. Im Gegensatz zu heute hatte der deutsche Automarkt damals viel weniger moderne spritsparende Modelle, aber noch zwei echte Dreiliter-Autos im Angebot, die unter bestimmten Bedingungen tatsächlich nur drei Liter Diesel auf hundert Kilometer schlucken sollten: den Lupo 1.2 TDI von Volkswagen und den A 2 1.2 TDI von Audi. Ich rief meinen Bruder an und sagte: »Damit das aber gleich klar ist, der Lupo ist mir zu klein.«

Ich musste dann die erste Testfahrt meines Lebens arrangieren. In einem Berliner Autohaus schloss ich eine kostenlose Vollkasko mit Eigenbeteiligung ab und sprach dabei zu dem aufrechten Audi-Mann voller Hochachtung von seinem Unternehmen und dessen Bewusstsein für die Umwelt und die Endlichkeit fossiler Brennstoffe.

Der Verkäufer war auch begeistert. Super Auto! Er führte die Automatik-Schaltung vor. Super. Vor allem, wenn man den ECO-Knopf nicht gedrückt habe. ECO steht für Ecology. Damit wird der Motor gedrosselt. Er drücke den Knopf nie, sagte der Verkäufer. Dadurch ziehe der Wagen richtig prima ab. Kann man so mit drei Litern fahren, fragte ich. Der Verkäufer lachte. Haha. 4,7 sei doch auch schon verdammt gut. Hm, brummte ich. Ziel der Effizienz-Revolution sei aber doch Faktor 4. Das heißt: bei selber Leistung viermal weniger Energie zu verbrauchen. Passivhäuser können das, Kühlschränke können das. Drei statt sechs Litern seien gut, aber gerade mal Faktor 2. Das hatte ich mir gerade angelesen.

Der Verkäufer nickte und sagte, ich müsse unbedingt auf die Autobahn rausfahren. Sonst könne ich ja nicht richtig Gas geben. Er rate, den ECO-Knopf überhaupt ganz ausgeschaltet zu lassen. Dann ginge der Motor an der Ampel auch nicht aus. Außerdem dürfe man den ECO-Knopf eh nicht drücken, wenn die Klimaanlage laufe. Klimaanlage? Ich dachte, die verbraucht Unmengen Sprit zusätzlich, sagte ich. Schweigen. Erst als ich die Größe des Kofferraums prüfte und das Wort »Kinderwagen« murmelte, hatte der Verkäufer sich wieder gefasst.

»Was Sie brauchen, ist der Touran«, sagte er mit fester Stimme. Der Touran ist der Minivan von VW.

Ich entschloss mich, die Sache bei den fünf kompetentesten Organisationen oder Politikern gegenzurecherchieren. Das sind bekanntlich: der Allgemeine Deutsche Automobil-Club (ADAC), der Verkehrsclub Deutschland (VCD), das Umweltministerium, der grüne Bundestagsabgeordnete und Energieexperte Hans-Josef Fell und – damit die liebe Bruderseele Ruhe hatte – halt auch Hermann Scheer, der SPD-Bundestagsabgeordnete und hauptberufliche Solarpapst.

Ein Audi A2? Sei für eine Großfamilie möglicherweise »nicht ausreichend«, befürchtete der ADAC. Vierköpfige Familie höre sich nach »Richtung Minivan« oder nach Kombi an. Da gebe es »intelligente Lösungen«, auch für »normal umweltbewusste Menschen«. Im Bundesumweltministerium favorisierte man Erdgas-Autos. Erdgas sei emissionsarm, leise und »Brückentechnologie« zum Wasserstoffauto. Erdgas-Minivans gibt es von Fiat (Multipla) und Opel (Zafira).

Der VCD ist der, der die Liste der umweltfreundlichsten Autos herausgibt, allerdings nur der in Serie hergestellten. Für zwei Große und zwei Kleine würde er keinen Erdgas-Zafira empfehlen, sagte mir der Listenzuständige des VCD. Bei dem hohen Verbrauch (etwa acht Liter) sei der

Emissionsvorteil von Erdgas (etwa 25 Prozent) zu gering. Er könne sich einen Opel Corsa ECO vorstellen, einen Benziner.

Ich rief dann Hermann Scheer an.

»Erdgas empfehle ich nicht«, brummte Scheer. Klar verursache es beim Verbrennen weniger Emissionen als Erdöl. Es sei aber auch ein fossiler Brennstoff. Und das Emissionsproblem entstehe bei der Förderung und beim Transport. Ich solle mir bei Bedarf ein Auto bei Car-Sharing mieten, so wie er. Oder einen gebrauchten Golf umrüsten auf kaltgepresstes regionales Pflanzenöl.

Hans-Josef Fell, Energieexperte der grünen Bundestagsfraktion, sagte mir, er sei seit Jahren glücklich mit einem auf Pflanzenöl umgerüsteten VW. Das Pflanzenölfass hat er zu Hause in der Garage. Der Kleinwagen ist allerdings nur für große Strecken und die ganze Familie. Kürzere Strecken fährt Fell mit seinem zweisitzigen Solarmobil Twike.

Ich las immer mehr, und irgendwann träumte ich von Gesamtenergiebilanzen, der energieintensiven Herstellung von Aluminium für die gewichtsarmen Dreiliter-Autos, dem häufig fehlenden serienmäßigen Rußpartikelfilter für Diesel und von einer Talkrunde, die diskutierte, ob man eine reinere Luft hier erkaufen darf mit schlimmen Verunreinigungen in den Erdgasförderländern.

In einem besonders schlimmen Traum sah ich von meinen krebserregenden Schadstoffen dahingeraffte Stadtkinder. Dann brennende Erdölfelder. Und am Ende erschien mir an einem feuerroten Himmel ein apokalyptischer Pflanzenöl-Autofahrer und donnerte ein mächtiges »Es ist auch dein Irak-Krieg!«

Ich wollte doch nichts Böses. »Ich will doch bloß ein Auto, in das zwei Große und zwei Kleine und zwei Koffer passen«, seufzte ich. Eine Stimme sagte: »Nein, du willst nichts Böses, Peter, bloß für deine Bequemlichkeit anderen Menschen schaden, durch Abgase, Lärm und das Vorantreiben einer Klimakatastrophe.« Moralische Stimmen, die einem im Traum erschienen? Sollte ich nicht schleunigst den Schalter wieder auf »man kann ja eh nichts ändern« umlegen?

Womit meine erste Erfahrung benannt ist: Ein klimabewusster Autokauf ist ein bisschen wie das Leben. Oder Fußball. Je seriöser man sich damit beschäftigt, desto komplexer wird es. Jeder sagt dir was anderes, und der Autoverkäufer ist in den seltensten Fällen eine Hilfe. Gesamtenergiebilanz eines Fahrzeugs? Erdgas? Pflanzenöl? Solarmobil? Ein Auto als Großstädter? Gab es nicht ein alternatives Mobilitätskonzept? Dem Audi A2 fehlte auch noch der Rußpartikelfilter. Diesel war und blieb ein fossiler Brennstoff. Und dann noch das Energie verschlingende Alu, aus dem der Wagen bestand.

Eine abschließende Analyse der Situation ergab: Ich war einfach noch kein Mann für Pflanzenöl, ich war nicht reif für ein Elektromobil. Ein Erdgas-Auto war keine relevante Verbesserung. Und »einfach zu Fuß gehen« und uns ansonsten mit dem öffentlichen Nahverkehr bewegen, wie man mir riet und wie es Hunderttausende in Berlin machen, dazu war ich angesichts der multiplen Kindertransporte nicht bereit.

Wir bestellten den Dreiliter-Audi.

Wie man ein Auto abholt

Ich will nicht sagen, dass das Abholen eines neuen Autos im Werk etwas für Doofe ist. Der Akt des Autoabholens und seine Inszenierung durch die Autoindustrie war in unserem Kultur- und Lebensverständnis freilich nicht gerade positiv aufgeladen. Wir hatten selbstverständlich nie einen Neuwagen abgeholt.

Eines Spätherbsttages fanden wir uns unterwegs in das Audiwerk Neckarsulm. Das ist bei Heilbronn. Baden-Württemberg. Wir probierten ein paar Witze darüber, wie Leute ihre Autos im Werk abholen und glauben, das sei der schönste Tag ihres Lebens. Meine Frau sagte, ihr Magen drücke. Ich fühlte mich auch nicht gut.

Wir wurden dann gegen Mittag sehr freundlich von einer Frau empfangen, die ihr Namensschild als Heike Nybel-Ryll auswies. Bekamen umgehend einen Gutschein in die Hand gedrückt und wurden erst mal ins Restaurant geschickt. Dort kriegten wir Wiesenpilze in feiner Kräuterrahmsauce mit Semmelplätzchen, eine Dessertvariation »Audi« und einen Cappuccino mit den Audi-Ringen im Schaumkrönchen.

Die Bedienung erzählte uns aus nicht zu klärendem Anlass, warum sie einen bestimmten Herrn in ihrem Timer als Peter O'Gott eingetragen hatte: »Damit ich mich sofort erinnere: Peter, welcher Peter? Ach, der Peter! Oh Gott!«

Dann die Werksführung: Riesige Hallen, überall praktisch keine Menschen, dafür klinisch reiner Fortschritt. Kaum drei Stunden nach Ankunft in Neckarsulm hieß es auch schon: »Herr Unfried, zur Fahrzeugabholung.« Das verstimmte meine Frau. Völlig zu Recht. »Wieso nur *Herr* Unfried?«

Der Abholungsraum war hell und gediegen. Bisschen wie eine nüchterne Kunsthalle. Es wurden eigentlich nur riesige Kunstwerke hereingeführt. Etwas verloren stand dazwischen ein deutlich kleineres. Das war unser Dreiliter-Auto. Wir machten dann mit einer weiteren Dame etwas Smalltalk.

Sie sagte, sie dürfe es »ja gar nicht laut sagen«. Sie sagte es dann aber doch laut: Sie selbst fahre einen VW Passat. »Wegen der Kinder.« Nein, Dreiliter-Autos wurden hier nicht oft abgeholt. Eigentlich eher gar nicht. In der Regel holten die Leute dort doppelt so große Autos ab. Sie sagte es diesmal tatsächlich nicht laut, aber ihr Desinteresse an unserem Auto sollte uns schon spüren lassen, dass ein halb so kleines Auto, das zudem noch praktisch kein Benzin verbraucht, auch nur ein halb so großes Lebensglück sein kann.

Um den entscheidenden Moment als solchen kenntlich zu machen, im Bewusstsein zu speichern und für die Nachwelt zu konservieren, trat eine andere Frau heran. Sie positionierte uns vor dem Auto, machte ein Foto und dann noch ein zweites Foto »zur Sicherheit«. Küssen mussten wir das

Auto nicht. Am Ende kam aus den Deckenlautsprechern *Queen:* »We are the Champions«. Bildete ich mir jedenfalls ein.

Um 16:20 Uhr waren wir wieder auf der Autobahn. Meine Frau sagte: »Das war also der schönste Tag unseres Lebens.« Sie sei jetzt sicher, dass sie sich eine Darmgrippe eingefangen habe.

Nun das Paradoxe. Ich weiß, dass die Autoindustrie ihre Produkte mit einem »Sinn« aufgeladen hat, der »Bedeutung« meint und nicht »Zweck« und der – je nach Anfälligkeit des Konsumenten – bis zum »Sinn des Lebens« reichen kann. Weil ich das weiß, wirkte das Erlebnis im Dom des Autogottes mindestens so befremdlich auf mich wie ein ähnlich inszeniertes in einer katholischen Kirche. Auch wenn es deutlich lustiger war.

Und dennoch: Dieses Auto hat in meinem Leben zusätzlichen Sinn gestiftet. Wir fahren dieses Auto nicht nur. Wir lieben es.

Ich hätte nicht geglaubt, dass die popelige Suche nach einem neuen Fortbewegungsmittel zur Sicherung der bequemen und ansatzweise ökologischen Mobilität von zwei Großen und zwei Kleinen ein Leben so verändern kann. Aber: Sie kann. Man wird tatsächlich anders. Vor allem beschäftige ich mich seither sehr viel mehr mit Autos als früher.

Ich lese alle Anzeigenumfelder der Automobilindustrie, also die Autobeilagen der Zeitungen. Dann starre ich auf der Straße jedem interessant aussehenden Auto hinterher wie andere einem potenziellen Sexualpartner. Natürlich redet man auch bisweilen ungefragt über Autos und sagt unmotiviert während der üblichen Diskussionen über einen Kinofilm so Zeug wie: »Wisst ihr eigentlich, dass schon Rudolf Diesel seinen Diesel mit Pflanzenöl betrieben hat?« (Sie wussten es nicht.)

Die Strategien der Autoindustrie sind für mich längst interessanter als die Strategien der SPD. Die Termini »fossile Brennstoffe«, »verestertes Bio-Diesel« oder »Euro-4-Abgasnorm« hat mir mein Bruder eingebimst wie ich ihm früher »Viererkette«, »Gruppe 47« oder »Altamont«.

Allerdings ist es auch so, dass ich mich sehr zurückhalten muss, keinen Grundsatzvortrag zu halten, wenn mir ein unvorsichtiger Freund erzählt, sein gebrauchter Daimler brauche »auch nur sieben Liter«. Sieben Liter, denke ich entsetzt, du arme Sau! Ich verurteile ihn nicht moralisch. Ich bedaure ihn, dass er mit so einem technisch dermaßen rückständigen Gerät unterwegs ist. Ist ja fast wie Postkutsche.

Man wird ein kleines bisschen seltsam, das will ich nicht verhehlen. Neulich ließ eine Mutter morgens beim Abliefern der Kinder vor der Schule minutenlang den Motor ihres (meiner Meinung nach viel zu großen) Autos laufen. Es war die Mutter, die beim Elternabend den Antrag gestellt hatte, dass ein Apfelsaftanteil in den mitgebrachten Getränken generell verboten werde müsse. Erlaubt sein solle nur noch klares Mineralwasser ohne Zuckeranteil. Sonst würden die komplett zuckerfrei ausgerüsteten Kinder demotiviert.

Ich dachte: Aber ein kräftiger Schluck Rußpartikel aus deinem Auspuff motiviert sie, was? Überlegte allen Ernstes, ob ich ihr eine Szene machen sollte.

Die Großmutter muss auch ein Dreiliter-Auto kaufen

Der Audi A2 1.2 TDI sowie der Lupo 1.2 TDI werden inzwischen nicht mehr produziert. Sie wurden 2005 so still eingestellt, wie sie 2001 bzw. 1999 gekommen waren. Die Begründung war die übliche: Der Kunde wollte sie nicht. Die Verkaufszahlen bestätigen das: 6.555 Dreiliter-Audis und 28.000 Dreiliter-Lupos wurden verkauft. Das ist, vorsichtig gesagt, nicht viel.

Was die Zahlen verschweigen: Während jede Klimaanlage mit einem Werbegetöse eingeführt wird, als habe der Mensch ohne sie keine Zukunft (das Gegenteil ist der Fall), hatte der Volkswagen-Konzern die wunderbaren Autos zwar nicht offiziell verheimlicht, aber auch nicht gerade als die Zukunft des Rock 'n' Roll positioniert. Wenn man mit »verkaufen« nicht nur den Vorgang des Vertragsabschlusses meint, sondern das gesamte Produktmarketing, dann kann man nicht sagen, dass Volkswagen oder Audi ernsthaft versucht hätten, ihr neues Produkt zu »verkaufen«. Ich erinnere nur an den Audi-Verkäufer, der mir den Dreiliter-Audi ausreden wollte.

Auf dem Gebrauchtwagenmarkt sind die Autos aber weiter zu haben und stark nachgefragt. Mein Bruder und ich haben soeben der Großmutter unserer Kinder einen aufgeschwatzt.

Unsere Mutter lebt allein und hatte vorher das Übliche. Also einen alten Golf, einen Benziner. Den hat sie fünfzehn Jahre gefahren, was ökologisch akzeptabel ist, weil sie damit nur einmal die für die Produktion eines Autos nötige Energie zu verantworten hat. Sie fährt wenig, besteht aber auf einem Auto. Was der alte Golf genau an Benzin brauchte, wusste sie nicht. Interessierte sie auch nicht. Es ist bemerkenswert, aber obwohl es ökonomisch für sie nicht entscheidend ist, war auch sie innerhalb kürzester Zeit im Banne des Dreiliter-Konzepts. Sie redet jetzt auch schon ständig davon, wie wenig »sie« (also ihr Auto) verbrauche.

Es ist tatsächlich sehr angenehm an der Tankstelle, wenn man mit einem 32-Liter-Tank fast 1.000 Kilometer gefahren ist und nach dem Volltanken im Vergleich zum Mittelklassewagen-Fahrer neben einem nur die Hälfte bezahlt. Aber das ist nicht das Beste. Das Beste ist die »Auto-Emotion«, eine glückliche Verbindung von Verstand und Gefühl, die jenseits der üblichen Ziele und Vermarktungsstrategien der Industrie permanenten Konsumgenuss bewirkt. Du bist eine Autobahnstrecke mit einem Schnitt von 3,3 Litern gefahren. Oder eine Überlandstrecke mit einem Schnitt von 2,8 Litern. Dann streichelst du dein Auto nach der Ankunft und denkst: Aah, du geiles Stück! Du bist bester Freund und Geliebte gleichzeitig.

Ich hätte nie geglaubt, dass es mal so weit kommen kann.

Ich kann mir jetzt gut vorstellen, dass manche diese Begeisterung reichlich lächerlich finden.

Minki sagt mir regelmäßig: »Du projizierst doch in dein Auto so viel Zeug rein, dass ein Touareg-Fahrer neidisch werden könnte.« Andere denken jetzt vielleicht: Mach mal halblang, das ist doch auch nur ein Auto.

Oder: Immer noch ein Auto zu viel. Es stimmt: Autokauf ist definitiv kein Klimaschutz. Selbst Millionen Dreiliter-Autos lösen das grundsätzliche Problem nicht. Das besteht zum einen darin, dass auch damit klimaschädliche und endliche fossile Energie verbrannt wird, zum anderen darin, dass die Zahl der Autos bis 2050 nach Expertenschätzungen von 800 Millionen auf zwei Milliarden steigen wird. Selbst gewaltige Fortschritte beim Verbrauch werden vom globalen Bedarf an neuen Autos aufgefressen.

Aber: Das Auto ist nicht irgendein Konsumartikel.

Autofahren ist nach Fliegen die klimaschädlichste Art der Fortbewegung. 47 Millionen PKW in Deutschland plus ein zunehmender Güterverkehr sind für ein knappes Fünftel des Kohlendioxidausstoßes verantwortlich. Und: Das Auto definiert immer noch für viele sozialen und gesellschaftlichen Status. Seit Jahrzehnten galt: Sobald man es sich leisten kann, kauft man ein größeres und teureres Modell. Damit hat man mehr Spaß im Leben. Diese kulturelle Hegemonie der Autoindustrie wurde nicht nur von Lehrlingen akzeptiert, die ihren ersten Kredit aufnehmen, um als Einstiegswagen einen 3er-BMW zu kaufen. Sie wird weiterhin propagiert von einem in diesem Bereich seltsam unpolitischen und anti-intellektuellen Elitetypus.

Auch wenn das Auto seinen Statuswert bei Jugendlichen eingebüßt hat: Noch ist es das Symbol unseres auf dem Wachstumsgedanken basierenden Lebensstils. Deshalb steht das Auto auch häufig im Zentrum, wenn die Politik sich um Klimaschutz streitet oder die Medien darüber berichten. Was Politik, Wirtschaft und Gesellschaft jenseits von Absichtserklärungen wirklich tun, sieht man nirgends deutlicher als in der Autofrage. Es gibt daher gute Gründe, die Frage der Mobilität für eine der wichtigsten individuellen ökologischen Entscheidungen zu halten.

Der bewusste Kauf eines Neuwagens kann eine wegweisende Entscheidung sein. Als Schüler, Studierender und Berufsanfänger trifft man Kaufentscheidungen bei Autos hauptsächlich auf einer Grundlage, so wie bei den meisten anderen Kaufentscheidungen eben auch: möglichst billig. Also meist gebraucht.

Nach Überwindung dieser Phase muss man seinen Konsum neu definieren. Aber wie? Zum einen ist die Investition in einen Neuwagen unter wirtschaftlichen Aspekten grundsätzlich eine schwerlich als intelligent zu deklarierende Geldvernichtung. Daher propagiert die Werbung auch den hedonistischen Ansatz. Vereinfacht gesagt: Große, schnelle Autos sind toll und begehrenswert. Wer sie fährt, ist es auch, hat mehr vom Leben oder lässt es die anderen zumindest glauben.

Zum anderen könnte die Wahl des Typus Familienauto auch als Ausdruck des endgültigen Rückzugs in das Private verstanden werden, das Ja vor aller Welt zur gewählten Lebensform Familie mit Kindern. Das heißt: ein Eingeständnis, dass man seinen Rock-'n'-Roll-Faktor verloren hat. Zum Dritten muss aber für eine gewisse Zeitspanne einfach auch ein Kinderwagen reinpassen.

Der Kauf eines klimafreundlichen Autos ist eine Entscheidung, die die Frage, was technologisch innovativ und modern ist, anders beantwortet, als die Spin-Doktoren der Autoindustrie das tun. Gerade mit Kinderwagen im Kofferraum ist es definitiv Rock 'n' Roll. Und gleichzeitig eine hochsymbolische Handlung. Deutschland, sagte Timm Kehler, BMW-Hauptabteilungsleiter Marketing und laut Weltwirtschaftsforum ein »Global Young Leader«, sei bekanntlich das Land der Ideen: »Hierzulande braucht man sich in Sachen kreative Ideen keine Sorgen zu machen.« Das wird gerne gesagt.

Wenn ich so was höre, mache ich mir große Sorgen. Für mich ist ein Auto, das mehr als fünf Liter fossilen Brennstoffs auf hundert Kilometer verbrennt, kein Ausweis dafür, dass deutsche Ingenieure es draufhaben, sondern ein Armutszeugnis.

Den Dreiliter-Audi wie auch den Dreiliter-Lupo muss man seit 2005 gebraucht kaufen. Die Einstellung der Produktion erfolgte noch in der Zeit, als kaum ein Mensch den Kohlendioxidausstoß seines Autos kannte. Insofern ist heute jeder Kauf eines gebrauchten Dreiliter-Autos oder eines anderen modernen Fahrzeugs wie des Toyota Prius oder des VW Polo Blue Motion eine Bestätigung an die Industrie, diesen Weg fortzusetzen. Jeder Kauf eines energetisch modernen Autos oder eine Umrüstung dazu jenseits des Massenmarktes ist auch eine Forderung nach mehr. In meinem Fall: Drei Liter fossile Brennstoffe auf 100 Kilometer? Guter Versuch, Jungs. Aber das kann doch wohl nicht euer letztes Wort sein. Und übrigens: Nur wenn ihr mich ernst nehmt, könnt ihr weiter auf mich als Kunden zählen.

Die Klimaanlage

Gerade rief die Schwester meiner Frau an und erzählte, wie furchtbar eine längere Autofahrt gewesen sei. Wegen der Hitze. Sie seien »völlig fertig« bei ihrer Mutter angekommen.

Worauf diese lapidar gesagt habe: »Tja, man fährt auch kein Auto ohne Klimaanlage.« Das habe sie »schon immer« gesagt.

Darauf der Mann der Schwester meiner Frau: Ja, das sei völlig richtig, und er kaufe jetzt ebenfalls ein Auto mit Klimaanlage.

Minki erzählt auch gern von jenem heißesten Tag des Jahres, als er mit Frau und Mini-Kind in den Urlaub fuhr – und die Klimaanlage seines Minivans kaputtging. Wenn man ihm zuhört, bekommt man den Eindruck, sehr viel schlimmer kann es im Leben nicht mehr kommen.

Unser Auto hat keine Klimaanlage. Es hat deshalb keine, weil wir keine wollten. Eine Klimaanlage ist auch eine Klimakiller-Anlage. Ihr Einsatz erhöht den Kohlendioxidausstoß beträchtlich und den Verbrauch um bis zu einen Liter pro 100 Kilometer. Ob es Tage gibt, an denen wir uns deshalb im Auto zu Tode schwitzen, darüber sind meine Frau und ich geteilter Meinung. Ich bilde mir ein, das sei nicht der Fall. Wenn ich mich umdrehe und die schwitzenden Kinder sehe, komme ich auch ins Grübeln.

Neulich wurde ich im Auto ärgerlich, weil einer vor mir in der verkehrsberuhigten Zone langsam fuhr.

»Du bist doch sonst nicht so«, sagte meine Tochter irritiert. Ihre Diagnose: Es müsse an der Hitze liegen und daran, dass wir ja keine Klimaanlage hätten wegen des Klimas. Aber wie oft ist es tatsächlich richtig heiß und man ist mehrere Stunden im Auto unterwegs?

Damit sind wir wieder in jenem Bereich des Autokonsums, der sich immer noch mit rätselhaften bis irrationalen Motiven begründet. Der großzügige Innenraum, damit auch fünf Erwachsene mitfahren können, die alle über zwei Meter fünfzig groß sind? Wann sitzen jemals auch nur drei kleinwüchsige Erwachsene in einem Auto? Der riesige Kofferraum für den einen Tag, an dem man mit dem Auto in den Urlaub fährt oder wenn man mal überraschend eine halbe Sau transportieren muss? Der 80-Liter-Tank, falls mal bei einer Wüstendurchquerung keine Tankstelle kommt? Wenn jemand jeden Tag auf der Autobahn unterwegs ist, dann wird er sich selbstverständlich für eine Klimaanlage entscheiden. Und wer mit 13,5 Litern die Autobahn runterbrettert, für den kommt es auf einen Liter mehr oder weniger nicht mehr an. In meiner geistigen Verfasstheit ist eine Klimaanlage undenkbar geworden. Mein geliebtes Auto ist ein modernes Hightech-Geschoss, konstruiert und optimiert, um drei Liter zu verbrauchen. Wenn eine technisch leidlich entwickelte Sache wie eine Auto-Klimaanlage diesen Verbrauch um 15 bis 20 Prozent erhöht, steht das in keinem Vergleich und vor allem schädigt es meinen Produktkonsum immens.

Die neue Qualität des Autofahrens

Ich fand Autofahren immer langweilig. Mal abgesehen vom Musikhören hatte ich für längere Fahrten die üblichen Strategien, um die Zeit herumzubringen. Also testen, wie weit man in einer Minute kommt. Die gefahrenen Kilometer pro Stunde messen und versuchen, die Zahl in der nächsten Stunde zu überbieten. Ich maß auch die Gesamtdauer der Fahrt und versuchte bei regelmäßigen Fahrten zu den Omas meiner Kinder neue Rekorde aufzustellen. Ich maß die Fahrtdauer bis Leipzig, die Fahrtdauer von Leipzig bis zur ehemaligen Grenze. Ich erinnere mich an den Tag, als ich mal die Gesamtstrecke von 540 Kilometer nicht in sechs Stunden (mit Staus), nicht in fünf (normale Fahrt), sondern in weniger als vier schaffte.

Das hat sich völlig verändert. Die Frage, die man sich als Fahrer eines Dreiliter-Autos stellt, ist: Fährt das Auto auch tatsächlich mit drei Litern? Antwort: Es fährt mit drei Litern bei Überlandfahrten (80–100 km/h), es fährt mit dreieinhalb Litern auf der Autobahn und bei 120 km/h. Es fährt mit vier Litern, wenn man nur Stop and go in der Stadt fährt. Ich habe mittlerweile einige andere Autos getestet, vor allem auch klimafreundliche, und muss sagen: Das sind exzeptionelle Werte.

Einmal lieh ich es meinem Bruder aus, der damit von Berlin über Landstraßen in den Harz fuhr. Er kam zurück und nervt alle seither mit dem »Wunder von Blankenburg«. Damit meint er den von ihm realisierten Verbrauch von 2,6 Litern. Unfassbar. Es ist allerdings auch unfassbar, wie er über die Straßen schleicht.

Letztlich kommt es beim Verbrauch tatsächlich stark auf den Fahrer an. Ich habe nicht nur ein anderes Auto und einen anderen Fokus beim Autofahren, ich habe in diesem Gesamtzusammenhang auch meinen Fahrstil komplett verändert. Das hängt damit zusammen, dass der A2 ein Automatikgetriebe und eine Start-Stopp-Funktion hat. Er geht an der Ampel aus, was nicht nur 200 Milliliter pro 100 Kilometer spart (hat mir jedenfalls ein Experte gesagt), sondern einem vor allem auch das angenehme Gefühl gibt, die auf dem Bürgersteig stehenden Menschen in diesem Moment nicht mit Dieselruß zu vergiften.

Objektiv wäre ein Dieselrußfilter selbstverständlich wirksamer. Aber auch Start-Stopp ist ein Symbol und ein Fortschritt, und es macht Spaß. Nimmt man bei Grün den Fuß von der Bremse, springt der Motor selbständig wieder an. Das verursacht einen kleinen Verzögerungseffekt, der Zeit zum Nachdenken gibt. Mir wurde in dieser Zeit tatsächlich irgendwann klar, dass es keine Pflicht ist, von der Ampel mit Vollgas loszubrausen. Genauso wenig wie es eine ist, mit Vollgas auf die rote Ampel zuzuschießen. Kurzum: Man fängt an, über bestimmte Automatismen seines Fahrverhaltens nachzudenken, und irgendwann bedient man das Gaspedal deutlich behutsamer und gefühlvoller, versteht Überholen als Möglichkeit, nicht als Pflicht, und entscheidet auch andere Dinge in Relation zu ihrem tatsächlichen Nutzen. Meine Frau und ich machen jetzt Wettbewerbe, wer besser fahren kann. Also: Wer weniger verbraucht.

Oft ist sie es.

Das verstehe ich nicht. Sie fährt doch, mit Verlaub, eher aggressiv. Ich fahre extrem entspannt. Sie sagt, es liege an ihrer Weitsicht und meiner Unaufmerksamkeit für die Gesamtsituation. Jedenfalls kann ich es mir nicht bieten lassen, dass sie 3,3 Liter vorlegt und ich dann nicht mithalte.

Minki sagt mir, ich hätte das Autofahren letztlich genauso aufgewertet wie jeder andere Autofahrer auch. Andere bildeten sich ein, es sei ein großes Erlebnis, Auto zu fahren, weil es 300 PS hat oder ein SUV ist oder die Frauen Schlange stünden. Ich bildete mir ein, es sei ein großes Erlebnis, wenig Sprit zu verbrauchen. Ich lebte damit die übliche Fantasie aus, Autofahren sei nicht langweilig, sei mehr als Fortbewegung. Ausgerechnet das Auto sei nun perverserweise ein Konsumgegenstand, mit dessen Hilfe ich mich als besserer Mensch fühlte. Und überhaupt:

»Wo ist das Erlebnis, wenn man mit drei Litern fährt?«

Ich kann nur sagen: Es ist da, mein Freund, und zwar gewaltig. Du solltest es einfach mal versuchen.

2

MEINE JAHRE MIT A++ – DER BEGLÜCKENDE NEUE KONSUM

Der Kauf eines energieeffizienten Kühlschranks kann glücklich machen. Selbstverständlich nur in der Edelstahlausführung

Lange habe ich gar nicht mitgekriegt, dass und wie sich meine Einstellung zum Einkaufen verändert hat. Kein Wunder: Ich hatte vorher ja nicht einmal mitgekriegt, wie und warum ich was einkaufte. Irgendwann hatte man das Gefühl, es sei nun Zeit für … sagen wir, einen Flachbildfernseher. Und dann dauerte es noch eine ganze Weile. Tja, und dann hatte man einen.

Hätte man einen gehabt.

Mein Bruder hasst Flachbildfernseher. Oder sagen wir es anders: Sie sind für ihn das beste Beispiel, wie Konsum funktioniert. Wie *wir* funktionieren.

»Der sieht gut aus, hängt flach an der Wand, aber weil die Geräte alle größer sind als die alten, brauchen die mehr Energie. Das ist doch keine fortschrittliche Technologie, die begeistert. Trotzdem werden bald alle Flachfernseher haben. Die Inder auch.«

Manche denken, er halte Konsum für böse und predige Verzicht. Zum Beispiel denkt das seine Frau. Weit gefehlt.

»Es geht nicht permanent um weniger Konsum wie beim klassischen Öko.«

Worum geht es dann?

»Es geht um besseren, professionelleren Konsum unter veränderten globalen und individuellen Bedingungen.«

Als wir das erste Mal darüber sprachen, dachte ich, er hätte eine Überdosis Marketingspeech abgekriegt. Inzwischen rede ich selbst so.

Professioneller neuer Öko-Konsum heißt für mich: Ich interessiere mich für bessere, also auch effizientere Produkte, nehme dadurch Einfluss auf den Markt und bereichere meinen Alltag. Dem gegenüber steht die reine Old-School-Position, die das Produkt als Ganzes ablehnt und damit keinen Einfluss auf den Markt nehmen kann.

Nehmen wir meinen Kühlschrank.

Als unsere Freundin Karla Riether ausziehen musste, stand sie nicht nur ohne Freund da, sondern auch ohne Kühlschrank. Ihr vormaliger Lebensgefährte hatte den Kühlschrank einst aus seiner Kleinstadt mitgeschleppt. Nun wollte er zwar sie nicht mehr, den Kühlschrank wollte er aber unbedingt. Tatsächlich wechselte man die Partnerin noch Anfang des Jahrtausends leichter und öfter als den Kühlschrank. Sie musste dann den

Kühlschrank des Bruders ihrer Vormieterin kaufen. Der stand schon in der neuen Wohnung.

Bei Minki war es so, dass die neue Freundin den Kühlschrank mit in die gemeinsame Wohnung brachte. Sie hatte ihn geerbt. Er selbst hatte eineinhalb Jahre gar keinen Kühlschrank gehabt. Brauchte keinen. Er aß nicht zu Hause, oder wenn, dann angelieferte Pizza. Wenn er in Kneipen saß, überlegte er kurz, sich so ein Kühlteil anzuschaffen, wie sie es dort hatten. So ein durchsichtiges, in dem die Kuchen drinstehen. Das fand er schick. Ich kann mich noch erinnern, dass es eine Zeit gab, in der man sich auch Tankstellenteile oder *Coke*-Automaten in die Wohnung stellen wollte. Ich kann mich nicht mehr erinnern, aus welchem Grund.

Im Prinzip war ein Kühlschrank jedenfalls nichts, worüber man länger als eine Sekunde nachdachte. Wenn man einen hatte. Und solange er funktionierte. Falls es einen einzigen Kühlschrank gab, über den man sprach, war es der Kühlschrank des Kolumnisten und Schriftstellers Axel Hacke.

Hacke hatte den Kühlschrank als literarische Figur entdeckt und sprach in seinen in den 90ern recht beliebten Kolumnen mit seinem »sehr alten Kühlschrank und Freund«. Später wurde ein Buch daraus (»Meine Jahre mit Bosch«). Viel später sogar eine Vorabendfernsehserie.

Es waren einsame Nächte, in denen der Erzähler in die Küche ging und mit dem Kühlgerät kommunizierte. »Der gute alte Kerl, er heißt übrigens Bosch, hat immer was zu trinken da, und sein Verstand analysiert die Dinge auch zu dieser Stunde eiskalt.«

Hacke hat längst aufgehört, mit Bosch zu sprechen. Das hat Gründe, die im Handwerklich-Literarischen liegen. Die Figur schien ihm auserzählt. Außerdem nervte ihn, wenn die Leute ihn rubrizierten und reduzierten auf »Der Kerl, der mit dem Kühlschrank spricht.«

Aber noch heute fällt Leuten als Erstes dieser »Bosch« ein, wenn im Party-Diskurs von Kühlschränken die Rede ist. Das zeigt, dass bestimmte Bereiche des Alltags und des dazugehörigen Waren-Parcours bislang im Bewusstsein kaum eine Rolle spielten und nur darüber nachgedacht werden wollte oder durfte, wenn sie ästhetisch aufgeladen wurden wie im Fall der Fantasie vom schicken Wohnungsaccessoire. Oder wenn sie kulturell aufgeladen waren; im Fall von Hackes Kühlschrank in Literatur verwandelt.

Das Verschwinden Boschs ist über die literarische Erklärung hinaus als ein zeitgemäßes Symbol zu dechiffrieren. Ich will um Gottes willen nicht so weit gehen und sagen, dass Bosch böse ist und den Planeten zerstören will. Aber so viel wird man schon sagen dürfen: Der gute, alte Bosch ist tatsächlich alt, und genau deshalb sehr wahrscheinlich nicht gut. Und es gibt noch mehr von der Sorte. Rund 37 Prozent aller Kühl- und Gefriergeräte in deutschen Haushalten sind älter als 13 Jahre, fast 50 Prozent sind zehn Jahre alt oder älter. In den meisten Haushalten laufen Kühl- und Gefriergeräte im Dauerbetrieb. Das ergab eine Untersuchung des Freiburger Öko-Instituts. Der Kühlschrank ist nach Waschmaschine und Geschirrspülmaschine der größte Energieposten einer üblichen Haushaltsgerätesammlung. Alte Kühlschränke haben einfach in der Regel einen hohen Energieverbrauch, jedenfalls einen deutlich höheren als moderne, effiziente. Da kommt also einiges zusammen.

Den klassischen, aber anachronistischen Kühlschrankbesitzer muss man sich in etwa folgendermaßen vorstellen: Fragt man ihn, was für einen Kühlschrank er habe, denkt er nach und sagt dann: »Hm. Einen ganz normalen halt.« Das heißt: Er hat einen alten Energiefresser aus den WG-Tagen mit Hiltrud.

Fragt man ihn, ob er sich vorstellen könnte, einen neuen zu kaufen, sagt er: »Natürlich. Aber erst, wenn der alte nicht mehr funktioniert.«

War der alte kaputt und er hat einen neuen gekauft, sagt er: »Hm, selbstverständlich habe ich auf den Ökologie-Faktor geachtet.« Ach ja, welche Klasse hat er denn? »Hm, ich glaube, eine gute Klasse.«

Und welche gute? »Hm, A-Klasse vielleicht? Ich merke mir so was nicht.« Oder, entschlossen: »Selbstverständlich die Beste: A!«

No offense. Ich selbst habe meinen Kühlschrank auch lange Jahre ignoriert. Er war schon da, als wir in die Wohnung zogen, er war schon da, als unsere Vormieter in die Wohnung gezogen waren. Aber gesprochen wurde über ihn nicht, geschweige denn mit ihm, oder auch nur darüber nachgedacht, wie viel Energie er verbraucht. Es wurde nicht mal drüber nachgedacht, *dass* er Energie verbraucht.

Auf dem Kühlschrank stand eine Gefrierbox. So eine richtig fette. Ob da etwas drin war, ob die Box angeschaltet war, dafür hatte ich keine Kapazitäten, ich musste schauen, wie die Spiele in Albaniens zweiter Liga ausgegangen waren.

Im Abstellzimmer stand noch ein weiterer Kühlschrank, ein ganz alter. Für alle Fälle. Ob er benutzt wurde, kann ich auch nicht mehr sagen, jedenfalls steckte immer der Stecker in der Steckdose und zog munter Strom. Was ich weder wusste noch wissen wollte.

Wenn ich das meinen Kindern heute erzählte, würden sie mich seltsam anschauen. Dann müsste ich sagen: »Ihr könnt das natürlich nicht verstehen, Kinder. Aber die Zeiten waren halt so, damals.« Damit ich das nicht sagen muss, erzähle ich es ihnen lieber nicht.

Eines Tages schlich mein Bruder mal wieder mit seinem berüchtigten Strommessgerät durch die Wohnung. Manchmal hörte man ihn seufzen. In der Küche schaute er sehr ernst und sagte, ich hätte ein Dreiliter-Auto, nun solle ich mir schleunigst einen neuen Kühlschrank kaufen.

Ich antwortete: »Aber der alte funktioniert doch noch.«

Er wedelte mit seinem Messgerät und sagte: »Nein, der funktioniert nicht. Ganz und gar nicht.« Er hatte indiskutable Energieverbrauchszahlen ermittelt. Dann schwärmte er davon, wie großartig ein A++ sei. Ich sagte: »A tut es doch auch. Oder?«

Die Einteilung in Klassen stammt aus dem Jahre 1994 und entspricht dem damaligen Stand der Technik. Damals war A sehr gut. Heute ist die Skala ein Euphemismus, denn A ist höchstens noch ausreichend, B mangelhaft und C eine glatte Sechs.

Moderne Kühlschränke der besten Kategorie A++ verbrauchen bis zu 45 Prozent weniger Energie als die schwächsten Geräte der A-Klasse. Von B- und C-Klasse ganz zu schweigen.

Die erste Frage ist selbstverständlich: Lohnt sich der Kauf eines neuen A++?

Was den Anschaffungspreis betrifft: Wie stets im Klimaschutz-Konsum wird beim Anpreisen von modernen Kühlschränken gern und häufig mit dem Geldspar-Argument gearbeitet, also mit rationalem Konsum argumentiert und dem »Spargefühl« gelockt. Stimmt auch: Nicht der Anschaffungspreis, aber die leichte Preisdifferenz eines A++ zu anderen Geräten kommt durch die geringeren Stromkosten sicher wieder herein.

Was die Energie betrifft: Wenn der Alte älter als fünf Jahre alt ist, amortisiert sich der zur Herstellung des Neuen benötigte Energieverbrauch durch die Einsparungen beim Stromverbrauch innerhalb von ein bis zweieinhalb Jahren (laut Öko-Institut). Die Gewinnmargen, die man mit einem A++ beim Reduzieren des Stromverbrauchs erzielt, sind das wirklich Spektakuläre. Ein A++-Kühlschrank ohne Gefrierfach verbraucht 90 Kilowattstunden im Jahr, einer der Klasse B dagegen knapp 220, bei der C-Klasse sind es 260 Kilowattstunden pro Jahr.

Wir informierten uns bei www.ecotopten.de, das sind die Produktempfehlungen des Öko-Institutes, gingen in den Laden und kauften die ausgewählte, unseren Bedürfnissen entsprechende Kühl-Gefrierkombination. Selbstverständlich in der Edelstahlausgabe. Weil das einfach gut aussieht. Der Kühlschrank ist oben, der Gefrierschrank unten, was angesichts der Nutzungshäufigkeit sinnvoll und bequem ist. Die beiden Teile sind bei Nichtgebrauch getrennt abschaltbar. Die Größe orientiert sich an unserem Bedarf. Pro 100 Liter Nutzinhalt mehr verbraucht ein Kühlschrank knapp zehn Prozent mehr Energie, ein Gefrierschrank 20 bis 30 Prozent. Unser Gerät verbraucht 202 Kilowattstunden Strom im Jahr.

Durch die Beschäftigung mit dem Thema kann ich heute einschätzen, wie viel das ist (im Vergleich sehr wenig) und welchen Anteil es am Haushaltsgeräte-Gesamtenergieverbrauch hat (etwa ein Zehntel). Die Beratung durch *Ecotopten* nahm uns die Sorge, wir könnten etwas Falsches kaufen. Sie half bei Klärung der Größe, des Bedarfs, der Qualität, des Preisspektrums.

Vor allem aber hilft die Kriterienfokussierung bei der Konsumentscheidung, und sie befördert außerdem das gute Gefühl nach erfolgtem Konsum. Man lernt über diese Konsumorientierung auch schnell, sich über scheinbare Modernität oder angebliche Lebensqualitätsverbesserung klar zu werden.

Weil ich das von Kalifornien kannte, träumte ich zwischenzeitlich von einem Kühlschrank, der eine Eismaschine enthält. Heute habe ich immer noch solche Fantasien. Sie stehen aber nicht in einem kategorie- und wertefreien Raum, sondern werden darin eingeordnet und beurteilt. Was das heißt? Na, man ist in Deutschland einfach nicht ununterbrochen damit beschäftigt, Getränke mit Eiswürfeln zu konsumieren. Eigentlich eher selten. Was sollen wir mit einer Maschine, die 24 Stunden am Tag und 365 Tage im Jahr Eis produziert, das kaum gebraucht wird? Das kommt einfach nicht gut.

Nein, die Kriterien sind klar: Der Kühl- und Gefrierschrank muss kühlen, gefrieren, die nötige Größe haben, er muss richtig gut aussehen und er soll seine Modernität und Klasse mit einer hervorragenden Energie-Effizienz ausdrücken. Das alles tut unser A++. Das Gerät »rechnet« sich folglich in mehrfacher Hinsicht.

Mein Eindruck ist: Man wird durch diese Art des Konsumierens generell ein kompetenterer Konsument. Man merkt: Weder geht es bei dieser Art Konsum darum, ein Schnäppchen zu machen und damit Geld gespart zu haben (wie üblicherweise beim Billigkonsum), noch geht es darum, einen Konsum durch einen hohen Preis oder ein imaginäres Produktversprechen aufzuladen (wie beim Markenkonsum). Durch die Information und die Fokussierung auf Inhalte entfällt auch die Sorge, eventuell eben doch einen Fehler zu machen oder betrogen zu werden.

Damit wir uns nicht falsch verstehen: Es ist nicht so, dass ich A++ anbete oder streichle oder zu einem Gott erhebe. Ich würde ihn auch nicht bei seinem richtigen Namen rufen. Er heißt nämlich »Superöko Energiesparer«. Aber: Ich nehme ihn wahr. Viel mehr und häufiger, als ich den alten Kühlschrank wahrgenommen habe. Prosaisch ausgedrückt: Immer wenn ich A++ begegne, freue ich mich, dass es ihn gibt. Er ist ein großartiger Bursche, hat ein hohes Niveau, ist ästhetisch und moralisch integer. Einen besseren Freund und Weißweinkühler kann man sich nicht wünschen.

Wenn allerdings morgen A+++ auf den Markt kommt, sind seine Tage gezählt.

Wir erneuern unseren Haushaltsgerätepark nach und nach komplett. Waschmaschine, Spülmaschine, alles ist etwa zehn Jahre alt und wird mit Hilfe von *Ecotopten*-Listen nach und nach durch bessere Geräte ersetzt.

Ein Flachbildfernseher ist nicht ausgeschlossen. Aber wenn, dann ein energieeffizienter. Ja, mir ist bekannt, dass auch deren Produktion und Transport Energie verschlingt.[2]

Energiesparlampen in allen Lichtquellen ist ja eh klar.

Die modernen Energiesparlampen sind ja etwas in Verruf geraten. Nicht, weil sie nicht in allen Belangen besser wären als anachronistische Glühbirnen. Sondern weil in unserer guten, alten Mediengesellschaft ein bisschen zu viel von ihnen die Rede war. Erst hieß es in diversen Weltrettungszusammenhängen, dass man Energiesparlampen einschrauben solle, um »die Welt zu retten«. Dann folgte vielerorts das dramatische Dementi.

»Mit Energiesparlampen ist die Welt nicht zu retten!«

So was sagte eine Zeit lang Hinz und Kunz.

Ach, echt? Schade, das wäre jetzt einigermaßen bequem gewesen.

Das Ziel ist aber zunächst einmal auch nicht die Weltrettung. Ziel ist es, gut einzukaufen.

Energiesparlampen sind einfach gute Produkte. Sie sind fünfmal so effizient wie normale Glühlampen. Dafür halten sie auch noch etwa fünf bis fünfzehnmal länger. Wozu sollte ich da »normale« benutzen? Ich mache doch meine Fernkommunikation auch nicht mit Rauchzeichen.

Die Energiesparlampe braucht bei gleicher Helligkeit tatsächlich etwa 80 Prozent weniger Energie. Sie steht damit Pars pro toto für mein Ziel, generell vier Fünftel Energie einzusparen – ohne dass es in meinem Leben dunkel wird.

Es geht nicht um mehr Konsum wie in der alten Vorstellung von Wohlstand. Also: Mehr ist besser. Es geht auch nicht um die Maxime des klassischen Ökos. Also: Weniger ist besser.

Ich bin nicht der Typ, der Glück und Befriedigung durch Verzicht erlangt, das wäre ein nicht erfolgter, also eingesparter Konsum. Oder ein Konsum, dessen Befriedigung darin besteht, möglichst billig zu sein. Ich bin aber etwas anfällig für jenen Konsum, bei dem Befriedigung entsteht, wenn die Qualität der Ware – zumindest gefühlt – besser ist, als sie es für den bezahlten Preis sein müsste.

Ehrlich gesagt: Das war jetzt untertrieben. Ich praktizierte manchmal Markenkonsum, manchmal Sparkonsum, aber das sogenannte »Preis-Leistungs-Verhältnis« war mein Gott.

Der Markenkonsum zielt darauf ab, eine Ware durch einen hohen Preis aufzuladen oder zu überhöhen und die Befriedigung im Nichtexistenten zu finden, also nicht darin, dass man einen Stuhl hat und darin sitzen kann, sondern dass man diesen einen, bestimmten, wunderbar teuren Stuhl hat.

Der Sparkonsum zielt darauf ab, möglichst wenig für einen Stuhl auszugeben, weil einen der Stuhl eh nicht kratzt. Jedenfalls nicht so sehr wie die angenehme, fantasieanregende oder beruhigende Option, das gesparte Geld jederzeit anders einsetzen zu können.

Ich wollte weder Schund kaufen, noch mich übers Ohr hauen lassen. Daher betete ich das Preis-Leistungs-Verhältnis an.

Das Problem daran ist die Definition der Leistung. Die wurde häufig entweder von der Gesellschaft, der Peer-Group oder der Stiftung Warentest vorgenommen. Nehmen wir noch mal das Beispiel der Flachbildfernseher. So ein Gerät wird laut und flächendeckend als »Fortschritt« kommuniziert. Das glaubt man oder eben auch nicht. Aber man sieht es in immer mehr anderen Wohnzimmern, vor allem auch in den deutschen »Komödien« im Fernsehen. Man winkt lässig ab. Oder doch nicht?

Irgendwann ist einem die Entscheidung aus der Hand genommen. Der Kauf wird zum Krisenmanagement. Man »muss« einen haben, bevor noch mehr Gäste fragen, warum man eigentlich keinen hat. Also checkt man schnell Stiftung Warentest und die Ästhetik des eigenen Wohnzimmers – und nimmt dann von denen, die mit »gut« bewertet sind, den billigsten.

Heute agiere ich anders. Ich will moderne Technik, die sich immer auch in Effizienz ausdrücken muss. Aber ich will auch Edelstahl. Das ist die Grundlage, auf der ich einkaufen gehe. Wer mir ein gutes Angebot macht, kriegt mein Geld. Gerne auch etwas mehr, wenn es das Gerät wert ist.

Die Waren haben für mich einen Wert über die eigentliche Leistung, den Preis, die Marke oder die kulturelle Dimension hinaus. Kurz gesagt: Mehr Leben, weniger Kino.

Ich merke, dass mich dieser ziel- und wertorientierte Konsum zufriedener gemacht hat. Ich schätze den Kompetenz- und Qualitätszuwachs. Ich kann sicherer am Markt agieren, weil ich weiß, was ich will oder was ich auf jeden Fall will.

Früher dachte ich, ich sei ein konsumkritischer Mensch. Kapitalismus, Gegenkultur, Independent, blablabla. In Wahrheit hatte ich nur ein nachlässiges und gestörtes Verhältnis zum Konsum, weil ich die bequeme Vorstellung vom kapitalismuskritischen und daher alternativen Konsumenten nie im Realitätscheck überprüfte.

Heute denke ich: Man kann nicht gleichzeitig drinnen und draußen sein. Aber man kann richtig drin sein oder falsch drin.

Auch die bisweilen halbgar im Hintergrund existierende Philosophie der Trennung von Glück und Geld sollte man nicht kategorisch aufrechterhalten. Geld richtig ausgeben zu können ist gut und ein Genuss. Ich »verzichte« ja nicht auf den Porsche, weil ich ihn mir nicht leisten darf.

Der Porsche entspricht und genügt schlicht nicht meinen Ansprüchen an ein Auto. Er ist in meinem Werte- und Weltsystem nicht als erstrebenswert kodiert. Das meine ich durchaus auch technologisch. Für mich kommt nur ein Auto in Frage, das eine Start-Stopp-Automatik hat. Ich stehe doch nicht mit laufendem Motor an der Ampel. Da hätte ich inzwischen tatsächlich das Gefühl, mich lächerlich zu machen.

3

ICH HAB JETZT AUCH ÖKOSTROM – DER EINSTIEG IN EIN NEUES LEBEN

Warum Ökostrom-Gitarren besser klingen und warum ich im Interstromnet surfen will

Es gab keine Diskussionen und keine theoretischen Erwägungen, bevor wir auf Ökostrom umgestiegen sind. Als wir damals nach Berlin zogen, kam der Strom aus der Steckdose. Ich wusste nicht mal, wer ihn anlieferte. Anfang des Jahrhunderts wechselten wir dann aber von der Berliner *Bewag* zum Ökostrom-Anbieter *Lichtblick*. Mein Bruder sagte mir, dass das jetzt mal gemacht werden müsse. Genauer gesagt: Er hatte jahrelang gemaunzt.

Aber eines Tages kam er und lächelte. »Unsere Mutter ist auch schon gewechselt.«

Mutter? Unsere? »Hm. Das ist ihre souveräne Entscheidung. Und ich treffe ebenfalls eine souveräne Entscheidung.«

Was ich dann auch tat. Es blieb nichts anderes mehr übrig, als souverän zu wechseln.

Das war es dann aber auch schon. Gesprochen wurde darüber kaum. Ich war damals noch ein Konsument, der tagelang über den Kauf von Tonträgern grübeln konnte. Für die Buchung eines Ferienhauses auf Rügen betrieb ich längst eine routinierte, aber doch akribische Internetrecherche. Ökostrom aber war ein Produkt, von dem ich nichts wusste und über das ich auch nicht wirklich viel wissen wollte. Daher gab es auch keinerlei Drang, den Stromwechsel zu kommunizieren oder gar damit anzugeben. Was auch nicht gegangen wäre, weil das zu dem Zeitpunkt höchstens ein milde interessiertes »Ach, echt?« hervorgerufen hätte – also die höfliche Form von »Leck mich am Arsch!«

Heute haben viele Leute angefangen, sich zumindest gedanklich mit Strom aus erneuerbaren Energien zu beschäftigen. Das merkt man spätestens, wenn man sich bei einer Party plötzlich in einer Ökostrom-Unterhaltung wiederfindet. Da wird selbstverständlich das Wissen vorausgesetzt, dass es vier überregionale Anbieter gibt, nämlich *EWS*, *Greenpeace Energy*, *Lichtblick* und *Naturstrom*, die nahezu kohlendioxidfreie Energie liefern und darüber hinaus in neue Projekte zur Produktion erneuerbarer Energien investieren. Das mindeste ist heute, dass jemand sagt, er denke über Ökostrom nach, sei »gerade dabei zu wechseln«.

Doch die Zeiten haben sich geändert: Vor einem Jahr wurde noch anerkennend genickt, wenn jemand sagte, er habe »eigentlich auch längst wechseln« wollen. Heute ruft das hochgezogene Augenbrauen hervor.

»Wie, noch nicht gewechselt?«

Neulich ließ sich einer dabei erwischen, »falschen Ökostrom« von einem großen Energiekonzern zu beziehen. Er wusste nicht, was der Unterschied ist: Der Strom muss nicht nur kohle- und atomfrei sein, sondern mit dem Geld des Kunden muss zudem in neue Quellen für erneuerbare Energie investiert werden, sodass deren Gesamtanteil steigt.

Minki zog eine Grimasse, als ich es ihm erzählte.

»So was ist bei euch Öko-Hausmeistern ein größeres Verbrechen als ein Bild von Ikea im Wohnzimmer hängen zu haben.«

»Jetzt übertreibst du aber.«

»Ach was. Du hast doch sicher sofort den Namen aus deinem Mobiltelefonregister gelöscht?«

Ich schwieg. Woher wusste er das?

Ökostrom wird Pop

Manche sagen ja, dass Künstler noch nie so sehr im Mittelpunkt des öffentlichen Interesses standen wie heute, dass Maler »wie Popstars« gefeiert würden und Kunst »die Massen« begeisterte. Es gibt eine Welt, in der das so ist.

Aber da es Parallelwelten gibt, ist da auch eine, in der Ökostrom noch nie so sehr im Mittelpunkt stand wie jetzt. Vielleicht sind zum Teil ähnliche Motive dafür verantwortlich, dass Neo Rauch und Ökostrom Pop geworden sind, etwa der Wunsch, das eigene, im relativen Wohlstand sich vollziehende Leben zu bereichern und aufzuladen mit einem besonderen Konsum, der begeistert und dessen Glanz auf einen selbst abstrahlt. Hauptsächlich ist Ökostrom ein Anzeichen dafür, dass bei bestimmten Leuten in bestimmten Verhältnissen die Lebensstil- und Konsumüberprüfung angefangen hat. Und dass sie die Möglichkeiten des bewussten Konsums entdeckt haben und nutzen.

Der Glanz von Ökostrom ist ein anderer als der von zeitgenössischer Malerei. Ökostrom wird auch noch nicht wirklich gefeiert wie ein Popstar. Aber *von* Popstars.

Der Musiker und Schriftsteller Rocko Schamoni zum Beispiel schwärmt von *Greenpeace Energy*, deren Strom seinen *Golden Pudel Club* in Hamburg elektrifiziert. »Komplett atom- und kohlefrei, total sauber, teuer, dafür aber absolut transparent« sei der Strom.

Ich rief ihn an und meinte lockend: »Na, und mit Ökostrom betriebene E-Gitarren klingen doch sicher auch viel besser?«

Schamoni: »Atomfreie Gitarrentöne klingen schleimig, ohne Biss, anbiedernd, teestubenhaft, weicheimäßig.«

Die Antwort hatte ich mir redlich verdient.

Und atomfreie Tourneen? »Das würde nur auf Akkuebene gehen, so weit ist es noch nicht.«

Warum nicht?

»Die meisten Veranstalter sind Geizhälse.«

Unlängst hörte ich aber doch den wunderbaren Bernd Begemann auf einer mit Ökostrom betriebenen Gitarre »Christiane« und andere seiner Hits spielen. Es war *Lichtblick*-Strom, und es klang großartig. Es würde mich schon sehr interessieren, wie »Christiane« kommt, wenn es mit *EWS*-Strom gespielt wird.

Auch *BAP*-Sänger und -Chef Wolfgang Niedecken ist auf Ökostrom umgestiegen, aber auch er kann sich eine Ökostrom-Tournee noch nicht vorstellen. Niedecken, Kind und Gesicht des sich als politisch verstehenden Rock, wurde allerdings seit den 80ern so oft als Gutmensch und Wichtigtuer geschmäht, dass er vermutlich bereits ahnt, was die Kritiker und Niedeckenhasser sagen würden, wenn er offensiv mit dem gesellschaftlichen Anliegen Stromwechsel oder Klimaneutralität auf Tournee ginge: «Da kommt der Müsli-Män.«

In den USA gehen mittlerweile diverse Bands klimaneutral auf Tournee. Das Beste wäre, wenn das einfach selbstverständlich würde. Solange das noch nicht der Fall ist, muss man es kommunizieren, auch auf die Gefahr hin, dass es manche oder manchmal schon wieder nervt.

Die Popband *MIA* hat sogar einen Song namens »Ökostrom«. Das Video kann man sich auf www.youtube.com ansehen. Thema ist die Schlechtigkeit der Welt. Sängerin Mieze erzählt, wie sie eines Tages aufwacht und anfängt, ein Bewusstsein dafür zu entwickeln, dass manches nicht gut läuft und »wir auf fremde Kosten glücklich sind«. Sie zieht die Konsequenzen:

»Ich habe angefangen / Ich hab jetzt Ökostrom / Ich will mein Leben / Weil es sonst ein andrer lebt«.

Ob hier der »politische Rock« zeitgemäß neu interpretiert wird oder verhöhnt, das müssen Sie den Trainer fragen. Sicher aber ist dadurch das Wort »Ökostrom« ein Teil des Pop-Universums geworden.

Einige Menschen ärgern sich grundsätzlich, wenn Prominente ihnen sagen wollen, was sie tun könnten.

Trotzdem ist Bekanntheit und Popularität von Prominenten nicht nur für etwaige Nachahmung eine Währung, sondern vor allem auch für den Transport der Botschaften – sie können unpopuläre Inhalte populär aufladen oder kommunizieren. Wie nachhaltig eine Pop-Inszenierung sein kann, ist eine andere Frage, die an anderer Stelle noch erörtert werden wird. Dass aber in der ARD-Serie *Lindenstraße* Ökostrom als Thema vorkommt, dass eine ganze Reihe jüngerer und bekannter, aber nicht berühmter Fernsehschauspielerinnen Ökostrom nutzen und das als Selbstverständlichkeit sehen, ist ein Indiz dafür, dass es nicht nur über den Weg der Kunst agit-propagiert wird, sondern aus der Gesellschaft in die populäre Kunst einzieht – also dort existiert.

Strom hatte traditionell einen großen Nachteil: Man »konsumierte« ihn nicht, man bekam ihn. Man war also kein bewusster Kunde, sondern wurde von irgendwoher »versorgt«. Die Unternehmen nennen sich heute noch »Versorger«.

Nachdem die Atomreaktorkatastrophe von 1986 in Tschernobyl verblasst war, tauchte Strom lange weder in ökonomischen noch in kulturellen Zusammenhängen, weder in Gedanken noch in Gesprächen auf. Gelegentlich dachte man bei einem entsprechenden Impuls mal kurz über Veränderungen nach und ließ es dann auf sich beruhen. Vor allem das starke und nachhaltig wirkende Argument der Kohle- und Atom-Spindoktoren, Ökostrom sei unglaublich teuer, wurde gern und ohne entsprechende Gegenrecherche übernommen.

Diese Zeiten sind vorbei. Mit Hilfe von Internet und Stromrechnern kann man mit ein paar Clicks Preisvergleiche machen – und zu einem neuen Anbieter wechseln.

Wenn man sich einmal inhaltlich mit Strom beschäftigt hat, wird man bewusst oder unbewusst schnell einen großen praktischen Vorteil des Stromwechsels erkennen: Es geht einfach. Es tut nicht weh, es ist eine bequeme Lebensstilveränderung, bringt keinerlei Einschränkung mit sich und kann doch als hochpolitische Investitionsentscheidung gelten; es geht ja auch hier darum, wer mein Geld kriegt – und damit die Zustimmung für das, was er damit macht, zum Beispiel neue, klimaschädliche Kohlekraftwerke bauen.

Die Energiewirtschaft verursacht knapp 40 Prozent der etwa 900 Millionen Tonnen deutscher Treibhausgas-Emissionen. Kohlekraftwerke stoßen pro erzeugter Kilowattstunde Strom das meiste Kohlendioxid aus, am schlechtesten sind Braunkohle-Kraftwerke. Wer einen handelsüblichen Strommix kauft, unterstützt die klassische Stromindustrie, die immer noch auf fossile und nukleare Quellen setzt, beim Neubau von Kohlekraft-werken. Nun reden die Konzerne zwar gerne von der neuen CCS-Techno-logie, die das saubere Kohlekraftwerk bringen soll. Wie das schöne Wasser-stoff-Auto muss man CCS als virtuelle Karotte betrachten, die man uns Eseln vor die Nase hält. Das gilt, solange es sie nicht tatsächlich gibt. Selbst wenn es sie gäbe, änderte das nichts an der Endlichkeit des Rohstoffs.

Ökostrom-Unternehmen finanzieren mit ihren Einnahmen auch den Neubau von Kraftwerken, in denen Strom aus erneuerbaren Energien ge-wonnen wird. Damit soll der Strommix eines Landes verändert werden. Und die Grundidee bestätigt, dass der bewusste Konsument mit seinen Wünschen das Angebot auf dem Markt und die Art der Herstellung ver-ändern kann. Insofern ist speziell der Wechsel von einem der vier großen Energiekonzerne zu einem der vier kleinen Ökostrom-Anbieter ein klei-ner Schritt für Neil Armstrong, kann aber als ein großer für die Mensch-heit behauptet werden.

Allerdings wird derzeit und dank des Erneuerbare-Energien-Gesetzes (EEG) noch weit mehr Ökostrom eingespeist, als tatsächlich nachgefragt wird. Der Gesamtanteil von Ökostrom-Kunden ist im Vergleich mit Koh-le- oder Atomstrom immer noch sehr gering, aber in relativen Zahlen ge-sehen ist der Markt in letzter Zeit explodiert. Das zeigen die Bilanzen der Ökostrom-Anbieter.

Die Privatperson: Ulla Gahn

Schon vor Jahren träumte mein Bruder von Ökostrom-Partys.

»Das machen wir wie Tupper«, pflegte er zu sagen.

Also: Leute zu sich nach Hause einladen und durch persönliche Bezie-hungen und Integrität überzeugen von der Qualität und dem Nutzen ei-nes Produktes.

Ulla Gahn hat genau das gemacht. Ihre erste private Stromwechsel-Party veranstaltete sie in ihrer Wohnung in Leipzig. Nachdem sie selbst ge-wechselt war, hatten ihre Freunde wissen wollen, ob denn der neue Strom tatsächlich weiter verlässlich aus der Steckdose komme, ob er nicht teuer sei, ob sie nicht Unterlagen hätte. Gahn, Jahrgang 1974, verdient ihr Geld als Fachfrau für Organisation. Sie sah den Bedarf, also organisierte sie. 40 Leute kamen, die meisten davon Freunde. Die Bude war voll, zehn Haushalte stiegen noch am selben Tag um. Die, die gekommen waren, erzählten es anderen Freunden. Sie lagerte dann die Partys aus an öffentliche Orte. Beim zweiten Mal kamen keine ihrer Freunde mehr, aber wieder etwa 40 Leute. In der Werbung für die Party hatte Gahn offensiv das heikle Wort »Weltrettung« benutzt und »atomstromfreien« Kuchen angekündigt.

Bisschen dick, oder? Da rechnet unsereiner gleich mit dem Schlimmsten. Ich wollte also wissen: Wie läuft das – und was kommen da eigentlich für Leute? An einem Sonntag fuhr ich nach Leipzig, um mir die Sache anzusehen.

Das Haus des Bürgervereins Waldstraßenviertel liegt zwei Straßenbahnstationen vom Hauptbahnhof entfernt. In der Tür steht Ulla Gahn, begrüßt die Besucher einzeln und stellt sich vor. Gahn hat eine ganze Reihe von Experten zusammengebracht, etwa einen Professor von der Hochschule für Technik, Wirtschaft und Kultur, einen Kommunalpolitiker, einen Windkraft-Stromerzeuger. »Die waren da wie a Brezn«, sagt sie. Einfach so und ohne Geld.

Zur Eröffnung des Nachmittags stellt sie sich in die Mitte des Raumes und erklärt, was die vier Ökostrom-Anbieter *Lichtblick, Naturstrom, Greenpeace Energy* und *EWS* voneinander unterscheidet und von den Angeboten der Energieriesen oder der örtlichen Stadtwerke: Dass diese vier ihren Strom komplett aus Biomasse, Windkraft, Sonnenenergie und Wasserkraftanlagen oder in Kraft-Wärme-Kopplungsanlagen erzeugen. Dass man mit Ökostrom von diesen Anbietern gleichzeitig die weitere Erschließung alternativer Energiequellen befördere und damit eine Energiewende. Dass man mit Konsum bei den großen vier Stromkonzernen den Status zementiere, also Kohle- und Atomstrom. Gahn thematisiert auch den sogenannten »Grünen Strom« der örtlichen Stadtwerke, dessen Mix nur zu 15 Prozent aus erneuerbaren Energien bestehe.

Ein Partygast erweckt Erstaunen, als er auf Nachfrage (»Wenn das nicht zu intim ist, darf ich Sie nach Ihrem Stromverbrauch fragen?«) sichtlich erfreut mit der Zahl 650 Kilowattstunden herausplatzt. Beifälliges Nicken der Experten. 650? Das ist Energie-Effizienz! Ein durchschnittlicher Einpersonenhaushalt verbraucht im Jahr derzeit noch 1.600 kWh.

Schnell ergibt sich eine raumweite Diskussion, die von Gahn gelenkt und stets geerdet wird, wenn die Experten ihre Zuhörer durch Detailkompetenz zu verwirren drohen. Gahn nennt das: »Susi fasst zusammen«.

Ich bin ein Mensch, der zivilgesellschaftliches Engagement grundsätzlich schon immer wichtig fand. Der aber bei der Umsetzung lieber nicht dabei war oder peinlich berührt. Aber das ist ein Nachmittag, bei dem sich Pragmatismus und Pathos die Waage halten. Erstaunlicherweise wirkt es weder pompös noch ironisch, wenn sie das Wort »Weltrettung« ausspricht. Und der atomstromfreie Kuchen schmeckt auch gut.

Am Tag darauf und am Telefon erzählt Ulla Gahn von einem Bauunternehmer für Windkraftanlagenbetonfundamente, der ihr beim Rausgehen gesagt habe, wie toll er das alles fände. Es sei wie mit einem Staudamm, der gebrochen werden müsse: Wenn erst der Fluss käme, liefe alles wie von selbst, aber es gehe nicht ohne die ersten Tropfen, die den Weg bahnen.

Der Fluss fließt noch nicht, aber bei der vierten Stromwechsel-Party im Sommer 2007 kommen schon knapp 200 Leute, Fernsehsender, alle vier Ökostrom-Anbieter mit eigenen Vertretern, diverse andere Öko-Branchen – selbst der damalige Grünen-Vorsitzende Reinhard Bütikofer ist an einem Sonntag aus Berlin angereist. Bei der fünften Party in München wird mit 300 Leuten wieder ein neuer Rekord aufgestellt. Das war's jetzt aber mit dem Wachstum? War es nicht. Bei der nächsten Tour will Gahn die richtig großen Hallen buchen – und füllen. »500 bis 1.000 Leute«, sagt sie, das sei jetzt die nächste Zielvorgabe.

Warum macht sie das eigentlich?

Gahn ist weder Mitglied einer Umweltbewegung noch einer Partei. Ihre Kenntnisse über Klimawandel und den Zusammenhang mit klimaschädlicher Energieerzeugung sind relativ frisch. Es war so, dass sie sich das Grundwissen aneignete, sofort wechselte und dann ihr Know-how weitergeben wollte. Das ist neu. In der Regel lief es bisher so, dass sich Menschen das Grundwissen aneigneten, nicht wechselten und in ihrem Verharren stilbildend und beispielhaft wirkten.

Gahn braucht inzwischen eine Menge Helfer und findet es »faszinierend, dass sich die Leute so reinhängen«. Freiwillig. Ohne Bezahlung. Sie selbst arbeitet auch ehrenamtlich. Als Freiberuflerin hat sie sich vor einiger Zeit entschieden, ihre Zeit zu splitten in »ein Drittel für mich, ein Drittel für Geld, ein Drittel für die Welt«. Der Erfolg hat sie erstaunt, begeistert und war Antrieb für Weitermachen und Expansion. Es gibt jetzt den Verein »Weltverbesserung-sofort-und-hausgemacht e.V.«. Die Deutsche Umwelthilfe hat sie als »Ikone« bezeichnet und ihr Projekt mit einem Umweltpreis und 10.000 Euro ausgezeichnet.

Das Geld ist verplant und der Aufwand längst zu groß, um das aus dem Zeitbudget »ein Drittel für die Welt« zu bestreiten. Schnell hatte Gahn auch ein Angebot bekommen, ihre Partys gegen Provision und im Auftrag eines Ökostrom-Unternehmens zu veranstalten. Oder andere gegen Honorar in ihrer Kunst zu unterrichten.

Das wollte sie nicht. Der Erfolg ist ja darin begründet, dass sie eben kein Unternehmen ist, sondern ihr Programm »Weltrettung hausgemacht« zwar ironisch klingt, aber eben doch moralisch ist. Es ist nicht damit getan, ein paar Prospekte auszulegen und Informationen zu kommunizieren. So eine Wechselparty braucht neben dem Know-how ein Gesicht. Vor allem braucht sie eine Seele, um glaubwürdig wirken zu können. Meine Vermutung ist, und deshalb finde ich das Beispiel auch so spannend: Ironie und Moral sind hier in einer Balance, die dem Lebensgefühl von immer mehr Leuten entspricht. Das macht den Erfolg aus.

Minki dürfte ich mit so einem Satz natürlich nicht kommen, aber als ich in Leipzig zusah, dachte ich tatsächlich: Je länger man sich das anschaut, desto mehr könnte man staunen, was möglich wird, wenn nur eine Einzige aufsteht.

Ökostrom-Partys in kleinerem Rahmen sind auch in Schönau seit langem üblich und nötig, um neue Kunden zu gewinnen. Die *Elektrizitätswerke Schönau* (*EWS*) haben inzwischen über 100.000 Kunden. 500 davon bestellen immer wieder Infomaterial – um damit andere anzuwerben.

Ansonsten ist Schönau ein real existierender Mythos.

Eine Bürgerbewegung der Schwarzwald-Gemeinde hat als Konsequenz aus der Reaktorkatastrophe von Tschernobyl eine ökologische Energieversorgung realisiert. Als der dortige damalige Strommonopolist *Kraftübertragungswerke Rheinfelden* (*KWR*) sich nicht an den ökologischen Ideen beteiligen wollte, übernahmen die Bürger gegen den Widerstand des Betreibers und des Gemeinderates per Bürgerentscheid (1991) das Stromnetz und produzieren als Stromversorgungsunternehmen *EWS* seit 1997 Ökostrom für die Stadt Schönau im Schwarzwald und seit der Liberalisierung des Marktes 1999 auch für überregionale Kunden.

Die Vergabe der Stromkonzession an die dafür gegründeten *Elektrizitätswerke Schönau* war noch leicht. Das Stromnetz vom bisherigen Energieversorger zurückzukaufen erwies sich erwartungsgemäß als schwierig. Der Energieversorger blockte, wollte den Rückkauf verhindern, verlangte 8,7 Millionen Mark statt der von einem Gutachter der Bürgerinitiative errechneten 3,9 Mio. Erst nach langem Hin und Her kam es zum Start von *EWS*.

Ziel des Bürgerunternehmens ist es, so viel Strom wie möglich umweltfreundlich vor Ort zu erzeugen. *EWS* hat keine Kapitalbeteiligungen von Atomkraftwerksbetreibern oder deren Tochterunternehmen. *EWS* unterstützt Kraftwerksbetreiber, die sich für eine ökologische und innovative Stromwirtschaft einsetzen. Man fördert inzwischen über 1.000 neue ökologische Stromerzeugungsanlagen.

Michael Sladek ist Hausarzt in Schönau und Protagonist der Bürgerbewegung. Er hat nach der Motivation jener Kunden geforscht, die durch ihr privates Engagement sein Geschäft voranbringen. »Der gesellschaftspolitische Ansatz steht im Zentrum von *EWS*«, sagt er. Das finden die Leute gut. Und übrigens auch, dass es keine Geldprämien für Werbungen gibt. Sladek sagt, sie hätten sonst das Gefühl, ihr Engagement werde entwertet.

EWS ist der Ökostrom-Anbieter, der am klarsten die Verbindung aus der Vergangenheit, der ideologischen, politischen, linken Anti-Atom-Bewegung, mit der postideologischen Zukunft darstellt – einem gesamtgesellschaftlichen Anliegen eines Lebens jenseits fossiler Energien.

Es gibt inzwischen Wettbewerbe darum, wer die meisten Menschen von einem Umstieg überzeugt. Es geht da nicht darum, eine Prämie abzugreifen. Der Erfolg resultiert nicht daraus, dass man sich unglaublich anstrengt oder verrenkt. Sondern daraus, dass diese Leute tatsächlich authentisch sind, weil sie meist soeben selbst den Anbieter gewechselt haben. Mit dieser geistigen und emotionalen Verfasstheit treffen sie auf andere, denen es gerade ähnlich geht – und haben leichtes Spiel.

Interessant ist die unterschiedliche Einstellung zur Prämie. Während *EWS*-Unterstützer fürchten, durch Entgegennahme einer Prämie korrumpiert zu werden, hat es Karla inzwischen zur Prämienrekordhalterin in unserem Freundeskreis gebracht. Was ich sehr erstaunlich finde, wenn man bedenkt, dass ihr Denken und ihr Engagement sich früher auf die sozialistische Revolution konzentrierten.

»Wird durch eine Prämie nicht dein gesellschaftliches Engagement entwertet?«

»Nein. Überhaupt nicht.«

»Du lässt dich kaufen!«

»Ach was. Heutzutage gibt es doch für jede Form der Kundenwerbung Prämien. Dass man das auch bei Ökostrom bekommt, vermittelt mir ein angenehmes Gefühl der Normalität.«

»Aber du willst doch nicht normal sein, sondern engagiert.«

»Ja. Aber würde die Prämie wegfallen, weil man auch dieses Geld lieber zur Wiederaufforstung des Regenwaldes benutzt, würde dem Ganzen wieder dieser Ruch des preußisch-protestantischen Moralismus anhängen. Und der ist ja der Tod der deutschen Ökobewegung gewesen.«

»Du wolltest doch auch die Welt retten in den 80er Jahren. Vor dem Kapitalismus, vor dem Konsumwahn, vor denen, die sie zerstören wollten?«

»Natürlich wollte ich das. Aber wenn ich einem Öko begegnete, kriegte ich trotzdem das kalte Grausen.«

Den Gegenwert der Prämie versäuft sie unpreußisch-unprotestantisch mit Freunden in der Kneipe.

Minki sagt, *EWS* werde beim Strom das, was die Bio-Läden in Zeiten von Bio-Supermärkten, Discounter- und McBio würden.

»Wie meinst du das?«

»Na, wenn die ganzen Öko-Prolls jetzt bei *Lichtblick* einreiten, setzt sich der Premium-Öko zu *Schönau* ab.«

»Welche Öko-Prolls?«

»Na, du und deinesgleichen.«[3]

Es stimmt: Wer jetzt zu Ökostrom wechselt, der wechselt meist zu *Lichtblick*.

Man kann ja auch über keinen Bio-Markt gehen, ohne an einem *Lichtblick*-Stand vorbeizukommen. Unlängst kam ich in eine Postfiliale, in der man mir auch mitteilte, ich solle und könne hier schleunigst zu *Lichtblick* wechseln. Das signalisiert, dass Ökostrom Mainstream ist und auf dem Massenmarkt gehandelt wird.

Tatsächlich ist *Lichtblick* nicht nur der klare Marktführer für Ökostrom, sondern der Ökostrom-Anbieter, der am deutlichsten die Zugehörigkeit und die Konkurrenz zum Gesamtmarkt und seinen Anbietern betont.

Das Hamburger Unternehmen hat das größte Vertriebsnetz, das professionellste Marketing, die besten Verkaufsideen und daher auch das größte Kundenwachstum. *Lichtblick* kooperiert nicht nur mit der Post und mit *Tchibo* – sondern auch mit Springers *Bild*. Soll man über Letzteres die Nase rümpfen?

Oder soll man sagen, ein alter Traum von 1968 wird wahr: die Agitation der *Bild*-Leser für die revolutionäre, hier die energierevolutionäre Sache. Wie heißt es auf unseren Öko-Proll-Parties jetzt immer so schön, und zwar mit verteilten Sprechrollen?

»Jeder Ökostrom-Kunde …«

»… ist ein guter Stromkunde …«

»… weil er den Schub verstärkt …«

»… weg vom Monopol …«

»… hin zur Dezentralisierung.«

Bitte lernen Sie das bis zum nächsten Mal auswendig.

Ein Besuch bei meinem Ökostrom-Anbieter *Lichtblick*

Eine Hauptthese in Nico Stehrs *Die Moralisierung der Märkte* lautet: Die Macht des kompetenten Konsumenten im wohlhabenden Westen ist wie sein Wohlstand und seine Bildung enorm gewachsen. Er nutzt das, indem er als Reaktion auf grundsätzliche gesamtgesellschaftliche Veränderungen und sein neues Bewusstsein über die Realität des Klimawandels bestimmte Waren stärker nachfragt: Waren mit sozialem und ökologischem Mehrwert von Unternehmen, die ihre kapitalistischen Interessen mit moralischem Bewusstsein zu vereinen wissen. Doch wehe, das Unternehmen täuscht seine »Corporate Social Responsibility« nur vor und agiert in Wahrheit weiter verantwortungslos, unökologisch oder menschenfeindlich. Das, heißt es in der Fachliteratur, sei mit uns neuen Konsumenten nicht zu machen. Denn das finden wir mit Hilfe unserer Kompetenz und dank des Internets heraus. Und dann wird das Unternehmen gnadenlos verstoßen und wieder mit Hilfe der Vernetzung durch das Internet weitflächig boykottiert.

Der Markt für bestimmte moralische Waren boomt bereits. Vorne liegen jene Unternehmen, die sich nicht mühsam neu erfinden müssen, sondern seit Jahren Produkte mit ökologischem und sozialem Mehrwert anbieten.

Eines davon ist eindeutig der Ökostrom-Anbieter *Lichtblick*, der seinen Kundenkreis in kürzester Zeit enorm vergrößert hat. Die Privatkundenentwicklung bei *Lichtblick*: von null im Herbst 1998 auf 100.000 im Oktober 2003, 200.000 im Juli 2006, bis zu über 500.000 Ende 2010.

Ich beschloss, mir das Unternehmen einmal genauer anzuschauen.

Die Hamburger Zentrale von *Lichtblick* liegt im Herzen von St. Pauli, in der Nähe der Reeperbahn. Geschäftsführer Gero Lücking hat sein Büro standesgemäß im obersten Stockwerk, im siebten. 2009 wurde *Lichtblick* in eine Aktiengesellschaft umgewandelt. Zeitgleich wechselte Lücking von der Prokuristenstelle in den vierköpfigen Vorstand, dessen Vorsitzender Christian Friege ist.

Lichtblick gehört zu den Top 15 der deutschen Stromanbieter und wächst weiter. In den letzten drei Jahren ist der Umsatz von 200 auf 560 Millionen Euro (2010) gestiegen. Die Zahl der Sondervertragskunden ist stark gewachsen auf über 20.000 Abnahmestellen.

Der Umstieg auf regenerativen Ökostrom wird ein nachhaltiger Trend sein, glaubt Lücking, das Wachstum dieses Marktes sei noch nicht annähernd ausgereizt.

Und dennoch hat man längst den nächsten unternehmerischen Schritt getan: den Einstieg ins Gasgeschäft, zunächst in den fünf nordöstlichen Bundesländern. Seit längerem wurde an einem »Ökogas«-Produkt gebastelt, das den Markenkern des Stromprodukts weitertragen könnte: Kampf für eine Energiewende und um eine Dezentralisierung des Marktes. »Es geht darum, politische und gesellschaftliche Ziele ideal in ein Produkt umzuwandeln«, sagt Lücking.

Nun glaubt man es gefunden zu haben, in einem zertifizierten Erdgas/Bio-Gas-Gemisch. Der Anteil des komplett CO_2-neutralen Bio-Gases beträgt zunächst fünf Prozent und soll auf einen zweistelligen Anteil wachsen.

Das klingt nicht spektakulär.

Ist es aber, sagt Lücking. Erstens sei es eine Innovation: »Das hat kein anderer Anbieter im Angebot.« Zweitens sei es eine flächendeckende Alternative zu den etablierten Gasversorgern. Drittens: »Mit jedem Kunden müssen wir mehr Bio-Gas erzeugen, also neue Anlagen schaffen, und damit bringen wir die Energiewende voran.« Auf dem 1998 pseudo-liberalisierten deutschen Gasmarkt gibt es bisher praktisch keinen Wettbewerb. 85 Prozent des benötigten Erdgases werden importiert. Ende 2010 hatte *Lichtblick* 75.000 Gas-Kunden.

Die Vision ist, eines Tages von *Lichtblick* mit Ökogas belieferte Kunden zu haben, die mittels eines ebenfalls von *Lichtblick* gelieferten hocheffizienten kleinen Blockheizkraftwerkes im Keller klimafreundlich und dezentral Strom produzieren – für sich selbst und für *Lichtblick*.

Wenn das jetzt wieder so eine Möhre ist, die er vor meiner Nase zappeln lässt, dann hat er die richtige erwischt. Jeder ist sein eigener CO_2-neutraler Energieproduzent! Das ist die Avantgarde, von der mein Bruder seit Jahren redet und die es auf dem Land längst gibt. Und ist *Lichtblick* nicht beim Ökostrom das Unternehmen, das die Avantgarde zu einer – kleinen – Massenbewegung ausbaut?

Das ist aber wohl noch ein weiter Weg, bis das eigene Kraftwerk im Keller Teil einer Lebenskultur wird?

Mag sein, sagt Lücking. Aber das zusammen mit VW entwickelte »Zuhause Kraftwerk« ist auf dem Weg. 2011 sollen 400 installiert werden.

Ins Gasgeschäft ist man mit acht Kunden eingestiegen. Das war ein Symbol dafür, dass das Spiel wieder von vorn losgeht; eine historische Referenz an den Start des Unternehmens im Herbst 1999. Die hübsche Anekdote, wie man damals mit ebenfalls acht Kunden ansetzte, den Strommarkt zu erobern, gehört zur Folklore und zur Imagepflege von *Lichtblick*. Fünf der acht Kunden waren bei *Lichtblick* beschäftigt. Einer war Lücking, ein zweiter der Gründer und langjährige Geschäftsführer Heiko von Tschischwitz. Heute sitzt er im Aufsichtsrat.

Von Tschischwitz, Jahrgang 1968, ist Anzugträger. Mit Manschetten am Hemd. Straff sitzender Kurzhaarmittelscheitel. Sonst aber locker. Hat eigentlich keine Zeit, nimmt sich dann aber sehr viel davon. Von Tschischwitz ist verheiratet, hat die üblichen zwei Kinder, ist studierter Ingenieur, war schon »Ökomanager des Jahres«.

Er musste sich aber garantiert nie »Öko« schimpfen lassen.

Lücking dagegen hat Energiewirtschaft studiert und kommt aus der Umweltbewegung. Er arbeitete in den 90ern beim Freiburger Öko-Institut. Danach machte er für *Greenpeace* Anti-Atom-Kampagnen.

Von Tschischwitz liest Wirtschaftszeitungen. Und die *taz*. Seit Lücking sie ihm nahegebracht hat.

Von Tschischwitz war in den mittleren 90ern bei *Lichtblick*-Hauptgesellschafter Michael Saalfelds damaligem Unternehmen *Vasa Energy* beschäftigt, an dem auch der Energieriese *Vattenfall* beteiligt war – allerdings vor der Gründung von *Vattenfall Europe*. Saalfeld ist einer jener Hamburger Unternehmer, die nicht gern in der Zeitung auftauchen. Mit anderen zusammen hält er 91,4 Prozent der Anteile an *Lichtblick*. Das heißt: Ihm gehört der Laden. Je 4,3 Prozent haben von Tschischwitz und der zweite Geschäftsführer Wilfried Gillrath.

Vor ein paar Jahren wollte sich Saalfeld in anderer Sache mit *EnBW* zusammentun, auch ein Atom- und Kohlestromkonzern. Die Kooperation zerschlug sich, aber das sind so Gründe, warum man in einschlägigen Umweltkreisen bisweilen leicht skeptisch ist, was *Lichtblick* betrifft.

Auch andere ungewöhnliche Allianzen, etwa mit *EnBW*-Tochter *Yello* oder mit Springers *Bild*, und vor allem ein häufig kritisierter Mangel an Transparenz irritierten das ideologisch denkende Milieu.

Wer liefert zum Beispiel den 95-prozentigen Erdgas-Anteil am *Lichtblick*-Gas? Kann er nicht sagen, sagt Lücking. Die Lieferanten wollten das nicht. Die belieferten auch die Platzhirsche, welche wiederum nicht erfreut wären, wenn sie wüssten, dass ihre Geschäftspartner die neue Konkurrenz ermöglichten.

Immer wieder taucht die für viele alles entscheidende Frage auf, ob und wie *Lichtblick* neue Anlagen fördere, um erneuerbare Energien und Dezentralisierung tatsächlich voranzutreiben. Manche Kritiker sagen, sie sähen keine neuen Anlagen. *Lichtblick*-Strom ist zu 100 Prozent regenerativ und besteht zu rund 10 Prozent aus Biomasse (aus Deutschland) und zu 90 aus Wasserkraft. Der Wasserstrom kommt aus Norwegen und Österreich. Kritiker sagen, das beeinflusse den deutschen Strommix nicht im Geringsten.

Wie sehen Sie das, lieber Herr Lücking? Was tun Sie für die Energiewende?

Bitte, man habe »wie kein anderer Ökostrom-Anbieter investiert«, sagt Lücking. Und verweist unter anderem auf den Bau eines Biomasse-Heizkraftwerks in Sulzbach-Rosenberg (Bayern), an dem man mit 60 Prozent und 14 Millionen Euro Investition beteiligt ist. Das sei sicher mehr, als *Lichtblick* bisher in der Unternehmensgeschichte verdient habe.

Dennoch stört sich mancher daran, dass es bei *Lichtblick* ums Geldverdienen geht. Vielleicht ist aber gerade das die richtige Herangehensweise: Nicht die Weltrettung in der Nische betreiben, sondern den Wettbewerb an einem Gesamtmarkt suchen, den der SPD-Energieexperte Hermann Scheer als »Neofeudalismus von transnational operierenden Großkonzernen« definiert. Der Marktanteil der großen Kohle- und Atomstromkonzerne *RWE*, *Eon*, *EnBW* und *Vattenfall* in Deutschland liegt bei 80 Prozent.

Selbst wenn von Tschischwitz die Konzerne nicht mit der gleichen Inbrunst hassen sollte wie mancher Kunde, so ist der Weg in eine dezentrale, klimaneutrale Energiewirtschaft und damit weg von den Großen Vier und ihrer fossil-atomaren Kraftwerke-Bonanza die Vision und Geschäftsgrundlage von *Lichtblick*.

Es ging aber auch immer darum, zu zeigen, dass man es kann, dass man das Know-how, die Kraft, die Raffinesse und die Puste hat, sich aus diesem Markt gegen alle Widerstände der etablierten Energiekonzerne, der häufig mit ihnen verbandelten Stadtwerke und der eingebundenen Politiker, ein größeres Stück rauszuschneiden.

Der Markt war zwar 1999 liberalisiert worden, aber nicht reguliert, das heißt: das Stromnetzmonopol existiert weiter. Konkret: Hat man einen neuen Kunden gewonnen und will ihn beliefern, muss man mit dem Besitzer des Stromnetzes verhandeln, das zu dem Kunden führt. Der Netzbetreiber ist der Ex-Stromlieferant des neuen *Lichtblick*-Kunden und gar nicht amused, dass er ihn verloren hat. Damit das nicht einreißt, überlegt er sich eine Marktverhinderungsstrategie für den neuen Konkurrenten.

Inzwischen gibt es entsprechende Urteile und zivilgerichtliche regulatorische Entscheidungen, die eine gewisse Konkurrenzfähigkeit auf dem Strommarkt möglich gemacht haben. Die Geschichte wiederholt sich aber mit dem Einstieg in den Gasmarkt. Heute streitet *Lichtblick* mit den Gasnetzbetreibern um die Nutzung ihrer Netze.

Lichtblick-Hauptgesellschafter Saalfeld hatte in Kenntnis der Verkrustung verlustreiche Jahre einkalkuliert, das Unternehmen bot dennoch – sehr zum Argwohn anderer, teurerer Ökostrom-Anbieter – stets auch marktfähige Preise an, hielt durch und weist seit 2006 Gewinn aus. *Lichtblick* hatte auch schon vorausschauend in die eigene Infrastruktur investiert, als die Kunden noch gar nicht da waren.

Damals, sagt Heiko von Tschischwitz und ist sichtlich amüsiert, habe sein Vater im Bekanntenkreis für das Produkt des Sohnes zu werben versucht. Es interessierte keinen.

Statt einer Unterschrift bekam er meist nur ein Schulterzucken.

Heute ist nicht nur der SPD-Vorsitzende Sigmar Gabriel auf seine alten Tage Ökostrom-Kunde geworden; es gibt auch echte Prominente und Künstler in der Kundenkartei. *Lichtblick*-Strom gehört zum Lebensstil eines Teils der gebildeten Mittelschicht.

Von Tschischwitz sagt, er sei überzeugt, dass der Erfolg nachhaltig sein werde. Das Thema Klimawandel werde nicht mehr verschwinden, und der »aktive Vertrieb« von *Lichtblick* sei strukturell so organisiert, dass er auch künftig vierstellige Kundenzuwächse täglich akquirieren könne.

Muss er auch: Der Hauptgesellschafter hat als Ziel zwei Millionen Kunden ausgegeben. Also viermal so viele, wie es heute sind.

Na und? *Lichtblick* verbreitet einen selbstbewussten Wo-ist-das-Problem-

Optimismus. Die Verkrustung bricht gerade erst auf. Es gibt 42 Millionen Haushalte in Deutschland, zwei Millionen sind gerade mal fünf Prozent.

Von Tschischwitz sagt, er wundere sich, dass sich nicht längst weitere Unternehmen auf diesem Marktsegment bewegten. Dabei lacht er. Überhaupt lacht er viel.

»Wir haben ja noch nicht einmal ein Prozent des Marktes«, sagt er. Es sei »noch viel da«.

Warum die Leute nun tatsächlich auf Ökostrom und unabhängige Anbieter umsteigen? Bei *Lichtblick* sieht man drei Hauptgründe: Bewusstsein um den Klimawandel, Ärger im Publikum über die Großkonzerne, die ihre monetäre Fixierung zuletzt allzu deutlich raushängen ließen, und Störfälle in den AKW.

Auch die drei anderen Ökostrom-Anbieter *Schönau* (*EWS*), *Greenpeace Energy* und *Naturstrom* sind gewachsen. Sie haben allerdings zusammen nicht halb so viele Kunden wie *Lichtblick*. Ökostrom-Wechsel werde von Menschen vollzogen, die über das Thema nachgedacht hätten und nun die politische Position und die Nachfrage nach erneuerbarer, umweltfreundlich erzeugter Energie stärken wollten, sagt Lücking. Aber der Preis müsse schon auch stimmen.

Lichtblick hat von Anfang an nicht nur auf den moralischen Mehrwert, sondern auf konkurrenzfähige Preise gesetzt. Dass der Preis stimmen muss, das sagen die Manager mehrfach an diesem Tag. Und auch sonst immer.

Wenn ich das richtig verstehe, steht dahinter die Erkenntnis, dass die Moral erst so richtig zum Zug kommen kann, wenn »der Preis stimmt«. Und der Service, die dritte Erfolgsdeterminante. Moral ohne hochklassigen Service geht auch nicht. Das könnte man das Geschäftsprinzip von *Lichtblick* nennen. Vielleicht ist es auch eine Analyse der Verfasstheit eines Teils der Gesellschaft, der tatsächlich auf eine pragmatische, unaufgeregte Art für Qualität und Moral einer Dienstleistung zu zahlen bereit ist – es aber weder mit dem Preis noch mit der Moral übertreiben will. Das größte gesellschaftliche Verdienst von *Lichtblick* ist sicher, dass man auf diese Weise ein Produkt entwickelt hat, das die Nachfrage nach Ökostrom enorm gesteigert hat.

Gero Lücking ist Jahrgang 1963. Sein Engagement für die Umwelt begann vor über 20 Jahren. »Meine Initiation war die Versenkung der *Rainbow Warrior* durch den französischen Geheimdienst.«

Danach trat er bei *Greenpeace* ein.

Die *Rainbow Warrior* war das Flaggschiff der *Greenpeace*-Flotte und im Juli 1985 unterwegs zum Mururoa-Atoll in Französisch-Polynesien, um gegen die dort stattfindenden französischen Atomtests zu protestieren. Im Hafen von Auckland wurde sie von Agenten des französischen Auslands-Nachrichtendienstes DGSE gesprengt und versenkt. Ein Besatzungsmitglied wurde dadurch getötet.

»Dann kam Tschernobyl, und dann war die Umweltbewegung da.«

Ist er nicht ein klassischer Öko?

»Ich bin seit 20 Jahren mit dem Thema verbunden. So gesehen könnte man mich einen klassischen Öko nennen.«

Aber?

»Von *Birkenstock*-Sandalen habe ich nie viel gehalten. Vor allem bin ich schon immer pragmatisch orientiert gewesen. So gesehen bin ich doch eher ein Realo-Öko.«

Was ist der Unterschied zum Fundi-Öko?

»Als Fundi-Öko könnte man nicht bei *Lichtblick* arbeiten. Um voranzukommen, muss man pragmatisch sein. Das hat mich auch immer an *Greenpeace* fasziniert. Im Vergleich etwa zum BUND.«

Was genau?

»Dass die eben nicht die Frösche über die Straße tragen – ohne zu sehen, dass 100 Meter weiter eine Tankstelle gebaut wird. Es braucht den Blick aufs Ganze.«

Glaubt er, dass er mit seiner Arbeit bei seinem Arbeitgeber neben dem Verdienen des Lebensunterhalts auch – ich zögere jetzt, weil mir die Frage unangenehm ist – gesellschaftlich etwas voranbringt?

Er zögert auch. »Das hoffen wir.« Pause. »Den Anspruch haben wir.« Pause. »Wie groß letztendlich die Wirkung ist …«

Ist es ihm wichtig, für ein Unternehmen zu arbeiten, das einen moralischen Mehrwert hat?

»Auf jeden Fall!«

Lücking trägt übrigens auch Anzug, aber keine Manschetten wie der Geschäftsführer.

Ich hätte ihn ja eher für einen Jeans-mit-Jackett-Typ gehalten, bei seiner bewegten Vergangenheit.

Er: »Niemals. Jeans mit Jackett geht überhaupt nicht.«

Wieso nicht? Ich kenne komplette Zeitungsredaktionen, die in dieser Uniform rumrennen. Praktisch die halbe Medienelite.

»Das ist nur halb, das ist nicht konsequent. Wenn man etwas macht, dann muss man es richtig machen.«

Im ICE zurück nach Berlin lese ich. In einem Klimabuch. Gut gemeint, aber leider schnarchig geschrieben. Kann mich aber auch nicht konzentrieren. Am Nebentisch des Bordrestaurants erklärt eine ganz offenbar beim Springer-Konzern beschäftigte Golden-Ager-Dame einem jungen Kollegen die Probleme der *WamS* und der *BamS*. Und dass sie jetzt auch dringend weg von *Vattenfall* müsse. Im Freundeskreis rate man zu *Lichtblick*.

Fragt er: »Wie, *Lichtblick*? Da sind Sie schon?«

Sagt sie: »Nein.«

Fragt er: »Aber Sie wollen?«

Kurzes Nachdenken. Dann sagt sie mit fester Stimme: »Ja.«

Ich habe gesagt, dass ein Wechsel zu Ökostrom nach meiner Beobachtung häufig neben oder statt Bio-Ernährung am Anfang einer persönlichen Lebensveränderung steht. Das liegt daran, dass so ein Wechsel ein weicher Einstieg ist. Es ist aber ein zentraler Bereich. Nicht zu vergleichen mit Bio-Aufstrich, Fahrradfahren oder dem Verzicht auf Wannenbäder.

Erst wenn man tiefer eingetaucht ist in die Welt des Stroms und der Energie, versteht man die Bedeutung der Steckdose.

Energie ist die Grundlage unseres Lebensstils und unseres Wohlstandes. Definitorisch ist Energie die Fähigkeit, Arbeit zu verrichten. Deshalb ist der Name *Energie Cottbus* für diesen Fußballklub auch so passend. Dort wird Fußball *gearbeitet.* Und je nachdem, wie groß gerade die Fähigkeit ausgeprägt ist, Arbeit zu verrichten, agiert *Energie* mal erfolgreicher und mal weniger.

Alle Energie kommt – genau: aus der Sonne. Energie ist also da. Sie kann genaugenommen nicht erzeugt oder verbraucht werden, sondern nur umgewandelt. Die chemische Energie eines fossilen Brennstoffs wird bei der Verbrennung in Wärmeenergie umgewandelt oder als Kraftstoff in Motoren in kinetische Energie umgewandelt. Beziehungsweise in viel zuviel Wärme. So ein Automotor ist leider nicht wirklich effizient. Bei der Umwandlung von Öl, Kohle und Gas entsteht nicht nur das schädliche Kohlendioxid, die fossilen Quellen für die Umwandlung von Energie werden auch bald aufgebraucht sein. Dann ist Schluss.

Der Energiebedarf ist aber bei wachsender Weltbevölkerung und wachsenden Ansprüchen steigend. Die *Internationale Energieagentur* rechnet mit einem Energieverbrauchsanstieg von 60 Prozent bis 2030. So weitermachen wie bisher? Der Österreicher würde sagen: Das kann sich nicht ausgehen.

Krieg um Energie gehört zu seriösen Zukunftsszenarien längst dazu.

Dafür, dass Energie von so überragender Bedeutung ist, haben wir das Thema immer sehr nachlässig behandelt. Energie fließt durch Netze zu uns. Wer diese Netze hat, hat die Macht. In Deutschland haben wir die Energienetze in die Hände von vier Unternehmen gegeben bzw. diese haben sie sich genommen, mit Hilfe assistierender Politiker und einer schweigend oder uninteressiert zustimmenden Gesellschaft.

Man muss ihnen die Netze wegnehmen, und das weiß man auch im Umweltministerium und in der EU. Nur wie soll es passieren? Das ist nicht allein durch gepflegten Ökokonsum zu schaffen oder einen morali-

schen Markt, es braucht dafür darüber hinaus etwa einen erklärten gesellschaftlichen Willen, der den Druck auf die Politik deutlich erhöht. Das
klingt etwas nach Hänschen klein, aber trotzdem: Wenn man die Energiewende will, muss man Politikern klarmachen, dass man sie nur wählt,
wenn sie die Energiefrage ernsthaft lösen wollen, und dass sie dafür das
Know-how und den Mut nachweisen können müssen.

Das Leben und das Lebensniveau der Menschheit hat sich in den letzten
Jahrhunderten zweimal entscheidend verändert – und dadurch eben auch
das Klima. Die Grundlage war beide Male eine Entwicklung des Energiesystems – und des Kommunikationssystems.

Erster Schritt in das industrielle Zeitalter war die Dampfmaschine,
1768 von James Watt erfunden, die vom Rohstoff Kohle befeuert wurde.
Sie dominierte das 19. Jahrhundert und brachte in Verbindung mit der
Druckpresse und der dadurch verbesserten Kommunikation enormen
Fortschritt.

Zweiter Schritt war im 20. Jahrhundert der Verbrennungsmotor, der
von Öl angetrieben wurde. Dazu kam die erste Generation von elektrischen Kommunikationsgeräten (Telegrafie, Telefon, Radio und Television).

Der dritte Schritt? Nun, die Kommunikationsrevolution hat bereits
stattgefunden: Das Internet und die damit zusammenhängende elektro-
nische und drahtlose Innovation hat seit etwa 1990 ein neues Tempo und
eine neue Qualität in den Bereich Kommunikation und Information gebracht. Und was immer man im Detail zu Recht dagegen vorbringen kann:
Das Internet verbindet Milliarden Menschen binnen Bruchteilen von Sekunden und hat vielen Zugang zu Informationen gebracht, die sie vorher
nicht hatten.

Die dritte Entwicklung des Energiesystems ist das Ersetzen der fossilen
Brennstoffe Kohle und Öl (sowie Gas und Atom, die ja auch endlich sind)
durch erneuerbare Energien.

Analog zum Internet sehen die Eingeweihten das Interstromnet kommen.

Das Wort Revolution wird ja längst inflationär und definitorisch fragwürdig eingesetzt, leider auch von mir. Aber das Interstromnet ist ausnahmsweise tatsächlich eine Revolution, und zwar eine gewaltige: eine globale, dezentralisierte, im besten Fall sogar demokratische und gerechte Form der Energienutzung.

Das meint: offener und universeller Zugang zum Stromnetz wie heute zum Internet. Viele kleine dezentrale Kraftwerke. Jeder ist in diesem Stromnetz mit jedem verbunden, kann zu Hause Strom produzieren und selbst nutzen, kaufen und verkaufen. Diese dritte, industrielle Revolution kann aber erst beginnen, wenn die Stromnetz-Monopole aufgelöst sind. Das heißt in Deutschland: *Eon*, *RWE*, *Vattenfall* und *EnBW* müssen die Netze abgeben. Der Staat, die Kommunen oder Unabhängige, die nicht selbst Strom produzieren und verkaufen, müssen sie übernehmen.

Ich rief noch einmal bei Hermann Scheer an.

Werden wir im Interstromnet surfen?

»Ja, das wird kommen.«

Die politische und die Machtfrage schienen für ihn bereits geklärt. Blieb die kulturelle.

»Aber uns fehlt doch völlig das Gefühl dafür und die Einstellung, um individuell im Stromnetz zu agieren wie im Internet.«

»Die andere Einstellung kommt mit den veränderten Strukturen.«

»Ich dachte, die veränderte Struktur kommt mit der veränderten Einstellung?«

»Das auch. Das sind zwei nebeneinander laufende Prozesse.«

Für meine Kinder wird es also so selbstverständlich sein, im Energienetz zu surfen, etwas einzuspeisen und etwas herauszuholen, wie ich mir Informationen aus dem Internet hole bzw. sie einspeise. Eine schöne Vorstellung. Noch wachsen sie allerdings nicht in einem Haushalt auf, der sie darauf vorbereitet. Wir wohnen ja in der Stadt. Zur Miete. Im vierten Stock. Uns fehlt das Blockheizkraftwerk im Keller und die Solaranlage auf dem Dach.

ZWISCHENSPIEL

Bin ich jetzt Öko oder nicht?

Ökostrom ist da, ein vernünftiges Auto, die Energiesparlampen sind eingeschraubt, 77 Ratgeber darüber, wie man den Klimawandel stoppt, sind gelesen. Die Planung für die komplette energetische Modernisierung des Geräteparks steht. Diverse andere Dinge werden anders gehandhabt als vorher. Was kommt jetzt?

Zunächst kommen Zweifler. Genauer gesagt: eine Zweiflerin.

»Du bist doch überhaupt kein Öko.«

So was sagt meine liebe Frau gerne mal.

Habe ich bis zum Zeitpunkt dieses Gesprächs offiziell auch nie behauptet. Ich bin mir noch gar nicht sicher, ob ich überhaupt einer sein will. Dennoch bin ich ein bisschen beleidigt. Ich denke selbstverständlich mittlerweile, dass ich ein nachdenkender, das Klimaproblem stets im Kopf habender Mensch bin.

»Na, hör mal. Wir reden ständig über dieses Zeug.«

Sie nickt. Sagt aber nichts.

»Ich meine: energetische Modernisierung! So was spreche ich inzwischen nicht nur so selbstverständlich aus wie Paradigmenwechsel; ich weiß sogar, was es heißt.«

Meine liebe Frau hat Zweifel, ob es sich deshalb tatsächlich schon um einen Paradigmenwechsel handelt.

»Energetische Modernisierung? Dass ich nicht lache.«

»Wie meinst du das?«

»Wenn überhaupt, dann bin ich hier der Öko, denn ich fahre immer mit dem Fahrrad. Du redest nur davon.«

Es gäbe bei mir die berühmte Diskrepanz zwischen dem Bewusstsein und dem Sein.

»Was für ein Sein?«

»Das Dauernd-mit-dem-Auto-unterwegs-Sein.«

Nicht auf diesem Niveau, bitte.

Kurz darauf sagte mir ein Freund, er erwähne mich jetzt immer in seinen Vorträgen zur Nachhaltigkeit.

»Ach, wirklich?«, fragte ich geschmeichelt.

»Ja, als Beispiel.«

»Wofür?«

»Für Leute, die so stolz auf ihre Energiesparlampen sind, dass sie in allen Zimmern das Licht brennen lassen. Für Leute, die Ökostrom haben und nun besonders viel Energie verbrauchen, weil sie glauben, damit die Energiewende zu beschleunigen.«

Gut, Freundschaften sind temporäre Erscheinungen. Sie kommen und sie gehen, darauf muss man sich einstellen.

Unlängst aber stand ich mit ein paar jüngeren Menschen zusammen, mit denen ich mich wohl fühlte. Und einer bemerkte, scheinbar en passant, Himmler sei »ja auch ein Öko gewesen«.

Ich sagte: »Und Sokrates nicht zu vergessen.« Aber den kannten sie nicht.

Leute! Es stimmt, dass meine Frau selbstverständlich mit dem Fahrrad fährt und dabei nicht jedes Mal so tut, als sei das jetzt eine klimapolitische Revolution. Es stimmt, dass ich die Kinder morgens nie mit dem Fahrrad zur Schule brachte und auch nicht mit der U-Bahn. Die Entfernung zur Schule beträgt genau 2,7 Kilometer. Distanzen unter drei Kilometer dürfen keinesfalls mit dem Auto zurückgelegt werden, so schreibt es das Goldene Buch vor. Aber wir stehen um 7:15 Uhr auf, und das ist früh genug. Also fuhr ich sie, bis sie alt genug für die U-Bahn waren. Und die Lichter haben bei uns auch schon früher in allen Räumen gebrannt, das machen wir nicht erst, seit wir Ökostrom haben. Dass Himmler mal freilaufende Hühner gezüchtet hat? Da können doch die Hühner nichts dafür.

Was ich tatsächlich merke, ist Folgendes: Die Kritik, man agiere primär, um ein gutes Gewissen zu bekommen, beruht nicht auf einer realistischen

Grundlage. Es ist im Gegenteil so, dass mit dem, was man macht, auch das Gefühl wächst, dass es eigentlich viel zu wenig ist. Ich kenne Menschen, die sich keine Badewanne mehr einlassen können, ohne daran zu denken, dass von der Wassermenge ein kleines, afrikanisches Dorf einen Tag seinen Durst löschen könnte. Früher hätte ich mich darüber totgelacht. Heute kann ich nur mitfühlend sagen: Gott sei Dank ist es bei mir noch nicht so weit. So gesehen ist der Schluss naheliegend, lieber gar nichts zu machen und sich seine Indifferenz und damit ein ruhiges Gewissen zu bewahren, als Veränderungen zum Besseren anzugehen und zu leiden.

Mein Psychologe sagt, wenn jemand anfange, afrikanische Kinderaugen zu sehen, sobald er sich eine Wanne einlaufen lasse, dann leide er unter einer »Über-Ich-Pathologie«.

Ich kenne das Über-Ich als einen von drei Akteuren der menschlichen Psyche im Modell von Sigmund Freud. Aber was ist Über-Ich-Pathologie?

»Das Über-Ich macht das Ich klein. Das Ich wird dadurch handlungsgehemmt und ist irgendwann nicht mehr lebensfähig.«

»Dahinter steht doch schlicht der Wunsch, konsequenter zu sein.«

»Wer ist schon konsequent? Auch Al Gore fliegt mit dem Privatjet durch die Welt.«

»Aber stimmt es nicht, dass zu wenig getan wird?«

»Genau dieses Gefühl hat zur RAF geführt.«

Das war vor meiner Zeit.

Ich redete mit Minki über das Badewannenschuldgefühl.

»Albern. Wir können praktisch nichts machen, ohne dass irgendwo jemand unter unserem Handeln leidet. Das weiß doch jeder.«

War mir so nicht klar. Oder besser gesagt: bewusst.

»Es gehört zum zivilisatorischen Standard in unserem Kulturkreis, dass man Bäder nimmt.«

»Ich würde jetzt auch nicht unbedingt die Aktion ›Stinken für das Weltklima‹ ausrufen wollen. Aber wie du weißt, bade ich gern. Und da denke ich jetzt oft: Duschen täte es auch.«

Er winkte ab. Ich wisse ja, dass er nichts von der »Sache« halte, aber psychologisch könne er mein Verhalten nachvollziehen.

Ich sei in einer Lebensphase, in der ich Halt suche.

»Unsinn. Ich hab doch Familie.«

Sagte ich wirklich. Mist.

»Du konzentrierst dich auf dein Privatleben, ist schon klar.«

»Du doch auch?«

»Nein, denn ich habe noch Karriere-Perspektiven.«

»Mit Mitte 30? Hahaha.«

Das war mal ausnahmsweise ein guter Konter. Zack, während ich selbst noch schlucken musste. Ich sah, dass er tatsächlich kurz verunsichert war. Dann hatte auch er sich wieder gefangen.

»Zumindest spüre ich noch nicht die nachlassende Funktionalität und Attraktivität meines Körpers und meiner Arbeitskraft.«

Okay, okay, ich schon. Aber was will er mir sagen?

»Willst du mir sagen, dass ich auf Energiesparlampen stehe, weil ich endlich gemerkt habe, dass ich keine Karriere mache und die Weiber auch nicht mehr auf mich stehen?«

»Jetzt hast du's kapiert.«

Ich dementierte nicht. Ich ließ es stehen, bis es im Raum verhallt war. Erstens ist das immer meine Taktik. Zweitens weiß ich als Mitglied der Mediengesellschaft, dass ein Dementi ein Geständnis gewesen wäre. Ich schaute so, dass er sehen musste, wie absurd ich das fand. Dann ging ich nach Hause und dachte drüber nach.

Also gut. Es stimmt: Ich konzentriere mich stärker auf das Privatleben als früher. Ich habe bestimmte Illusionen nicht mehr. Ich habe keine naiv-optimistischen Erwartungen an Parteipolitik und auch nicht mehr an bestimmte politische Regierungskonstellationen.

Ein Journalist kann niemals Mitglied einer politischen Partei sein, das ist mit der journalistischen Unabhängigkeit nicht zu vereinbaren. Außer er arbeitet beim öffentlich-rechtlichen Radio oder Fernsehen und will Karriere machen, dann muss er parteilich sein. Davon mal abgesehen würde ich mich auch gar nicht durch Anhängerschaft oder gar Mitgliedschaft in einer politischen Partei ausdrücken wollen oder dort ein Zuhause suchen. Die erfolgreichsten Leute in meinem Alter sind Jürgen Klinsmann, Roland Koch, Johannes B. Kerner, Hartmut Engler und Norbert Röttgen. Keinem von denen fühle ich mich nahe, am ehesten noch Klinsmann. Ich habe nie zu einer politischen Bewegung gehört. Und ich wüsste nicht, welcher politischen Bewegung ich mich anschließen sollte.

Ich unterstütze einen Fußballklub, und zwar in letzter Zeit so offensiv, zeit-, kapazitätenaufwendig und so auffallend leidenschaftlich, dass die Platzhalterfunktion selbst mir aufgefallen ist.

Und nun entdecke ich das Konsumbürgertum und den Alltag. Geile mich an meinem Kühlschrank auf. Wo ich Einkauf und Alltag doch immer möglichst schnell erledigt habe, weil es so langweilig war. Ich kriege mich nicht mehr ein, wenn ein Auto mit Elektromotor fährt. Minki liegt nicht ganz falsch. Irgendetwas passiert hier. Und was immer es ist, es gefällt mir.

4

DER MORALISCHE MARKT –
UND DAS WAHRE PROBLEM

Machen bewusste Konsumenten
Waren und Markt besser?

Die Idee ist also die: Wir kaufen nur noch gute Waren, die ökologischen und sozialen Mehrwert haben. Wer diese Waren auf dem Markt hat oder sie auf den Markt bringt, der kriegt unser Geld. Wer sie in einer Nische anbietet, den machen wir groß. Wer schlechte Waren anbietet und fröhlich weiter die Natur oder die Menschen ausbeutet, bei dem kaufen wir nicht. Egal, wie billig er ist. Dadurch erziehen wir den Markt. Und vergrößern ihn. Bis so viele Leute so agieren, dass einiges besser wird – im realen und im moralischen Sinn.

Man kann sagen, das sei jetzt aber eine naive Idee.

Allein in Deutschland sind fünf bis sechs Millionen arm. Diese Menschen haben andere Sorgen, als mit einem A++-Kühlschrank Kohlendioxid zu sparen. Und sicher nicht das Kleingeld dafür. Stimmt. Von den Milliarden weltweit nicht zu reden, die gar keinen Kühlschrank haben. Aber einen wollen. Stimmt auch.

Aber das hat mich ja nicht daran gehindert, A++ anzuheuern. Und damit bin ich auf dem moralischen Markt. Ob ich will oder nicht. Und ich will.

Moralischer Markt

Speziell in den USA gibt es ausufernde Literatur, die gesellschaftliche Bewegung hauptsächlich in ihrer Verwertbarkeit zur Steigerung von Unternehmensgewinnen darstellt. Reichtum oder Wohlstand kommt demnach aus einer neuen Quelle, der Informationsgesellschaft, die die industrielle ablöst. Diese Veränderung vernichtet alte Märkte und Arbeitsplätze und macht dafür neue möglich. Weil der alte Markt erodiert, können sich Unternehmen gar nicht mit dem Status quo oder dessen Verteidigung begnügen. Sie müssen die Veränderung vorantreiben, durch Kreativität und Innovation. Eine Möglichkeit oder Notwendigkeit, um künftig Geld verdienen zu können, ist der neue, um Werte erweiterte Markt.

Werte definieren laut Wikipedia Sinn und Bedeutung innerhalb eines Sozialsystems, einer Gruppe oder Gesellschaft. Werte sind Vorstellungen über Eigenschaften, die in einer bestimmten Gruppe als wichtig und wünschenswert gelten.

Was den einzelnen Menschen betrifft, so wird wohlwollend angenommen, dass menschliches Verhalten in der Regel nicht nur zielgerichtet, sondern auch nach Werten ausgerichtet ist.

Werte tragen zur äußeren und inneren Existenzerhaltung eines Lebewesens bei. Ein Brot ist ein äußerer Wert, die Treue und Liebe zu einem Menschen kann ein Wert sein, der zu dessen innerer Existenzerhaltung beiträgt.

Patricia Aburdene hat 2005 mit ihrem Bestseller *Megatrends 2010* den Aufstieg des »Conscious Capitalism«, des bewussten Kapitalismus beschworen. Ihre These: Fortschritt kommt durch Bewusstsein.

Bewusstsein, sagt Aburdene, sei eine höhere Intelligenz als Verstand. Menschliches Bewusstsein ist für sie das Rohmaterial für Innovation und letztlich Umsatz: »Bewusstsein ist heute so wertvoll für ein Unternehmen wie Kapital, Energie oder sogar Technologie.«

Auch der deutsche Kulturwissenschaftler Nico Stehr hat in *Die Moralisierung der Märkte* die Ökonomie ins Zentrum seiner soziologischen Untersuchung gestellt. Das zeigt, dass er davon ausgeht, dass der »Bürger« längst vom »Konsumbürger« abgelöst wurde.

Ein Indiz: Selbst bei der hochpolitisierten Kundschaft der politischen Tageszeitung *taz* wird der Online-tazshop häufiger angeklickt als ein Artikel über Nazis in Ostdeutschland.

Ein zweites Indiz: Die großflächige Berichterstattung über den Klimawandel bekam Ende 2006 richtig Drive, nachdem der britische Ökonom Stern ihn auch als ökonomische Bedrohung beschrieb.

Nico Stehr erklärt in seinem Buch, dass der Konsument nach dem Zweiten Weltkrieg von Gesellschaftstheoretikern als »passiv, entfremdet, apolitisch und machtlos« eingestuft wird. Er sei den Anbietern von Waren und Dienstleistungen fast hilflos ausgeliefert, leicht manipulierbar und willenlos und trage so seinen Teil zu pervertierten Konsumpraktiken und in der Folge zu Klimawandel und Zerstörung der Umwelt bei.

Die behauptete Moralisierung des Kapitalismus erfolgt im Zusammenspiel mit gesamtgesellschaftlichen Veränderungen als Reaktion auf bestimmte Erfahrungen. Darunter sind die evident werdenden Folgen des

Klimawandels. Grundlage ist der geschichtlich beispiellose Zuwachs an Wissen und Wohlstand in den Industrienationen zu Beginn des 21. Jahrhunderts. Erstmals seien nicht nur die Eliten wohlhabend, die das kulturelle Kapital monopolisieren. Daher entstehe die Möglichkeit, die Regularien des Marktes zu verändern und normativ richtiges Handeln als eine echte Kategorie des Marktteilnehmers einzuführen. Damit wäre der Markt nicht mehr fast ausschließlich monetär orientiert.

Eine Folge der Moralisierung ist die Abwendung vom billigsten Kauf oder vom höchsten Zins und eine generelle Neudefinition vieler Produkte. Diese Waren haben nicht mehr nur einen ökonomischen, sondern auch einen moralischen Wert. Für Stehr werden künftig verstärkt nicht nur Waren ausgetauscht, sondern auch Werte. Der Produktionsprozess wird generell eine größere Rolle spielen. Bisher vom Konsumenten ignorierte und damit unsichtbare moralische Eigenschaften von Waren und Dienstleistungen werden sichtbarer Teil des Marktes und seiner Normen. Zum Beispiel: *Wer* sie herstellt, *wo* sie hergestellt werden, *wie* sie hergestellt werden. Er nennt speziell die Märkte Reisen, Kleidung, Lebensmittel, Wohnen, in denen »Maximen wie Nachhaltigkeit, Fairness, Solidarität« verstärkt eine Rolle spielten.

Die sich entwickelnde Moralisierung der Märkte selbst wird »Bestandteil der Produktions- und Konsumptionsprozesse« – ein sich selbst verstärkender Prozess, an dem schließlich auch jene teilhaben, die sich damit nicht identifizieren. Heißt: Wenn die Meinungsführer vorangegangen sind, werden Menschen folgen, die nicht aufgrund ihrer Einstellung ihr Konsumverhalten ändern, sondern weil andere es vorgemacht haben. Sie ändern ihre Einstellung dann in der Folge. Oder sie ändern sie gar nicht, konsumieren aber dennoch auf dem neuen Markt. Weil sie das Gefühl haben, dass man das jetzt halt so macht oder machen muss.

Um bestimmte moralische Werte muss die Gesellschaft erneut ringen: Die Atomkraft war nicht nur durch den gesunden Menschenverstand, sondern durch anhaltende linksliberale Deutungshoheit nach der Reaktorkatastrophe von Tschernobyl seit langem als gefährlich und »böse« eingestuft. Nun dagegen wird sie von ihren Lobbygruppen, aber auch von nicht dafür bezahlten Wissenschaftlern und Politikern im Zuge einer Umdefinierung der Prioritäten verstärkt als »gut« beworben – hinsichtlich ihrer angeblichen Qualitäten im Kampf gegen eine Klimakatastrophe.

Eine einsetzende Moralisierung der Märkte ist für Stehr nicht gleichbedeutend mit einer Absage an den Kapitalismus oder seiner Schwächung, sie ist vielmehr eine Weiterentwicklung in der gesellschaftlichen Evolution des Marktes. Moralisierung heißt nicht, dass humanere oder nachhaltigere Normen das ökonomische Geschehen dominieren. Es gibt keinen neuen moralischen Konsens, sondern »Gleichzeitigkeit des Ungleichzeitigen sozialer Trends«. Das heißt: Manches bleibt Verhaltensweise von Minoritäten.

Dennoch, behauptet Stehr, werde die Vorzugsstellung der Produktion durch die Art, wie die Gesellschaft lebt oder Teile der Gesellschaft leben, in Frage gestellt – und durch neue gesellschaftstheoretische Sichtweisen abgelöst. In seinem sehr akademischen und damit schwer lesbaren Buch relativiert Stehr auch immer wieder bestimmte Thesen. Was er aber letztlich unrelativiert stehen lässt, ist der Satz: »Die Moralstruktur der Menschen wird aufgrund gesamtgesellschaftlicher Transformationen das Marktverhalten zunehmend tangieren.«

Patricia Aburdene beschreibt in *Megatrends 2010* einen »Values-driven Consumer« oder auch »Conscious Consumer«, also den bewussten, werteorientierten Konsumenten. Grundlage ist die Bejahung des Kapitalismus und der Glaube an die Stimme des Geldes, um damit Werte auszudrücken. Bewusste Konsumenten orientieren sich stärker an ihren Werten als an Einkommen, Demographie, Geographie oder anderen Faktoren. Sie treiben den Markt in den USA bisher speziell in drei Bereichen an: Hybrid-Autos, Bio-Lebensmittel und Grünes Bauen und Wohnen. Sie haben für Aburdene die Macht, den Kapitalismus zu transformieren: durch die Anwendung der klassischen Formel von Angebot und Nachfrage.

Am Anfang sei ein Markt immer langsam. Wenn der bewusste Konsument aber die Angebote in den Nischen durch sein Geld richtig würdige, das heißt, investiere, steige das Angebot schnell. Bewusste Konsumenten nähmen häufig vorweg und bestimmten damit, wohin der Markt sich orientiere. Oder zumindest ein relevanter Teil des Marktes.

Die bewussten Konsumenten seien anspruchsvoll. Teilweise zwar vermögend, lehnten sie doch Konsumismus und Massenmarkt ab. Eigentlich. Sie wendeten andererseits Zeit, Mühe und Geld auf, um das zu kriegen, was sie wollen. Sei es ein Hybrid-Auto oder der »beste« Bio-Wein weit und breit, den es bekanntlich in diesem kleinen Lädchen weit draußen vor der Stadt gibt.

Aburdene prognostiziert sieben knackige Megatrends. Der größte Trend werde die »Kraft der Spiritualität« (Megatrend 1). Grund seien die Zeiten der Unsicherheit (Kriege, Terrorismus, Arbeitslosigkeit, alternde Gesellschaft). Es gäbe »draußen« kaum oder weniger Sicherheit, daher sei man gezwungen, neue Antworten anderswo und vor allem in sich selbst zu suchen. Diese Suche nach Moral und Bedeutung bei der Arbeit, beim Konsum, im Leben führe zu Veränderungen. Spirituelle Menschen veränderten ihr Leben – und als CEOs, also als Vorstandsvorsitzende, auch ihr Unternehmen. Wir erleben den »Anbruch des bewussten Kapitalismus« (Megatrend 2).

Es sind die neuen, bescheidenen, skandalfreien Manager, die »aus der Mitte heraus führen« (Megatrend 3), neue soziale, ethische und ökologische Standards setzen und menschliche Lösungen finden (Megatrend 6). Dadurch entsteht eine neue Spiritualität in Unternehmen (Megatrend 4).

Die Arbeitsplatzentscheidung der Besten und Kreativsten sei künftig auch abhängig von den Werten des Unternehmens. Die Konsumentscheidungen sowieso (Megatrend 5). Die besten Kräfte zieht es künftig zu Unternehmen, die das persönliche Bedürfnis auch über den Profit hinaus erfüllen, das Bedürfnis nach Bedeutung durch Leistungen für die Gesellschaft. Mit der Kraft von Bewusstsein, Werten und Spiritualität würden Unternehmen transformiert. Und zwar nicht durch arbeitsscheue oder kompetenzarme Schluffis, die eine Entschuldigung für mangelnden Profit suchen, wie man das in den Nischen leider auch hatte und hat. Nein, die Wende vollzieht sich auf der Grundlage einer »high performance culture«. Dorthin fließt künftig auch das ethische Investment (Megatrend 7).

Wie kommt's? Aburdene sagt: Soziale Veränderungen entwickeln sich dann, wenn eine Werte-Evaluation und ökonomische Notwendigkeiten zusammenfallen. Trends, die aus Werteveränderung entstehen, kommen vom Konsumenten und also von unten und von außen. Trends, die aus ökonomischen Notwendigkeiten oder Problemen entstehen, die auf das Unternehmen einwirken (Märkte, Skandale, Krisen, Verluste), beginnen in der Unternehmensspitze.

Das heißt: Das Unternehmen sucht einen neuen Markt, der Markt sucht neuartig agierende Unternehmen, man trifft sich und lebt und verdient glücklich und in Harmonie mit Mensch und Natur.

Dafür müsste sich erweisen, dass Kapitalismus zwar niemals Altruismus ist, aber eben auch nicht allein auf Gier begründet. Aburdene nennt den Grund für die Entwicklung in der Sprache der klassisch-amerikanischen Philosophie: die Weisheit des erleuchteten Selbstinteresses. Die Unternehmen seien zwar nach Problemjahren häufig wieder profitabel, aber hauptsächlich durch Kostensenkungen, also Entlassungen. Nun müsse man sich wieder auf Wachstum konzentrieren. Das biete der neue, moralische Markt.

Spätestens beim Begriff »Wachstum« wird klar, dass es in der Praxis schwierig werden kann, die Interessen des »erleuchteten« Unternehmers (Rendite-Wachstum durch Verkauf von möglichst viel Waren) und seiner klimabewussten Konsumenten (Moral-Wachstum) so auf einem Markt zu vereinen, dass am Ende tatsächlich auch weniger Energie verbraucht wird.

Patricia Aburdene teilt den Markt in drei konzentrische Kreise: Im kleinsten seien die Trendsetter, die ausgereiften bewussten Konsumenten. Im zweiten, größeren Kreis um den ersten seien die Neueinsteiger. Die (neuen) Werte bestimmten einen wachsenden Anteil ihres Konsums, aber nicht den kompletten. Im dritten und größten Kreis sieht Aburdene die konventionellen Konsumenten. Sie denken auch schon mal über Werte nach, orientieren ihr Konsumverhalten allerdings nur manchmal daran. Bewusste Konsumenten sind laut Aburdene in ihrem »früheren Leben« keine Dauerkäufer gewesen, keine sogenannten »Shopaholics«, sondern Nicht-Konsumenten oder Verzicht-orientierte Konsumenten.

Das Entwerfen und Verkaufen von »guten Marken«

Der neue moralische Markt hat auch einen neuen Markt für Beratungsagenturen geschaffen, die einem Unternehmen beibringen, wie man seine Marke um moralische Werte erweitert und dies glaubwürdig kommuniziert. Der Fachbegriff für die Erweiterung lautet »Corporate Social Responsibility«, sozial verantwortliches Unternehmertum.

Elsie Maio ist Präsidentin von *Maio and Company*, das ist so ein Unternehmen, das anderen Unternehmen erklärt, wie man seine Marke stärkt oder erhält, indem man sie mit Werten auflädt. Dafür hat sie sich den Begriff »SoulBranding« schützen lassen, das heißt in etwa: Erschaffung einer Seelen-Marke.

Ein »Brand« ist für sie ein Platz im Herzen, an dem sich Angestellte, Investoren, Verkäufer und bewusste Konsumenten treffen, um sich die Geschichte eines Unternehmens zu erzählen. Der Brand symbolisiere, wofür ein Unternehmen stehe: »Wenn eine Marke Authentizität, Werte und Menschlichkeit ausstrahlt und beinhaltet, ist das ein starker, strategischer Vorteil.«

»SoulBranding« will rationale Erwartungen und unbewusste, emotionale Ansprüche an eine Marke zeitgemäß verbinden. Man verspricht »harte Wirtschaftserfolge durch die weiche Wissenschaft des Marken- und Identitätsmanagements«. Die »soziale Marke« ist für Maio der Weg in die Zukunft der Menschheit. Aber vor allem auch der Weg in die Zukunft als profitables Unternehmen. Das gilt selbstredend auch für ihr eigenes.

Eine Marke bedeutet: Man kauft nicht nur einen Gebrauchs- oder Verbrauchsgegenstand, sondern zusätzlich einen ideellen Gegenstand, ein Versprechen, das an die Marke geknüpft ist.

Dieses Image kann auch durch das Ökologiebewusstsein des Unternehmens hervorgerufen werden, durch soziales Engagement, eine bestimmte Unternehmenskultur oder ein Engagement für eine bestimmte Art von Kultur oder Subkultur bzw. das Propagieren eines Lebensstils und der engagierte Einsatz dafür. Allerdings muss das Unternehmen dies auch leben, um nicht irgendwann vom bewussten Konsumenten als Heuchler überführt zu werden.

Die markenbildenden Berater und Manager können den Leuten immer noch einiges erzählen, aber nicht mehr so viel wie früher. Auch wenn die Bereitschaft und Möglichkeit nachzurecherchieren trotz Internet ihre Grenzen hat: Sie ist deutlich größer als früher.

Gerade die moralische Marke ist ein Versprechen, das eine hohe inhaltliche Erwartung schafft. Die Unternehmen müssen diese Versprechen einlösen, oder sie kriegen Ärger – und Umsatzprobleme.

Die Marke gehört auch nicht mehr allein dem Unternehmen und seinen Besitzern, sondern auch seinen sogenannten Stakeholdern. Als Stakeholder gelten, laut Wikipedia, neben den Shareholdern die Mitarbeiter, die Lieferanten, die Kapitalmärkte, der Staat, die Öffentlichkeit, die Natur als Rohstofflieferant und Abfalleimer, sowie der bewusste Konsument. Wenn diese Stakeholder auf moralische Qualitäten bestehen, hat der Konzern ein Problem, der sich beim Knechten von Kindern oder Vergiften von Flüssen erwischen lässt. Der Wert seiner Marke kann innerhalb kürzester Zeit tief sinken oder ganz verfallen.

Einiges, was Maio sagt, klingt sehr amerikanisch und sehr geprägt von primär profitorientierter Vereinnahmung und Funktionalisierung sozialer und ökologischer Werte.

»Corporate Social Responsibility« ist längst ein eigener Markt am Markt, der wächst: Eine ganze Reihe von Unternehmensberatungsfirmen hat sich darauf spezialisiert, die Konzerne beim Gutsein und dessen Kommunizieren zu unterstützen.

Dennoch kann man einiges von Maio lernen, Realismus zum Beispiel. »Wirtschaft ist die Kraft, die die Welt von heute bewegt«, sagt sie auf ihrer Homepage. »Wenn die Gesellschaft in wichtigen Bereichen vorankommen soll, werden Wirtschaftsunternehmen dazu beitragen müssen. Freiwillig oder auf eine andere Art.«

Zwar ist das Verhältnis von Markt und Staat in Deutschland ein anderes als in den USA, sicher sind die US-Amerikaner traditionell auch pragmatischer, unverkrampfter und weniger ideologisch als Deutsche, was den Umgang mit dem Kapitalismus angeht. Dennoch gilt auch hier: Soziale, kulturelle und ökologische Aspekte des Lebens funktionieren nicht losgelöst von der Ökonomie.

Deshalb möchte ich die Herangehensweise nicht verfrüht als naiv verdammen, die Wirtschaft und die Unternehmen instrumentalisieren zu wollen, statt sich instrumentalisieren zu lassen.

Was heißt das? Es heißt, indem der bewusste Konsument ein umweltfreundliches Auto kauft, wirkt er auf andere Automobilunternehmen ein, entsprechende Technologien zu entwickeln und anzubieten, um auch an das Geld bewusster Konsumenten zu kommen.

Ich testete die Theorien an Minki. Kurz zusammengefasst: Er hält es für den Ausweis geistiger Umnachtung, zu glauben, man könnte Automobilunternehmen erziehen.

»Wieso? Verkauf zum Beispiel deinen Minivan, Minki, und besorg dir einen Polo Blue Motion. Wenn das eine Million machen, dann werden hier moderne Autos fahren, dass es raucht. Beziehungsweise nicht mehr raucht.«

»Der Deutsche kann das nicht.«

»Der Deutsche kann das nicht? Der Deutsche ist kein Volk von Kleinwagenfahrern. Der hat ein historisches Recht auf seine Autobahn.«

Minki quiekte entsetzt. Hatte ich tatsächlich von »Volk« geredet und von jenen Hochgeschwindigkeitsstraßen, die irgendwann und irgendwie entstanden waren, aber wann genau, darüber sprach man trotz aller Aufklärung und Entkrustung durch die 68er bis heute nicht?

»Der Deutsche kann das kulturell nicht.«

»Seit wann ist die Zerstörung des Planeten eine kulturelle Leistung, Minki?«

Er schaute mich streng an. Ich wurde ihm zu verbissen. Easy. Fachlicher argumentieren!

»Warum sollte ethisches Wirtschaften oder ökologisch korrekte Produktentwicklung nicht der Schlüssel zu neuen Wachstumspotenzialen sein, speziell in gesättigten Märkten? Da kannst du dich von der Konkurrenz unterscheiden.«

Er schaute mich streng an.

»Das ist doch eine hochgradig naive Kuschelfantasie, sich eine gerechtere Welt kaufen zu wollen.«

Ein Gespräch mit dem Wissenschaftler Nico Stehr über den moralischen Markt und den Fehler der Klimadiskussion

Ich rief Nico Stehr an, den Autor von *Die Moralisierung der Märkte*. Stehr, geboren 1942 in Berlin, ist Kulturwissenschaftler und Professor an der *Zeppelin University* in Friedrichshafen. Der Klimawandel ist ein zentrales Thema für ihn. Ich fragte ihn, ob es nicht eine naive Kuschelfantasie sei, sich eine gerechtere Welt kaufen zu wollen.

Stehr sagte: »Diese Einwürfe sind traditionell sehr stark, dagegen anzureden ist schwer. Man muss sich an die Tatsachen halten, und die zeigen, dass es einen Wandel gibt im Konsumverhalten der Menschen, in der Zusammensetzung der Produkte, die sie kaufen, in den Produktionsketten: Denken Sie an Kaffee. Natürlich handelt es sich um einen Trend, der sich nicht auf allen Märkten vollzieht. Wenn ich sage, die Macht des Konsumenten ist unverhältnismäßig groß, dann vergleiche ich das mit der mangelnden Macht des Konsumenten vor fünfzig oder hundert Jahren. Das Ganze ist abhängig von den aktuellen Bedingungen: Dazu gehört der historisch einmalige Bildungsstand, der leichtere Zugang zu Informationen, der historisch einmalige Lebensstandard der Bevölkerung und vor allem derjenigen, die es sich leisten können, sich am Markt sehr selektiv zu verhalten. Ökonomen betonen, dass fast 70 Prozent der Entscheidungen über wirtschaftliche Verhältnisse von den Konsumenten verantwortet werden, also ist der Konsument schon ein wichtiger Machtfaktor.«

Ich fragte: »Wer es ausprobiert, der merkt, wie schwierig es trotz Internet und Know-how ist, tatsächlich sicherzustellen, dass der Strom wirklich die Energiewende voranbringt oder das Bio-Fleisch tatsächlich auch ökologischen Kriterien genügt.«

»Wer überzeugt ist, dass der Konsum bestimmter Waren absolut tugendhaft ist, kann neue Erkenntnisse gewinnen, die das in Zweifel ziehen. Das passiert immer wieder.«

»Und dann gibt man verwirrt auf?«

»Nein, dann passt man sich den veränderten Kenntnissen an. Das bremst nicht den generellen Trend hin zu einer Moralisierung der Märkte.«

»Die Vorstellung eines moralischen Marktes, also eines guten Kapitalismus, wird von marxistisch geschulten Kritikern als naiv abgelehnt.«

»Der Einwand, dass der Kapitalismus grundsätzlich böse ist, hat eine lange, lange Tradition. Die hat die negativen Folgen betont, also Ausbeutung, Entfremdung, Profitgier. Das ist ein starkes Argument. Aber es geht von der Prämisse aus, dass der Kapitalismus unveränderbar ist, eine Art Naturgewalt, die sich nicht durch gesellschaftliche Veränderungen an neue Bedingungen anpasst. Ich gehe davon aus – so schwierig es auch ist, sich das vorzustellen –, dass es zu einer Versöhnung von Moral und Ökonomie kommen muss, genauso wie es zu einer Versöhnung von Ökologie und Ökonomie kommen muss. Einfach damit das Raumschiff Erde überhaupt überlebt.«

»Eine Art Turbo-Moral-Kapitalismus? Ist das realistisch?«

»Moral ist eine Funktion gesellschaftlicher Verhältnisse. Und wenn sich diese verändern, ist es nicht überraschend, wenn sich auch der moralische Charakter verändert. Das ist eine Grundprämisse sozialwissenschaftlicher Theorie. Es gibt keinen grundsätzlichen Widerspruch zwischen Moral und Kapitalismus. Wenn sich herausstellt, dass es profitabel ist, Waren mit einer bestimmten moralischen Würde am Markt zu verkaufen, dann werden die Produzenten sich entsprechend verhalten.«

»Früher hatten wir Wachstum und brauchte keine Moral. Jetzt brauchen wir sie. Läuft das so?«

»Nein, ich würde das nicht so pragmatisch sehen. Der Kapitalismus hatte schon immer eine bestimmte moralische Basis. Dazu gehören viktorianische Tugenden genauso wie die Tugenden, die Max Weber in der protestantischen Ethik beschrieben hat. Moral im Kapitalismus ist also nicht neu. Neu ist die wachsende Zahl der Menschen, die sich bei ihrer Kaufentscheidung moralisch verhalten oder es ablehnen, bestimmte Waren und Dienstleistungen zu kaufen. Moral ist ein komplexes Phänomen. Es gibt keine eindeutige Begriffsbestimmung. Moral umfasst Präferenzen, die sich beziehen auf Gesundheit, auf Nachhaltigkeit, auf Originalität, Solidarität, aber auch auf Ängste. Alles Überlegungen, die bei der Produktion und Konsumtion von Waren und Dienstleistungen zunehmend eine gewichtige Rolle spielen.«

»Hat Ökostrom eine moralische Würde?«

»Ja. Wenn wir eine empirische Untersuchung machen, dann hat in bestimmten Gesellschaftsgruppen Solarstrom oder erneuerbare Energie aus Wasserkraft eine moralische Würde. Insbesondere wenn wir das kontrastieren mit Strom aus Atomkraftwerken oder Kohlekraftwerken. Die Erneuerbaren haben in den Augen vieler einen ganz anderen moralischen Stellenwert.«

»Ein Vorwurf ist: Menschen konsumieren Moral neuerdings als Prestigekauf.«

»Ich habe nicht den Eindruck, weil selbst eine solche Verhaltensweise nichtintendierte Folgen hat. Die Leute mögen ja so etwas wie Geltungskonsum oder demonstrativen Konsum betreiben, aber die nichtintendierte Folge ist gleichzeitig eine Steigerung der Energie-Effizienz, eine Ablehnung genmanipulierter Waren. Es gibt auch die sich selbst verstärkende Wirkung solcher Verhaltensweisen, und dann kommt es zu nichtintendierten und nichtantizipierten Veränderungen, die positive Effekte haben.«

»Wird die Machtfrage auf den entscheidenden Märkten, dem Energiemarkt, dem Automobilmarkt, damit vermieden? Von der Politik? Vom Wähler?«

»Der Einfluss zivilgesellschaftlicher Organisationen, Bürger- und Umweltorganisationen auf die Ökonomie ist eine der Grundannahmen der These von der Moralisierung der Märkte. Der Staat hat die Verantwortung, mit bestimmten Regeln in das Marktgeschehen einzugreifen. Das tut er. Deshalb ist der Staat keineswegs ohnmächtig angesichts der Macht bestimmter Konzerne. Aber die Konzerne sind zunehmend ohnmächtig angesichts der Macht der Konsumenten. Denken Sie daran, wie schnell Konzerne einknicken, wenn ein Konsumenten-Boykott droht. Ich denke, dass die großen Energiekonzerne zunehmend versuchen, durch Ausgründung von Unternehmen sich auf den Trend einzustellen, dass Konsumenten zunehmend Energiequellen bevorzugen, die nicht die herkömmlichen sind.«

»Wenn der Energiekonzern *EnBW* seinen Wasserkraftanteil umetikettiert und als ›NaturEnergie‹ vermarktet, ändert das nichts am Gesamtstrommix und nichts daran, dass man ein Atom- und Kohlekonzern ist und bleiben will.«

»Na ja, wir sind uns einig, dass es bestimmte Märkte gibt, auf denen der Trend zur Moralisierung schwierig wird, zum Beispiel, wenn der Markt von wenigen Großen dominiert wird.«

»Wie bringe ich mein neues Verhalten als Konsumbürger in der westlichen Gesellschaft damit in Einklang, dass das Klimaproblem ein globales ist?«

»Der Hamburger, der plötzlich Fahrrad fährt, interessiert den Schanghaier überhaupt nicht.«

»Was heißt das?«

»Der Bürger von Schanghai ist daran interessiert, sich einen Lebensstandard zu erarbeiten, der unserem entspricht. Den kann man im Moment noch nicht davon überzeugen, dass er besser weiter mit dem Fahrrad fährt.«

»Wenn die indische Mittelschicht so viele Autos hat wie die kalifornische, wird die Gesamtemission steigen, selbst bei sehr umweltfreundlichen Standards.«

»Richtig. Das alles hängt am Tropf der Wirtschaftswachstumssteigerung, des Wunsches nach einer Lebensstandardverbesserung, und am Tropf der wachsenden Bevölkerung der Welt. Zumindest in den nächsten Jahrzehnten werden die Emissionen weiter steigen. Da werden wir auch keine internationalen Vereinbarungen als Folge von Kyoto sehen, die das gravierend ändern würden.«

»Bestätigen Sie damit nicht die Sorge der Menschen, die bereit sind, individuelle Lebensstilveränderungen vorzunehmen, aber fürchten, dass es nichts nützt?«

»Wie weit tugendhafter Konsum abfärbt auf den Rest der Welt, ist eine interessante Frage. Ich bin überzeugt, dass die Globalisierung zur Folge hat, dass bestimmte Standards, die wir im Westen von Waren erwarten, zu Standards in der ganzen Welt werden. Insofern ist tugendhaftes Verhalten hier im Westen nicht unerheblich, was die Entwicklung der Weltwirtschaft angeht. Bestimmte Hersteller von Waren müssen sehr wohl darauf achten, sich an Regularien und Standards zu halten, die umweltfreundlicher sind als die der Vergangenheit. Insofern trägt die Globalisierung auch zur Verbreitung von umweltfreundlichen Standards bei.«

»Sind wir nun stilbildend oder nicht für Chinesen?«

»Das Paradoxe ist, dass wir über unser ökonomisches Verhalten stilbildend sind.«

»Wenn wir umweltfreundliche Autos fahren, fahren auch Inder oder Chinesen umweltfreundliche Autos?«

»Nein, wenn der Inder oder Chinese auf dem europäischen Markt erfolgreich sein will, kann er nichts anderes tun, als sich den neuen Standards anzupassen. Dass diese umweltfreundlicheren Autos sich dann auch auf den heimischen Märkten durchsetzen werden, halte ich für selbstverständlich.

Man darf nicht unterschätzen, dass sich die Nachfrage nach bestimmten Qualitäten, die Autos haben müssen, geändert hat. Der Käufer fragt jetzt sehr wohl nach der Effizienz. Damit müssen sich die Hersteller den Wünschen der Kunden anpassen. Aber das reicht eben noch lange nicht aus, um die Klimaveränderung zu stoppen.«

In dem Gespräch wurde schnell klar, dass Stehr an den moralischen Markt und dessen weitreichende ethische Möglichkeiten glaubt, aber auch dessen Grenzen einzuschätzen weiß beim Versuch, die Klimaveränderung zu meistern.

Neben der Entwicklung des moralischen Marktes vertritt er eine zweite, weitreichende Position. Er kritisiert, dass Gesellschaft und vor allem Politik viel über Klimaveränderung sprechen und darüber, was man dagegen tun kann, nicht aber über die Frage: Wie geht man mit ihren Folgen um?

Stehr sagt: »Die Klimadiskussion läuft in eine völlig falsche Richtung. Es gibt eine sehr einseitige politische und gesellschaftliche Diskussion, die sich auf tugendhaftes Verhalten konzentriert. Es ist viel zu kurz gedacht, sich auf die Frage zu konzentrieren, wie man den Ausstoß von Treibhausgasen begrenzen kann.«

Ich: »Die Energie-Effizienz muss gewaltig verbessert werden.«

»Sicher. Aber es geht ja nur noch darum, die Emissionen zu begrenzen, nicht darum, sie so herunterzufahren, dass es zu keiner Klimaveränderung kommt. Die Erdbevölkerung wird im Jahr 2050 neun Milliarden betragen, heute sind es sechseinhalb. Wie können wir die Ambitionen von 80 oder 90 Prozent der Welt nicht akzeptieren, die auch einen Lebensstandard wollen, wie wir ihn haben? Es ist daher realistischer, wenn wir davon ausgehen, dass die Emissionen global weiter steigen.«

»Woraus folgt?«

»Es wird darüber nachgedacht, wie man ein Haus unter Energie-Effizienz-Aspekten optimiert, aber nicht die Wahrscheinlichkeit mitbedacht, dass es weggeschwemmt wird oder im Wasser steht oder dass das Dach wegfliegt. Es wird nicht oder nur marginal geforscht, wie sich die Gesellschaft radikal verändern muss. Nicht nur, was die Energie-Effizienz betrifft, sondern was die Frage angeht: Wie gehen wir mit den Klimaveränderungen um, die ins Haus stehen?«

»Warum wird nicht daran gearbeitet?«

»Damit sind wir beim zweiten Problem. Was ich betont habe, fällt vor allem in die Verantwortung der Gesellschafts- und Sozialwissenschaften. Die spielen bisher in der Diskussion nur eine sehr geringe Rolle. Es geht um eine Veränderung der Kultur, der Ökonomie, der Gesellschaft. Bisher wird das Thema von Naturwissenschaftlern bearbeitet, die kaum auf eine Zuarbeit hoffen können. Es geht darum, wie die Zukunft unserer Gesellschaft aussehen wird. Man muss sich, was tugendhaftes Verhalten angeht, sehr viel mehr um die Frage kümmern: Wie geht der Einzelne, wie geht die Gesellschaft mit der Klimaveränderung um? Wahrscheinlich sind die Szenarien der Wissenschaft noch eher konservativ. Das heißt: Die Folgen können sehr viel dramatischer sein, als das in den gängigen Szenarien beschrieben wird.«

»Wir müssen nicht nur schauen, dass unsere Häuser CO_2-neutral betrieben werden, sondern sie wasserfest machen oder gar bereits evakuieren, wenn wir in Problemzonen leben, etwa in London?«

»Das ist genau die Frage. Wenn es in der Tat zu einem größeren Anstieg des Meeresspiegels kommt, müssen wir uns Gedanken machen, ob und wie wir bestimmte große Städte oder Landstriche verteidigen. Oder geben wir sie auf? Das betrifft nicht nur London, sondern andere große Städte der Welt, die unter oder nur wenige Meter über dem Meeresspiegel liegen. Etwa Tokio. Das sind die eigentlich dramatischen Fragen, mit denen sich die Politik beschäftigen müsste. Tut sie aber nicht. Sondern sie ist ausschließlich fixiert auf die Frage der Optimierung von Energie-Effizienz.«

5

»BIO-WEISSBIER? DAS GEHT ZU WEIT!« – DIE PLÖTZLICHE LUST AN DER BESCHÄFTIGUNG MIT LEBENSMITTELN

Seit wir über Essen reden, kaufen wir anders ein.
Oder ist es andersherum?

Die Nitritwurst

Karla Riether war viele Jahre sicher, dass die Frauenfrage nur im Sozialismus zu lösen sei.

Weil: »Das Patriarchat ist dem Kapitalismus eingewebt.«

Das hinderte sie aber nicht daran, lateinamerikanischen Revolutionären zur Hand zu gehen, die es damit eher nicht hatten.

Heute sagt sie zwar nicht: Sei's drum. Aber über die Frauenfrage und den Sozialismus redet sie kaum. Oder nur schnell mal zwischendurch. Dann muss sie aber auch schon wieder los und den Kuchenstand beim Herbstfest im Hort aufbauen.

»Ich habe keinerlei Ressentiment gegenüber der Energiesparlampe, auch wenn sie ein patriarchalischer Keil ist, der die eindeutig weiblich geformte Glühbirne brutal verdrängt.«

Sie redet nicht nur so entspannt, sie hat die Birnen auch ausgetauscht. Ohne jemals in diesem Zusammenhang zu betonen, dass das auch eine Frage der Solidarität sei und dass wir »eine Welt« seien. Ob sie Klimakonsum als moralische Verpflichtung sieht oder als Lebensverbesserung, habe ich noch nicht richtig rausgefunden. Vor allem bleibt es ein Rätsel, warum sie so brutal gegen die Nitritwurst vorging.

Wir kauften in unserem Bio-Laden immer gern so eine bestimmte Wurst, die allerdings Nitrit enthält.

Als Karla mal einen Vortrag hielt über die gesundheitlichen Gefahren von chemisch-synthetischen Zusatzstoffen in Fleischwaren und dass das vor allem in einer Öko-Wurst ja gar nicht klargehe, schwiegen wir still.

Beim nächsten Einkauf war die Nitritwurst weg.

»Wo ist denn die gute Nitritwurst hingekommen?«

»Aus dem Sortiment genommen.«

»Was?«

Es stellte sich heraus, dass sich eine Kundin beschwert hatte über das Anbieten dieser problematischen Nitritwurst.

Ich beschrieb Karla. Sie war es. Offenbar steigerte sie sich langsam rein.

Ich sagte zu meiner Frau: »Weißt du, was mir an uns so gut gefällt?«

Sie sagte, sie wisse es nicht.

»Dass wir keine verbissenen Bio-Käufer sind, sondern so total offen.«

Sie sagte, das gefalle ihr auch an uns.

Die Beschäftigung mit dem Klimawandel hat dazu geführt, dass Bio nicht mehr isoliert unter dem persönlichen Gesundheitsaspekt betrachtet werden kann. Es geht darum, Bio-Produkte zu kaufen, die »gesund« sind, also gut für einen selber, für andere Menschen und auch möglichst für die Natur. Das heißt: Die Produktion und Anlieferung sollte weniger umweltschädlich sein als eine konventionelle. Wie stets gibt es viele Probleme und damit Gelegenheiten zu verzagen. Wer kontrolliert die Chinesen, die ja auch Bio-Weltmacht werden? Wie stelle ich sicher, dass mein Bio-Steak aus Bayern wirklich energieeffizienter hergestellt und transportiert wurde als ein per Schiff transportiertes Bio-Steak aus Südamerika? Brauchen die lebenslustigen biologisch-dynamischen Hühner nicht viel mehr Futter und damit Energie als ihre kurz und schmerzhaft in Käfigen vegetierenden Artgenossen? Und: Ist es nicht grundsätzlich albern und furchtbar naiv, weniger Fleisch essen zu wollen gegen die Klimakatastrophe?

Die weltweite Tierzucht hat einen Anteil von knapp einem Fünftel am menschengemachten Treibhauseffekt. Über 22 Milliarden Masttiere, ihr Atmen, ihr Pupsen – vor allem das der 1,5 Milliarden Rinder – und der von ihnen verursachte Mist produzieren jährlich Milliarden Tonnen Kohlendioxid.

Der Pro-Kopf-Jahresverzehr von Fleisch hat sich in Deutschland seit 1950 von 26,2 Kilo auf knapp 61 Kilogramm (2004) erhöht. Nach dem Krieg bekam halt auch nur der Vater ein Stück ab, Mutter und die Kinder mussten das Brot in die Bratensauce tunken. Mit dem Wohlstand nahm der Fleischkonsum zu. Genauso verhält es sich derzeit weltweit. Fleischkonsum dient genau betrachtet nicht dem Überleben, sondern ist Ausdruck dafür, dass man den Bereich überwunden hat, wo man darum kämpft. Fleisch ist Luxus jenseits der Ratio. Für eine Kalorie Fleisch müssen drei bis zehn pflanzliche Kalorien verfüttert worden sein. Das heißt: Es ist gut, Bio-Fleisch zu essen. Für mich, wenn man es vergleicht, auch für das Tier. Unter Klimagesichtspunkten wird es allerdings erst richtig interessant, wenn der Umstieg auf Bio mit einer Reduzierung der Menge verbunden wird.

Man wird immer wieder Widersprüche finden, generell aber gilt: Maschinen, Kunstdünger, Pflanzenschutzmittel verursachen Kohlendioxid. Eine biologisch-dynamische Landwirtschaft ist klimafreundlicher als eine konventionell betriebene.

Ich weiß gar nicht mehr, wann wir begannen, Bio zu kaufen. Der klassische Einstiegszeitpunkt des indifferenten Nahrungsaufnehmers in die Bio-Ernährung ist eigentlich die Geburt des ersten Kindes. Bei uns war es aber nicht so. Mal meine Frau fragen, warum:

»Wann begann eigentlich unser Einstieg in die Bio-Ernährung?«

»Na, als die Kinder da waren.«

»Nee.«

»Doch. Ab da habe ich im Bio-Laden eingekauft.«

Kann mich gar nicht mehr erinnern.

»Du fandest das ja immer ein bisschen lächerlich.«

Kann ich mich auch nicht mehr erinnern.

»Warum sollte ich das lächerlich gefunden haben?«

»Wie der Laden aussah, wie die Karotten aussahen, und dass der Laden ›alles fließt‹ hieß.«

Den Namen finde ich heute noch lächerlich.

»Vor allem störte dich, dass die Rechnung angeblich immer 20 Mark machte.«

Jetzt erinnere ich mich wieder. Richtig: Man kaufte zwei Gläschen Karotten weizenfrei, eierfrei, glutenfrei, eine Flasche Apfelsaft von der Streuobstwiese und zwei Tomaten, und es kostete 20 Mark. Oder nur zwei Gläschen Karotten. Kostete auch 20 Mark. Obwohl im mitgebrachten Täschchen kaum was drin war, musste man jedes Mal einen Zwanzigmarkschein abgeben. Für den Preis schleppte ich bei Plus eine knallvolle Plastiktüte raus.

Historische Untersuchungen ergaben: Vor dem Zeitalter der Kinder hatten wir niemals im Bio-Laden eingekauft. Warum nicht? Wir ermittelten dafür zwei mögliche Gründe: Wir standen nicht drauf, und wir hatten das Geld noch nicht. Oder wollten es nicht haben. Ich dachte damals, okay, Massentierhaltung und Schadstoffverzehr bringt es nicht, aber irgendwie fühle ich mich im Bio-Laden nicht wohl. Und 50 Prozent mehr bezahlen ist doch auch doof.

»Und dann kauften wir zunächst nur, damit die Kinder weniger Pestizide schlucken müssen?«

»Ich weiß nur noch, dass ich irgendwann dachte: Die Kartoffeln schmecken ja wirklich besser.«

Ob das »wirklich« stimmt, ist eine müßige Frage. Wenn sie es fühlt, stimmt es.

Interessanterweise hat der sogenannte Alltagsstress mit Kindern nicht ab-, und die zur Verfügung stehende Zeit eigentlich nicht zugenommen, dennoch beschäftigen wir uns länger und tiefer mit Essen. Inzwischen ist es so, dass wir unser Obst und Gemüse nur noch Bio kaufen, die Gurke für die Kinder aber kommt aus Holland und aus dem Discounter.

Die Kinder essen die Bio-Gurke nämlich nicht mehr.

Angeblich sei sie »so trocken«.

Recherchen ergaben allerdings, dass offenbar andere Kinder in der Schule ihnen sagen, dass es blöd sei, im Bio-Laden einzukaufen. Ich frage Sie: Was ist denn das für eine Peer-Group?

Dafür haben wir sie nicht auf eine Montessori-Schule geschickt. Dafür nicht.

Wie ich höre, beginnt bei manchen der Einstieg in den Bio-Markt auch schon vor der Geburt eines Kindes. Mit der Zeugung. Danach steigt die werdende Mutter praktisch direkt auf Bio-Lebensmittel um. Der werdende Vater wird aus dem Bett geworfen und losgeschickt, um die entsprechenden Waren zu besorgen.

Der letzte Burger

Meinen letzten Industrie-Burger aß ich, ohne es zu wissen.

Ich hatte *McDonald's*, *Burger King* und andere Fast-Food-Franchiseketten nach dem klassischen Muster aufgesucht, nämlich ungeplant. Fast-Food ist Impulskauf. Niemand verabredet sich abends im »McD«, niemand plant morgens die Mittagspause im *Burger King*. Man hat Hunger, man sieht sich um – sie sind da. Okay, multinationale Korporationen waren damals auch nicht meine Sache. Aber dafür kostete in Kalifornien ein Cheeseburger bei *Burger King* 49 Cent. Und zwei Big Macs 2,22 Dollar.

Ich dachte: Wenn sonst nichts fair ist, hahaha, die Preise sind es. Ich dachte: Ab und zu ein Big Mac hat noch keinem geschadet.

Dann las meine Frau Eric Schlossers Bestseller *Fast Food Nation* über die Praktiken der fleischverarbeitenden und der fleischverkaufenden Industrie in den USA.

»Hör mal: Wusstest du, dass in der Reagan-Administration der Landwirtschaftsminister der Vorsitzende der Fleischerinnung war?«

»Die Amis sind halt pragmatisch.«

»Wusstest du, dass Fleisch hier praktisch nicht kontrolliert wird?«

Wusste ich nicht.

»Wusstest du, dass hier mehr Leute an Lebensmittelvergiftung sterben als an Aids?«

Wusste ich auch nicht. Ich nahm ihr das Buch weg und las selbst.

Dass die Gewinne der Fast-Food-Ketten auf Kosten der Gesellschaft gemacht werden, hatte ich selbstverständlich schon immer gewusst.

Das war sicher nicht in Ordnung.

Nun trug man mir das Schicksal von Familien zu, die fröhlich das Fast-Food-Restaurant *Jack in the Box* betreten hatten. Und kurz darauf ausgerottet waren.

Na ja, Pech gehabt.

Ich las, dass verseuchtes Fleisch von Fast-Food-Ketten über das ganze Land verteilt wurde, damit auch jeder was abbekommen konnte. Aha. Das war offenbar deren Verständnis von Gerechtigkeit.

Was mich dann letztlich kriegte, war der Grund, warum das passieren konnte: Weil der eine Brocken gehacktes Rindfleisch in meinem Burger nicht aus einem Rind herausgehackt war, sondern aus unzähligen Rindern zusammengepappt sein konnte. Wer das weiß und Schlossers Bericht über die Praktiken in den Schlachthäusern von Chicago und anderswo gelesen hat, wird sich auch schwer tun beim Essen des nächsten Industrie-Burgers.

Vor *Fast Food Nation* wirkten Bücher auf mich hauptsächlich unterhaltend, ästhetisch, kulturell und emotional bereichernd. Nun änderte ein Buch zum ersten Mal einen Teil meines Lebensstils. Ich habe danach nie mehr einen Fast-Food-Burger gegessen.

Jahre später rief ich Schlosser an und fragte diese Sache extra noch einmal nach. Er sagte: »Ja, in einer Fleischeinlage sind Stücke Hunderter, wenn nicht Tausender unterschiedlicher Rinder. Und in den USA können diese Stückchen aus bis zu fünf Ländern kommen. Es ist der entscheidende Punkt: Das ist eine industrielle Ware. Nichts, was man jemals in der eigenen Küche machen könnte. Es ist grausam gegenüber den Tieren, es ist schlecht für die Umwelt, und es ist nicht gut für Leute, die das essen, dieses Industriefleisch.«

Schlosser hat selbst die übliche Fast-Food-Karriere hinter sich. Er ging mit den Kindern hin. Er mochte die Pommes Frites. (Die Pommes Frites von *McDonald's* sind wie der Sportteil von *Bild*. Ich erkläre noch, warum.) Nachdem er aber angefangen hatte, sich mit der Sache ernsthaft zu beschäftigen, war Schluss.

Ich sagte: »Und wenn ich mich mit Ihnen in einem *McDonald's* verabreden würde?«

»Ich bevorzuge ein echtes Restaurant, aber wenn Sie darauf bestünden, würde ich Sie auch da treffen.«

Schlosser will kein Ideologe sein, sondern Journalist. Er gibt sich sehr sachlich und redet sich nicht im Geringsten in Rage. »Sehen Sie, ich betreibe einen altmodischen, investigativen Journalismus. Ich will, dass Leute denken. Punkt.«

Die Fast-Food- und Fleischindustrie mit ihrem Einfluss auf die USA und den Globus ist für ihn ein Symbol für die Veränderungen der letzten dreißig Jahre, das Wachstum von Unternehmen und die schlechte Behandlung der Arbeiter, das mittlerweile die komplette US-amerikanische Wirtschaft durchziehe. In seinen Büchern beschreibt er, wie den Fast-Food-Ketten auf ihrem globalen Siegeszug die Fettleibigkeit folgt, gerade bei Einkommensschwachen und Kindern. Mit welchen Strategien sie Kinder anfixen, wie sie verstärkt die einkommensschwache Kundschaft mit »Dollar-Menüs« locken und abhängig machen, seit die Mittelschicht nicht mehr kommt. Selbstverständlich werden auch Kinder und Arme nicht gezwungen, dort zu essen, aber der Zugriff ist schon sehr intensiv.

Aber, nein, verzweifelt sei er nicht, im Gegenteil.

»Als ich 1997 anfing, zu *Fast Food Nation* für den *Rolling Stone* zu recherchieren, hätte ich nicht gedacht, was heute alles öffentlich verhandelt wird: Fettleibigkeit, das Kindermarketing der Fast-Food-Industrie, nachhaltige Landwirtschaft. Der Fortschritt ist da, und er ist gewaltig.«

»In der Mittelschicht.«

»Ja, dieser Fortschritt hat sich hauptsächlich in der gut ausgebildeten, reichen Upper Middle Class vollzogen. Wie die heute leben, das unterscheidet sich komplett von dem, wie sie vor zehn Jahren gelebt haben. Aber in der Geschichte war es oft so, dass der Wandel in der Upper Middle Class begann, und dann ging er durch die Gesellschaft.«

»Auch beim Kampf gegen den Klimawandel setzt man Hoffnung in aufgeklärte Konsumenten. Reicht das?«

»Ich glaube an persönliche Verantwortung, ich glaube an den ethischen Konsum, auch als Energieverbraucher.« Wenn man jemandem sein Geld gebe, dann sei das auch eine Zustimmung für das, was derjenige anbiete und mache.

»Aber?«

»Aber der wahre Wandel kommt durch kollektive Aktion und nicht durch individuelle Wahl. Wir brauchen soziale Bewegungen, sowohl für einen Energiewechsel als auch für einen Wandel in der Frage, wie unsere Nahrung produziert wird. Und wir dürfen beim Auswechseln vor allem eines nicht vergessen: die Regierung.« Er meinte die Bush-Regierung.

Am Ende sagte er: »Das Hauptproblem bei allem Fortschritt bleibt die Apathie und der Zynismus unter Gebildeten.«

Immer wenn ich mich seither bei handelsüblicher Apathie erwische, fällt mir dieser Satz ein.

Richard Linklaters Verfilmung von *Fast Food Nation* fokussiert speziell auf eine Sache im Zusammenhang mit Industrie-Burgern: dass da auch gerne mal Scheiße drin ist. Also Kot. Für mich war Schlossers Buch der entscheidende Fortschritt auf dem Weg, den Unterschied zwischen Nahrung und Industrienahrung zu verstehen und den Wert von guten Lebensmitteln.

Es ist eben anders als beim Auto oder dem Kühlschrank: Was man isst, wird Teil von einem.

Wenn ich Fleisch esse, dann möchte ich jetzt, dass es von einem Tier kommt und nicht von Tausenden. Und ich möchte, dass ein Nahrungsmittel nicht nur eine Hülle für künstliche Geschmacksstoffe aus dem Labor ist. Ohne Geschmacksindustrie gäbe es keine Fast-Food-Industrie. Künstliche und natürliche Geschmacksstoffe bestimmen den Geschmack von Fast Food. Die berühmten Pommes Frites von *McDonald's* wurden früher in Öl gemacht, das zu 99 Prozent aus Rinderfett bestand. Später wechselte man auf »vegetarisches« Öl, das jahrelang einen »natürlichen« Geschmackszusatz enthielt. Der war, wie sich herausstellte: aus Rind. Vegetarier aller Völker und vor allem Hindus, die keine Kühe essen dürfen, waren entsetzt. Das Unternehmen entschuldigte sich für die »Missverständnisse«, die es in der Kommunikation gegeben habe.

Und wo ist nun der Zusammenhang zwischen diesen Pommes Frites und dem Sportteil von *Bild*?

Jahrelang war es üblich, den Konsum von *Bild* mit dem Satz zu legitimieren: »… aber der Sportteil ist gut.« Wir haben gesehen, dass die Pommes Frites von *McDonald's* mit derselben Geschäfts- und Produktphilosophie hergestellt werden wie der Rest. Und genauso ist es beim Sportteil von *Bild* auch.

Die Proteste in Berlin-Kreuzberg 2007 gegen den Bau des ersten *McDonald's* in diesem Stadtteil fand ich, vorsichtig gesagt, nicht zeitgemäß und nicht zielführend. Obwohl ich die Methoden ablehne, durch die Einkommensschwache und Kinder abhängig gemacht – und in der Folge teilweise krank – werden, kann man ein multinationales Fast-Food-Unternehmen nicht aufgrund eines moralischen Empfindens oder einer bestimmten Stadtteilkultur verbieten, selbst wenn es noch so zynisch ist. Es verbietet sich aber von selbst, dort zu essen, wenn man Industrie-Lebensmittel nicht mag und vom fetten Kunstaroma-Geschmack nicht mehr angelockt, sondern angewidert wird. Mag sein, dass es geholfen hat, dass wir mal sechs Wochen neben einem *Kentucky Fried Chicken*-Restaurant lebten, dessen Geruch immer in der Luft lag. Auch wird man sein Geld nicht hintragen, wenn man bestimmte grundsätzliche Entwicklungen schädlich findet.

Aber auch das muss man nicht zum kategorischen Dogma machen.

Seit Tagen überlege ich, ob es wohl geht, dort mal einen Kaffee zu trinken. Lächerlich, aber es beschäftigt mich tatsächlich.

Meine Frau sagt: »Bloß nicht! Wenn man dich sieht!«

Sie will mich veralbern.

Dabei ist das für mich eine entscheidende Frage: Muss man zumindest hier mal konsequent sein und zur Not auch aufgeregt kreischen: »Da bringt mich nichts rein, niemals!«

Oder ist es wichtig, auch und gerade in so einem klaren Fall dennoch entspannt zu bleiben und den Kaffee zu trinken, ohne sich in die Hosen zu machen? Die Antwort ist: Es gibt ungefähr tausend relevantere Entscheidungen zu treffen oder Dinge zu tun als diese kategorische Symbolik. Ich sollte hingehen, den verdammten Kaffee trinken und nie mehr drüber nachdenken. Aber irgendwie kriege ich das nicht hin.

Bio oder *BioBio*?

Die Bereitschaft, im Bio-Laden zu kaufen, hängt immer noch von unseren Vermögensverhältnissen ab. Den realen, aber auch den gefühlten. Haben wir das Gefühl, flüssig zu sein, kaufen wir eindeutig mehr bei »alles fließt«. Aber tatsächlich spielt der Preis nicht mehr die entscheidende Rolle, wenn mehrere Argumente zusammenkommen, das Styling, die Peer-Group-Akzeptanz, die zusätzliche Information und aus allem heraus das Gefühl, dass man das will und braucht.

Wenn Qualität größtmögliche Sicherheit bedeutet, nichts Vergiftetes zu kaufen, ist der Bio-Laden eindeutig die Nummer 1. Davon kann man nach Sichtung der einschlägigen Literatur ausgehen. Dennoch fühle ich mich – unabhängig von der Bio-Qualität der Ware – in Bio-Supermärkten wohler als im Bio-Laden. Ich bilde mir ein, es liegt daran, dass man dort einfach seltener diese Frauen trifft, die jede einzelne verdammte Avocado quetschen und dann keine nehmen. Vermutlich liegt es aber daran, dass die Bio-Supermärkte mich und meine Konsum- und Stylebedürfnisse besser kennen als ich sie selbst. Ich muss da noch mal nacharbeiten.

Das Styling der *Plus*-Marke *BioBio* hat mich auch gekriegt. Es suggeriert unaufgeregte Bio-Selbstverständlichkeit. Ab und zu ein vertraueneinflößender Aufkleber mit Stiftung-Warentest-Urteil. Man fühlt sich psychologisch wohl damit, selbst wenn man weiß, dass genau diese Absicht dahintersteckt – es »normal«, aber mit Style, daherkommen zu lassen. Damit diejenigen es goutieren, die Markenappeal brauchen, aber auch die, die angeblich die Abweichung nicht aushalten können, sondern wollen, dass alles immer gleich aussieht.

Ich habe zudem den Eindruck, es schmeckt mir.

Mein Bruder sagt: »Dass das Zeug schmecken muss, ist Voraussetzung. Das Sinnliche muss stimmen, das Gefühl im Supermarkt muss stimmen, dann passt es. Anscheinend passt es im Fall von Bio jetzt.«

Eigentlich redet er kaum über Bio. Nur auf Nachfrage. Das ist ungewöhnlich.

Seine Familie kauft etwa zwei Drittel ihrer Lebensmittel aus biologischer Landwirtschaft.

Sicher Premium-Bio mit dem Gütesiegel der Öko-Anbauverbände?

»Nee, meistens Supermarktbio. Der Supermarkt ist in der Nähe.«

Selbstverständlich weiß er, dass die nach EU-Ökoverordnung hergestellten Lebensmittel für den Massenmarkt nur Mindeststandards erfüllen, während die großen Öko-Anbauverbände *Bioland, Demeter, Naturland* und einige regionale Gemeinschaften sich strengere Regeln gegeben haben, was die Umsetzung des Grundgedankens angeht: den landwirtschaftlichen Betrieb als Organismus zu sehen, der aus sich selbst heraus funktioniert und möglichst wenig von außen zukaufen muss, kein Tierfutter und schon gar keine Hightech-Zusatzstoffe.

»Ich bin kein anthroposophischer *Demeter*-Ideologe. Ich bin ein unideologischer Bio-Käufer. Ich kaufe auch nicht hauptsächlich wegen des Gesundheitsaspekts. Ich kaufe das Prinzip – eine bestimmte Landwirtschaft.«

Offenbar ohne auf jene »gestaltenden Kräfte des Kosmos« zu bestehen, die bei *Demeter* segensreich auf die Nahrungsmittel einwirken – und ohne die strengen Qualitätsrichtlinien aller Bio-Anbauverbände.

Ich sagte: »Du kaufst eine Bio-Landwirtschaft zweiter Klasse, die zudem durch die neue Massenproduktion gefährdet wird.«

Er: »Ich war immer für den Massenmarkt.«

»Ich auch. Aber je größer der Bedarf, desto wahrscheinlicher Missbrauch, Druck auf Erzeuger und all die Schlechtigkeiten des Discounter-Kapitalismus?«

»Die Müsli-Struktur war nicht mainstreamfähig. Nicht nur aus Style-Gründen, sondern aus grundsätzlichen.«

Nun übernehmen die großen Lebensmittelunternehmen den Laden, machen das Geschäft und bestimmen dessen Regeln. Kann das gut gehen? Werden wir zu einer Zweiklassen-Bio-Gesellschaft, hier zweitklassiges Billig-, dort elitäres Premium-Bio?

Das lässt er jetzt mal so stehen und kommt zum Wesentlichen.

»Bio ist ein positives Beispiel, wie ein Außenseiterprodukt in kurzer Zeit Mainstream wird, weil es dafür plötzlich ein Premium-Denken in der Gesellschaft gibt.«

Aha, das ist jetzt sicher die Überleitung zum Wesentlichen.

»Genau das muss im Energie-Bereich auch passieren.«

Na also.

»Vor Jahren habe ich mal Heidi Klum oder Claudia Schiffer bei Gottschalk gesehen.«

Die ZDF-Samstagabendshow *Wetten, dass …?* ist die Fernsehsendung, die er zu hassen liebt. Sie ist für ihn der Ort, wo die geistig-emotionale Verortung der Mehrheit der Gesellschaft transparent gemacht wird – und ihre Besitzverhältnisse. *Wetten, dass …?* wird von Audi mitfinanziert, weshalb bei *Wetten, dass …?* jahrelang große, energieverschlingende Audis im Bild waren, bei deren Anblick Gottschalk fast so schön falsch stöhnte wie beim Einzug einer Blondine, die als mehrheitsfähig begehrenswert ermittelt wurde.

»Und damals saß Klum oder Schiffer auf dem Sofa und erzählte, dass sie nur Bio-Produkte kauft. Und die anderen sagten, ja, ja.«

»Und heute wollen so viele ins Bett mit Bio wie damals mit Schiffer?«

»Die biologische Landwirtschaft wurde irgendwann von einer Medienelite als erstrebenswert dargestellt. Damit hat man den Eindruck, das sei anscheinend auch cool. Heute ist sie vielleicht nicht mehr cool, dafür völlig vom Außenseiterimage weg. Da weiß auch der letzte *Wetten-dass ...?*-Schnulli, dass er nicht zu den Außenseitern gehört, wenn er bei *Plus* die Bio-Milch oder den steirischen *BioBio*-Kartoffelsalat kauft.«

Hm, das ist zufällig mein Lieblingskartoffelsalat. Wenn ich den medienkompetent bei www.dasistdrin.de checke, weiß ich binnen Sekunden, dass er ein biotechnologisch hergestelltes Geliermittel enthält, das verdauungsfördernde Wirkung haben soll.

Aber es stimmt schon: Wurde nicht Renate Künast bei ihrem Einstieg als Verbraucherministerin noch für wahnsinnig gehalten, als sie die »Bio für alle«-Botschaft in die Welt hinaussandte?

Ein halbes Jahrzehnt später kann man sich nicht mehr erinnern, wann einem jemand den letzten Witz über ökologischen Landbau erzählt hat. Der Umsatz auf diesem Markt ist seit 1997 um 300 Prozent auf 4,5 Milliarden Euro gewachsen.

Das heißt nicht, dass es keine Probleme gäbe und geben wird. Es gibt politische Probleme, weil die Anbauflächen in Deutschland nicht dem wachsenden Bedarf entsprechend gestiegen sind. 4,7 Prozent der Flächen werden biologisch betrieben, in Österreich sind es 14,2 Prozent. Das liegt zum Beispiel daran, dass die Subventionen für den Umstieg von konventionellen Höfen zu Bio-Höfen gerade in den Jahren der Bio-Supermarkt-Explosion gestrichen oder gekürzt worden waren. Auch der Aufregung, die entstand, als der *Lidl*-Besitzer *Schwarz-Gruppe* bei der Bio-Supermarktkette *Basic* einsteigen wollte, lag eine zentrale Unsicherheit zugrunde: Wird die Moral- und Geschäftsgrundlage vernichtet und die Qualität der Ware gesenkt, wenn die Bösen bei den Guten investieren? Oder stinkt das Geld nicht und ist die einzige Möglichkeit für jenes Wachstum, das der Konsument verlangt, bei gleichbleibender sozialer und biologischer Qualität?

Jedenfalls ist die kulturelle und emotionale Blockade in der Gesellschaft fast komplett weg. Mein Bruder sagt:

»Wenn in Deutschland die Nachfrage nach Passivhäusern so groß ist, dass man mit dem Produzieren nicht mehr nachkommt, dann sind wir einen großen Schritt weiter.«

»Bisher hat Heidi Klum aber nicht von ihrem Passivhaus geschwärmt.«

»Jetzt hast du es kapiert.«

Wir reden zu Hause eindeutig mehr als früher über das, was wir essen und trinken.

Es geht weniger darum, ob wir weniger Fleisch essen (tun wir) und ob wir damit die Klimakatastrophe verhindern wollen (diesen absoluten Anspruch haben wir nicht), als darum, was es zum Essen geben soll. Ich kann nicht behaupten, dass die Frage mein totales Engagement hervorruft. Aber es ist mir längst nicht mehr so egal wie früher.

Ich sage jetzt auch Dinge wie: »Wo kommt denn diese Bio-Milch her?«

Hätte mich früher nie interessiert. Kurzer, suchender Blick.

»Ach, aus Brandenburg.«

Regioprodukt. Kurze Transportwege. Gefühl der Befriedigung. Allerdings nur ein kleines. Weil auch Bio-Milch-Kühe das schädliche Methan rülpsen, ist der klimaschützende Mehrwert nicht wirklich durch Kauf von Bio zu erreichen, sondern nur durch zusätzliche Reduzierung der konsumierten Menge. Gefühl der Befriedigung, das zu wissen.

Wir reden aber nicht nur darüber, *wo* etwas herkommt und *wie* es herkommt. Sondern vor allem auch darüber, wie etwas schmeckt und wonach es schmeckt. Bio-Convenience kaufen wir nicht. Bringt nichts. Wenn schon Auftaupizza, dann muss man auch dazu stehen. *Bionade* kaufen wir, wenn die Kinder es nachfragen. Eher selten. Weil nicht bekannt ist, dass für die Produktion von *Bionade* Kinder, Erwachsene oder Natur ausgebeutet würden. Weil das mit der Fermentation wirklich eine großartige Idee war. Zumindest eine großartige Marketingidee. Weil *Bionade* ganz gut schmeckt.

Neumarkter Lammsbräu Bioweißbier dagegen trinke ich, weil es das beste Bier ist. Und überhaupt nicht, weil es Bio ist.

Das habe ich zumindest mal großspurig gegenüber Minki behauptet.

»Bio-Weißbier? Das man nicht trinkt, weil es Bio ist. Sondern, weil es das …«

Er machte eine Pause, um seine Verachtung auszudrücken.

»… das ›beste‹ Bier ist? Das geht jetzt wirklich zu weit.«

Das sei eine besonders abgefeimte Art, einen elitären Konsumstyle zu entwickeln, die ihn regelrecht anwidere.

Kann sein. Kann aber auch nicht sein, wie meine Kinder zu sagen pflegen. Wann immer er vorbeikommt, fragt er jedenfalls, ob ich eins da hätte.

Auf unserem Ökomarkt kann jeder beim Essen sehen, wie glücklich seine Currywurst früher war. Man setzt sich mit seinem Currywurstpapiertellerchen auf eine Bank. Und auf dem Tisch liegen Fotos. Darauf sieht man die Currywurst in ihrer vorherigen Form als Bunte Bentheimer Schweinemutter, die hundert Kilometer von Berlin entfernt fröhlich und artgerecht im Freigehege ihren zahlreichen Kindern die Zitzen gibt. Damit sie auch mal eine große und starke Bentheimer Currywurst werden.

Dem Kleinteil am Nebentisch gefällt das so gut, dass es die Fotos gleich mitnehmen will. Die Mutter lässt ihn nicht.

»Nein, Karl-Jonas, nein, nein, nein. Andere Menschen wollen das doch auch sehen.«

Meine Tochter nicht.

»Hier, schau dir mal an, wie lustig die Schweine aussehen. Das kommt, weil man anständig mit ihnen umgeht, bevor man sie schlachtet.«

Ein vernichtender Blick.

»Ich will doch nicht sehen, was ich esse.«

»Aber es schmeckt dir?«

Knurps, knurps.

Auf dem Tisch liegen auch Zettel, auf denen wir auf den Neuland-Hof eingeladen werden, um uns die bunten Bentheimer Schweine live anzuschauen, bevor sie Currywurst sind. Es gibt dazu Kaffee, Kuchen und, logisch: Spanferkel.

Werde ich eines nahen Tages komplett auf Bio-Laden-Bio umsteigen, weil ich es mir immer noch leisten kann und nun auch will, Discounter überhaupt nicht mehr und kleine Läden, eine mir zusagende Unternehmenskultur und eine lebensqualitätssteigernde Stadtsoziologie voll und ganz mit meinem Geld zu unterstützen? Weil mir Lebensmittel noch wichtiger werden, ich mich noch genauer informiere, ein Unwohlsein gegenüber Bio-Supermärkten entsteht und dieser Bereich derjenige wird, wo ich bewusst einen gesundheitsmotivierten Marken- und Premium-Anspruch ausleben will?

Ich weiß es nicht. Sagen wir so: Jedes Mal, wenn ich zwanzig Minuten mit meinem Sohn Fußball spielen muss, wird mir das Zerfallen meines Körpers schmerzhaft bewusst. Mein Interesse an einem möglichst langen und umfassenden Rest Funktionierens ist immens gestiegen.

6

SIEBEN HYBRIDS AUF FÜNFHUNDERT METERN – DIE ÖKOPHOBIE UND DER HASS AUF NEUE ÖKOS

Warum halten es Menschen im Kopf nicht aus, dass und wie sich andere um die Umwelt sorgen?

Die Ökophobie

Es gibt ein spezielles Problem auf dem Weg zu einer ökologisch orientierten Gesellschaft. Das wird einem sehr schnell klar. Dieses Problem ist der klassische Öko.

Sogenannte Ökos wurden selbst und gerade in politisierten Milieus einst auch Müslis genannt und auch sonst verachtet und abgelehnt. Aus inhaltlichen und ästhetischen Gründen. Zum Beispiel galten Leute, die in Bio-Lädchen arbeiteten, als Beweis, dass man gut daran tat, Bio-Läden und Bio-Ernährung zu meiden. Auch Karla hat sich ja selbst zu ihren Nicaragua-Style-Zeiten von Ökos immer schön abgegrenzt. Noch mal nachfragen, warum eigentlich.

»Die waren doch auf eurer Seite, Karla.«

»Nein, sie waren auf ihrer eigenen Seite.«

Ökos seien nicht nur schlecht angezogen gewesen, sondern hätten bleich und generell ungesund ausgesehen.

»Sie waren so unsinnlich wie die verschrumpelten Bio-Möhren, die sie für ein Vermögen verkauften.«

Die Schlussfolgerung lag nahe: Wer so lebt, wird seines Lebens nicht froh.

Mein Psychologe und hat den Aufstieg des Öko in den 70ern selbst erlebt, als die Studentenbewegung von 1968 zersplitterte und die in der Folge entstandenen kommunistischen oder militanten Gruppen irgendwann durchdrehten oder in der Bedeutungslosigkeit verschwanden. Die Ökobewegung indes hatte eine so große gesellschaftliche Kraft, dass daraus heute noch bestehende Parteien und Tageszeitungen entstanden. Aber die Ökobewegung war ein Sammelbecken, in dem sich alle möglichen Strömungen tummelten, desillusionierte konservative Politiker wie Herbert Gruhl genauso wie linke Militante, die sich zu dieser Zeit neu erfinden mussten.

Der Psychologe sieht mehrere Gründe für die anhaltende Ökophobie. Zum einen sei »ein allzu starker Bezug auf Natur und Natürlichkeit in Deutschland problematisch«, weil das an nationalsozialistische Motive erinnere. Zweitens werde eine Anmutung des Esoterischen häufig skeptisch aufgenommen. Drittens sei der »Naturprediger« in Deutschland nicht gerade eine positiv besetzte Figur und gehöre auch nicht zum linksliberalen Spektrum. Vor allem aber nerve der Öko durch seine betonte Zurschaustellung seines Ökoseins.

»Wenn man Fahrrad fahren kann, dann soll man Fahrrad fahren.«

»Aber?«

»Aber man ruft nicht ständig: Guckt mal, wie ich Fahrrad fahre!«

»Kinder tun das.«

»Selbst das nervt.«

Der Öko wolle Adorno widerlegen, sagt mein Psychologe.

In meinem Hirn arbeitet es. Was kann er meinen? Sicher irgendwas mit richtig oder falsch leben?

»Der Öko sagt: Schaut her, es gibt doch ein richtiges Leben im falschen. Nämlich meines. Schaut her, ich mache alles richtig.«

Indem der Öko sich selbst als das Richtige oder einzig Richtige präsentiere, sage er dem anderen auch, dass der falsch liege.

»Der andere empfindet die Aufforderung als Zumutung, doch bitte auch die guten Bio-Möhren zu kaufen. Bei ihm kommen Appelle des Ökos als aufreizender, selbstgerechter Gestus an, der sagt: Ich bin besser als du.«

Er schreit jetzt fast.

»So ein Öko ist einfach unerträglich!«

Offenbar kann das bewusste Zelebrieren und Ausstellen des Ökotums oder auch nur die Erinnerung daran selbst nachdenkliche Intellektuelle in Rage bringen.

Aber es ist noch komplizierter: Es kann ja sein, dass einer einfach nur Fahrrad fährt – die Unterstellung, dass er damit angibt, entsteht im Kopf des Ökohassers.

Zum Beispiel: In den Niederlanden fahren alle Fahrrad. Bis vor kurzem radelten auch noch Minister morgens ins Amt. Das gilt nicht als prätentiös und nicht als Öko-Angebertum, ja nicht mal als Öko. Es ist kulturell eingeübt und gilt einfach als normal.

Die Rockband *BAP* und ihr sich für aufgeklärt haltendes Publikum grenzten sich in den 80ern (»Plant uns bloß nicht bei euch ein«) in der Regel gegen die alten Männer ab, die in der Politik und in den Konzernen das Böse vorantrieben.

In dem Song »Müsli Män« distanziert sich der Sänger und Dichter Wolfgang Niedecken 1981 vom Öko. Der Titel beginnt so:

»*Ich stund friedlich en der Frittenbuud, plötzlich woore do, met su 'nem Feuerschwert und Heiljenschein.*«

Auch hier ist auffällig: Das Erste, was Niedecken unangenehm aufstößt, ist der religiös angehauchte Bekehrungsdrang (»Feuerschwert«) und das Selbstgerechte des klassischen Ökos. Schlecht gekleidet und übel riechend will er einem die Freude am Leben vergällen, also an Currywurst, Alkohol und elektrischen Gitarren. Auch hier ist die Botschaft: Man wollte mit diesen Ökos nichts zu tun haben, die einen bekehren wollen.

Das wirkt auch heute noch nach.

Das schlechte Gewissen und die Verteidigung der Freiheit

Es wimmelt im Internet und in der »richtigen Welt« von Menschen, die es hassen, wenn andere ihnen ein »schlechtes Gewissen« machen. Das tun sie, indem sie es wagen, in ihrem Beisein nicht gleichgültig, sondern (um-welt)bewusst einzukaufen. Das ist allerdings ein reales Problem, so wie sich ja auch Raucher allein durch die Anwesenheit von Nichtrauchern belästigt fühlen. Fangen diese an, für ihre Sache zu agitieren, setzt auch beim menschenfreundlichsten Raucher (okay, ein Widerspruch in sich selbst) sofort verstärktes Unwohlsein ein und der Wunsch, der andere möge verschwinden, am besten vom Erdboden, zumindest aber aus dem Zimmer.

Menschen mit ökologischem Bewusstsein machen anderen durch ihr »gutes Gewissen« ein schlechtes. Durch die Zurschaustellung. Durch den moralischen Appell.

Es kommt dabei auf den Sender, den Empfänger und die Art und Dosis der Sendung an.

Darüber diskutieren mein Bruder und ich ständig. Wie offensiv soll man sein? Gar nicht oder nur auf Nachfrage »darüber« reden?

Er hat ja eine Zeitungskolumne über Klimakonsum. Ihr Titel ist »Öko-sex«, und zwar genau deshalb, weil er den Begriff Öko positiv besetzen will. Den Titel »Ökosex« hat eigentlich Minki erfunden. Obwohl er das alles scheiße findet.

»Danke, Minki, für diesen genialen Einfall. Du bist sehr freundlich.«

»Glaubst du?«

»Natürlich. Du hast das Wort ›Öko‹ mit etwas verbunden, das alle haben möchten und das eindeutig als erstrebenswert besetzt ist. Und damit ist auch ›Öko‹ positiv aufgeladen.«

Minki schaute mich gehässig an.

»Möchtest du wirklich Ökosex haben?«

»Selbstverständlich.«

»Niemals. Ökosex ist die unerotische Variante von Sex. Schrumpelig, gesund, riecht nach Kernseife. Klingt nach Strafe.«

Ich glaube ihm jedes Wort.

»Für mich ist Ökosex die doppelt erotische Variante von Sex. Da geht es erst richtig ab.«

Ich glaube mir selbst kein Wort.

Dass Mitmenschen belästigt und angegriffen werden, weil sie ein Steak ohne Bio-Zertifizierung kaufen oder überhaupt Fleisch, habe ich selbst noch nie erlebt. Sicher passiert es. Letztlich ist es ganz einfach: Jeder Mensch kann ein Grundrecht auf Gleichgültigkeit gegenüber was auch immer für sich beanspruchen.

Interessant ist dennoch die Aggressivität, mit der kritisiert wird, dass andere einem das Leben vergällen, weil sie »umweltbewusst« agieren. Hinter der Ablehnung von Menschen mit Ökobewusstsein stecken möglicherweise richtig schlechte Erfahrungen mit Ökos, aber auch die Sorge, vielleicht doch falsch zu liegen.

Inhaltlich verteidigt wird das eigene Agieren in den seltensten Fällen. Verteidigt wird die »Freiheit«. Und da wird es schwierig.

Beklagt wird zunächst nicht, dass der ökobewusste Konsument falsch liege. Beklagt wird das Verursachen des »schlechten Gewissens«, zudem stört die Art des Verursachens und der problematische Charakter bzw. die Ästhetik des Verursachers. Hervorrufen kann dieses »schlechte Gewissen« bereits die bloße Existenz eines anderen Lebens- oder Konsummodells.

Wird das Unwohlsein angesichts der eigenen Existenz größer, so führt das nicht zur Verhaltensänderung, sondern zum Rechercheansatz, ob das andere Modell nicht in Wahrheit auch problematisch sei und diese Menschen alle Scheinheilige. Einfache Gemüter müssen dann nur herausfinden, dass im Bio-Markt Bio-Lebensmittel verkauft werden, die man von weit her eingeflogen hat, schon haben sie die anderen entlarvt und können sich nicht nur in wiedergewonnener Seelenruhe ihrer Auftaupizza widmen, sondern das sogar als Akt des Widerstands gegen eine Öko-Diktatur deklarieren.

Es ist nämlich so: Während der widerwärtige und gleichgeschaltete Öko-Mainstream freudlos an seinen Bio-Möhren nuckelt, drückt der im Widerstand lebende Künstler seine Subversivität zeitgemäß dadurch aus, dass er *Coca-Cola* in sich hineinschüttet, und seine soziale Empathie, indem er große Mengen billiges, massenindustriell erzeugtes Fleisch verschlingt.

Die Überzeugung, der bewusste Konsument sei ein Feind, gegen den man sich wehren müsse, um nicht an Lebensqualität einzubüßen, ist sehr häufig eine aufrichtige. Es handelt sich da um die Fortsetzung jener Abneigung gegenüber dem klassischen Öko, die in den 80ern selbst das Denken und Handeln von politisch agierenden Menschen bestimmte.

Das muss man respektieren, auch wenn es im Ergebnis fatal ist. Aggressive Lebensstilanklagen jedenfalls, das lehrt die Erfahrung, werden den Kritisierten nicht nachdenklich machen, sondern bockig. Machen wir einen Test. Minki, komm mal her.

Minki (kommt her): »Was ist?«

Ich (Zeigefinger oben): »Ich verlange von dir, dass du künftig nur noch Bio-Möhren kaufst und isst.«

Minki (sofort trotzig): »Wie oft soll ich dir noch sagen, dass du mich mit deinen missionarischen Botschaften in Frieden lassen sollst? Mein Konsumverhalten änderst du *so* nie, Freundchen.«

Es ist eine bewährte rhetorische Strategie, Inhalte nicht auf der Sachebene, sondern jenseits davon auf einer moralischen Ebene zu verhandeln.

Die »Moralisierung« dient in diesem Fall dazu, die Position des anderen zu diskreditieren und zu schwächen.

Moral wird in diesem Zusammenhang interessanterweise stets als übertriebene Moral oder Scheinmoral betrachtet.

Einer der Ersten, die die Gefahr erkannten, die vom Neuen Öko ausgeht, war der Journalist Ulf Poschardt. Als wäre die Verarbeitung jenes Traumas nicht genug, das der Nationalsozialismus in der deutschen Gesellschaft ausgelöst hat, wollen nun auch noch »Ökospießer« dem »Bürgertum« die Freude am verdienten Wohlstand vergällen. Eigentlich ein Experte für fantasievolle Diskurs-Erweiterungen (»FDP wählen ist Rock 'n' Roll«), besetzte er im Lauf des Jahres 2007 im Magazin *Vanity Fair* eine tausendfach erprobte Position und postulierte: »Eine ökologisch korrekte Welt darf nicht aus dem Geist der Unfreiheit entstehen.«

Konkret ging es noch nicht ganz um eine Diktatur, sondern zunächst noch um die Kritik einiger Bürger gegen den Bau der *McDonald's*-Filiale in Berlin-Kreuzberg.

Poschardt entlarvte die Widerständler um den Kreuzberger Bundestagsabgeordneten Hans-Christian Ströbele als »intolerante Gutmenschen«, und »erzkonservative Ökospießer« mit einem »freiheitsverachtenden Grundkonsens«, die nicht verstehen wollten, dass *McDonald's* auch zu ihrem gottverdammten »Ideal der Multikultur« gehöre. Poschardts apokalyptische Prophezeiung: »Die Ökowelle führt in Deutschland zu oft zur Rückkehr des erhobenen Zeigefingers. Die moralischen Oberlehrer wittern Morgenluft: Tempolimit, Konsumsteuern, *McDonald's*-Verbot.« Über Kreuzberg hinaus wähnte er unser wichtigstes gesellschaftliches und kulturelles Gut in Gefahr: die »Freiheit des Konsumenten«.

Wer nun hofft, dass damit langsam sämtliche Stereotypen versammelt sein müssten, der hofft vergeblich.

Denn kurz darauf muss Poschardt auch noch ein persönliches Trauma verkraften: Als von ökologisch motivierten Menschen aus den Rädern seines Alfa Romeo die Luft herausgelassen wird, sattelt er den Begriff des »Ökoblockwarts« drauf, dessen wahres Motiv nicht Weltrettung sei, sondern Sozialneid. »Ökospießer« wollten eine »freudlose«, also sozialistische Welt. Sie seien »wie alle Spießer: verbitterte Ignoranten, die aus Angst vor der Zukunft ihre Vision ins Gestern verlegen.«

Weil Poschardt nicht immer nur »ich« sagen kann, hat er den Platzhalter »das liberale Bürgertum« erfunden. Er schreibt also nicht: »Ich brauche keine Nachhilfe von Spinnern.« Er schreibt: »Das liberale deutsche Bürgertum braucht keine Nachhilfe von Spinnern. Es hat seine Ökolektionen längst gelernt.« In Poschardts Nachbarschaft gibt es nämlich offenbar »richtig gesetzte Vogelhäuser«, »Armadas von Fahrrädern« und »Bio-Tonnen«.

Ich erwähne das deshalb, weil Poschardt erstens durchaus ein Gespür für populistische Positionen hat und zweitens auch die dümmsten Stereotypen in der Öko- und Klimadebatte zyklisch zurückkehren. Man wird auch das nicht zum letzten Mal gehört haben.

Die Position ist bei aller zu lobenden Freude am Spielerischen von einem anachronistischen, anti-intellektuellen Freiheitsspießertum des vergangenen Jahrtausends geprägt. Freiheit ist für diesen liberalen Bürger letztlich ein schnelles, schönes, starkes Auto, mit dem er Gas geben kann. Für diese Form der freien Welt ist er damals auf die Straße gegangen bzw. darauf gebrettert. Wovon Poschardt schwärmt, ist nicht die Tugend des liberalen Bürgertums, sondern das persönliche, kleine ES nach Freud: die triebhaften Impulse ohne jede Selbstbeherrschung, Egozentrik ohne jeden Gemeinsinn. Letztlich FDP.

Die Moral

Der Begriff der Moral ist in den USA kein Problem, in Deutschland aber schwierig. Wer auf Moral besteht, wird schnell als »Moralist« bezeichnet. Das heißt: Im Verständnis der anderen übertreibt er – oder ist scheinheilig. Auch Klimawandel-bewusste Menschen werden regelmäßig als »Moralisten« oder »Moralapostel« bezeichnet, ebenfalls ein Wort, das von Kritikern sowohl reflexhaft als auch strategisch benutzt wird. Den Grünen wurden stets ihre Werte vorgeworfen. Sie seien Ideologen, ja Moralisten.

Auf der anderen Seite wurde die angebliche Aufgabe sämtlicher Werte beklagt.

Speziell Linke legen auch heute noch häufig ein unsouveränes, spätpubertäres Verhalten an den Tag. Moral zeigt meist, wer zu Hause sitzt und aus dem behaglichen, theoretischen Off jene kritisiert, die in der realen Welt agieren. Etwa die Grünen Joschka Fischer und Daniel Cohn-Bendit, weil sie 1999 in den Kosovo-Krieg zogen.

Im Fall der Klimagefahr muss derjenige, der Moral hat, agieren. Und zwar gewaltig. Das ist eine neue und schwierige Situation, denn damit hat es gerade der linke Moralist ja bekanntlich überhaupt nicht. Auch wer als Teil einer kulturellen Szene geistig groß geworden ist, hat Sinn, Erfüllung und Auskommen stets im Widerstand gegen die kapitalismus- und fernsehfixierte Mehrheit gefunden.

Das ist das richtig Ungeschickte am Klimawandel: Die Moral, zu der er führt, ist eine unbequeme, und so wird man nicht nur ohne die Hilfe der notorischen Yuppies auskommen müssen, sondern eben auch ohne manchen Feuilletonisten und altlinken Moralisten. Aber das ist ja nichts Neues.

Der Hass auf Prius-Fahrer

Ich finde die Idee bestechend, ökologische und soziale Kriterien beim Kauf von Waren so selbstverständlich zu integrieren wie ästhetische und preisliche. Warum sollte ich kein Auto fahren, das möglichst wenig Sprit braucht?

Das freilich ist ein Vernunftargument. Damit kommt man beim Auto nicht weit. Und darauf sind die Leute auch noch stolz.

Reden wir also vertieft über die zweite Dimension, die emotionale: Warum sollte ich nicht mit meinem großartigen Öko-Auto angeben dürfen wie jeder berauschte BMW- oder Audi-TT-Käufer auch? Wenn ich die Begeisterung doch ehrlich fühle.

Okay, am Anfang dachte ich auch, das macht man nicht.

Mein Bruder sagt, dass es genau darauf ankommt.

»Wir brauchen Öko-Angeber. Sympathische Öko-Angeber.«

»Entweder bist du ein Angeber. Oder du bist sympathisch. Beides geht nicht.«

»Ganz falsch. Man muss mit seinem Kauf angeben, damit andere das Gefühl kriegen, dass sie das auch haben sollten.«

Das sei nun mal so in unserer produktfixierten Gesellschaft.

Ich sah ihn mal in einer Fernseh-Diskussion, wo er Bilder aus dem Jackett zog, auf den Tisch knallte und lässig sagte:

»Mein Dreiliter-Lupo, mein Photovoltaik-Dach, mein ultramodernes holländisches Dreierfahrrad, mit dem ich die Kinder in die Schule fahre.«

Das Studiopublikum merkte selbstverständlich, dass er diesen Gag von langer Hand vorbereitet hatte. Sie glucksten trotzdem. Offensichtlich fanden sie das tatsächlich lustig und sympathisch.

Generell ist schwer zu kalkulieren, wo bei anderen die Grenze verläuft zwischen dem, was sie als sympathisches Aufladen von Produkten rezipieren, und dem, was Brechreiz auslöst, weil es als Selbstgefälligkeit von arroganten und unsympathischen Öko-Angebern ankommt.

In den USA haben manche mittlerweile angefangen, Prius-Fahrer zu hassen.

Manche kennen den Toyota Prius immer noch nicht. Manche zucken bereits bei der Erwähnung des Namens zusammen, weil sie das Wort »Prius« nicht mehr hören können. Nur zur Sicherheit: Der Prius ist ein Hybrid, also ein sowohl von einem Benzin- als auch von einem Elektromotor angetriebener PKW. In seiner neuesten Version hat er einen offiziellen CO_2-Ausstoß von 89 g/km – weniger als jeder andere Benziner.

Sicher sind grundsätzliche Zweifel an der Ethik des Autojournalismus angebracht. Auch ist zu bemerken, wie man dort versucht, nach anfänglich wohlwollendem Aufnehmen des Themas die Oberhoheit von PS und »sinnlichem« Design gegen die »Kohlendioxidhysteriker« zurückzuerobern. Genau deshalb braucht es einen neuen Autojournalismus, der sich auch an neuen, gesellschaftlich relevanten Kriterien orientiert und nicht nur daran, ein Werbeumfeld der Industrie zu sein.

Sicher hat Toyota es auch wie kein zweites Unternehmen verstanden, mit Hilfe des Prius ein Öko-Image aufzubauen, das zumindest durch den Gesamtflottenverbrauch (163 g/km CO_2) nicht zu rechtfertigen ist. Der Prius hat auch in Deutschland eine Abbildungskarriere gemacht, wie sie sonst nur Projektionsflächen wie Paris Hilton offensteht. Ein großer Marketing-Coup.

Das ändert nichts daran, dass der Prius tatsächlich ein ansprechender Mix aus Technik, Luxus und Umweltfreundlichkeit ist.

Es fängt an beim Anlassen. Dafür gibt es einen Einschaltknopf. Es genügt, den Autoschlüssel (»Smart Key«) in der Jackentasche zu haben. Den Knopf drückt man, und dann hört man: nichts. Die Schauspielerin Diane Keaton hat sogar ihren armen Hund überfahren, weil ihr Hybrid so leise startet.

Was den Prius gerade so um- bzw. antreibt und wie der Computer die Leistung des Benzinmotors zu optimieren versucht und mit dem Elektromotor koordiniert, ist über das Multivision-Touchscreen-Farbdisplay zu verfolgen. Grüne Pfeile signalisieren: Der Elektromotor läuft, der Benziner nicht, alles ist gut. Eine andere Grafik verfolgt in Fünf-Minuten-Schritten den Spritverbrauch und die Aufladung der Elektromotor-Batterie. Da sieht man bei der Überlandfahrt: Nach Aufwärmphase (Verbrauch über zehn Liter) folgen fünf Minuten mit fünf Litern und dann sinkt der Verbrauch auf spektakuläre 2,5 Liter. Am Anfang entsteht ein leichtes Gefühl von Hightech-Überforderung, das dann übergeht in ein Gefühl von Luxusgenuss.

Viele Politiker verteidigen ihre klimafeindlichen Dienstwagen mit der Begründung, man müsse ja daraus staatstragende Geschäfte abwickeln können. Bitte schön: Im Prius kann man hinten sitzen, Akten ordnen und diverse Mitarbeiter mitnehmen. Stavros Dimas wird das bestätigen, der frühere EU-Umweltkommissar. Der hatte einen.

Während man in Deutschland immer noch wenige auf den Straßen sieht, ist die Walnut Avenue in unserer kalifornischen Collegetown am Pazifik schon seit 2004 voll mit Priusen. Kein Wunder: Zu Prius-Hochburgen entwickelten sich die Städte an beiden Küsten sowie Uni-Städte mit liberalem Leitmilieu. In Kalifornien war der Prius generell früh populär.

Als wir im letzten Sommer dort ankamen, schien sich ihre Zahl noch einmal potenziert zu haben. Man hatte kaum einmal den Kopf gedreht, da war schon wieder einer aufgetaucht. Wir haben daher das Prius-Spiel erfunden. Es geht es darum, die Anzahl der Priuse zu erraten, die man sieht, bis man einen bestimmten Weg zurückgelegt hat.

Also, Kinder: Wie viel Priuse sehen wir von dem Haus, das wir gemietet haben, bis zur Pacific Avenue, das ist die Einkaufsstraße der Stadt?

Ich sage: Sieben.

Meine Tochter, sie ist acht, überlegt gefühlte acht Minuten und sagt dann: »Ich sage acht.«

Mein Sohn ist sechs und sagt ohne zu zögern: »Ich sage auch sieben.«

Meine Tochter sagt dann, sie glaube eigentlich auch, dass es sieben sein werden.

Es sind dann sieben. Oder acht. Und bis zur Universität hoch sind es mindestens dreizehn, und wenn man durch die Walnut fährt, sogar noch mehr. Warum in der Walnut Avenue besonders viele Prius-Fahrer leben, kann ich nicht sagen. Jedenfalls sind die Stadt und vor allem die Wohngegend im Westen in der Hand der Mittelschicht und ihrer Elite, der sogenannten »Upper Middle Class«. Kurz gesagt: Leuten, die sich die Hauspreise dort leisten können.

In diesem Milieu ist der Prius – und in deutlich geringerem Ausmaß sein Konkurrent Honda Civic Hybrid – längst verankert.

Selbstverständlich ist ein paar Meilen landeinwärts in den Latino-Vierteln von San Jose oder bei den Landarbeitern von Watsonville alles ganz anders.

Dennoch: Im Silicon Valley sowie in der gesamten Bay-Area, also von San Francisco bis San Jose, stieg der Prius im ersten Halbjahr 2007 erstmals auf Platz 1 der bestverkauften Autos: Plus 65 Prozent in einem geschrumpften Gesamtmarkt. Auf dem US-Gesamtmarkt erreichte er Platz 14: 94.500 Verkäufe von Januar bis Juni. Das beweise »das kontinuierliche Ergrünen des Silicon Valley«, schrieb die ortsansässige *San Jose Mercury News.*

Rod Diridon, Chef des Verkehrs-Instituts an der Universität von San Jose und Prius-Besitzer, sagte der *Mercury News:* »Die intellektuellen Kapazitäten im Silicon Valley sind erstaunlich. Die bessere Ausbildung der Menschen führt zu einem besseren Verständnis von den schrecklichen Konsequenzen der globalen Klima-Erwärmung.«

Das klingt gut, denn ehrlich gesagt ist San Jose trotz Silicon Valley nicht gerade das Epizentrum von Fortschrittlichkeit, guter Ausbildung und Intellektualität.

Diese guten Menschen fahren nun also Hybrid und haben damit ihren Spritverbrauch um ein Drittel, die Hälfte oder in Fällen vormaligen SUV-Fahrens auch mal um 70 Prozent reduziert. Achtet man sie dafür, lobt man sie?

Teils ja, teils nein. Der Prius-Begeisterung der einen folgte im Sommer 2007 umgehend der Prius-Hass der anderen. Der Verdacht ist mittlerweile hinreichend geäußert worden, in Kalifornien inszeniere eine Elite den Klimaschutz als Stilaccessoire. Das ist deshalb relevant, weil der Prius-Hass und der Style-Vorwurf wie andere kulturelle Phänomene mit Zeitverzögerung auch die deutsche Gesellschaft bewegen werden.

Bei aller berechtigten Kritik an der Relativität der Weltrettung durch Autofahren: Im Vergleich mit einem handelsüblichen amerikanischen Compact- oder Midsize-Auto, das selten weniger als neun Liter auf 100 Kilometer braucht, ist der Prius auch dann spektakulär, wenn er oder der Fahrer die versprochenen 4,3 Liter nicht realisieren können. Die recht wichtige Internet-Kolumnistin Ariana Huffington ernannte den Erwerb und das Fahren eines Prius deshalb zu einem »Akt des Patriotismus«, weil er die Abhängigkeit von Öl-Importen reduziere.

Sieht man von kurzzeitigen und sich nur minimal verkaufenden Vorläufern wie dem Audi-Hybrid ab, so ist der Prius der erste Hybrid, der ernsthaft auf dem Markt positioniert wurde. Das war 1997. Lange Zeit verkaufte er sich schlecht, das heißt hauptsächlich an Avantgardisten, die von der Technik fasziniert waren. Inzwischen hat er gute Verkaufszahlen – und zwar als einziger Hybrid. Bis Mitte 2007 waren über 400.000 Prius verkauft, das ist per se nicht exorbitant; die Steigerungsquoten sind es dagegen schon. Im ersten Halbjahr 2007 stiegen die Verkäufe um über 90 Prozent auf knapp 95.000 Autos. Ende 2010 waren mehr als 2 Millionen Priuse verkauft – 40.000 sind es inzwischen pro Monat.

Eine Umfrage des *CNW Marketing Research* in Bandon, Oregon, ergab, dass es nur etwas mehr als einem Drittel primär um das Sparpotenzial durch die geringeren Tankkosten ging. Knapp 60 Prozent der Menschen kauften den Prius primär, weil er »ein Statement über mich abgibt«. Er sei das erste Auto, mit dem man ein »grünes Statement« machen könne, glauben ihre Besitzer. Und dieses Statement ist schon von weitem zu erkennen.

Im Gegensatz zu allen anderen Hybrids ist der Prius eben keine Variante eines Benziner-Modells – wie etwa der direkte Konkurrent Honda Civic Hybrid –, sondern ein Unikat. Honda hat inzwischen seine Lektion gelernt und versucht mit einem Hybrid-Unikat zurückzuschlagen.

Die Hybrid-Besitzer wollen erkannt und anerkannt werden, fand die Untersuchung heraus. Manche erwarten offenbar tatsächlich, dass ihnen Freunde und Nachbarn permanent auf den Rücken klopfen und ihnen sagen, wie großartig es sei, derart verantwortungsvoll, ökologisch und weltrettend beim Autokauf vorgegangen zu sein.

Der Schauspieler und Autor Larry David ist der Erfinder der legendären Fernseh-Sitcom *Seinfeld*. Er gibt offen zu, es zu genießen, sich dank des Prius »besser« fühlen zu können. David lässt auch eine Figur in seiner Erfolgsserie *Curb Your Enthusiasm* (»Zügle deine Begeisterung«) Prius fahren.

Kurzum: Nicht die Nationalisten wie in Deutschland attackieren die Prius-Konsumenten und nicht nur die rechtskonservativen Verächter jeglichen »grünen, liberalen« Denkens oder die Anti-Gore-Fraktion, sondern Leute, die die Prius-Besitzer für selbstgerecht halten und denen die offenbar häufig vorkommenden Bekehrungsversuche auf die Nerven gehen. Der Prius sei der zeitgenössische »Issue bracelet«, also das neue Aids- oder Afrika-Armband, behauptete die *New York Times*.

In einer Folge der Cartoon-Serie *South Park* lassen sich die Einwohner South Parks überzeugen und steigen auf »Toyunda Pious« um. Pious heißt »frömmelnd«. Damit senken sie zwar den Smog, doch dafür stoßen die Pious-Fahrer ein toxisches Gas namens »Smug« aus (Smug heißt »selbstgefällig«). South Park leidet unter einer Smug-Verschmutzung wie sonst nur noch San Francisco, die Hochburg des Prius-Konsums.

Die Auflösung ist perfide: Die Bewohner schwören Hybrids ab, weil deren Auswirkungen auf die Umwelt zwar positiv sind, die Auswirkungen auf ihre Besitzer aber nicht auszuhalten. Prius-Fahren ohne die attestierte Selbstgefälligkeit? Das sei einfach zu viel verlangt.

Manche US-Amerikaner sind einfach nur genervt, weil die Priuse zu allem anderen auch noch ohne jede Einschränkung auf der umstrittenen Car Pool Lane fahren dürfen, also auf der linken Überholspur, während es dem Rest der Alleinfahrer zu den Rush-Hour-Zeiten verboten ist, die in der Regel freie Spur zu benutzen. Und in die Parkuhren müssen sie auch nichts reinwerfen! Alles Atteste, dass Priuse tatsächlich etwas Besseres sind.

Wenn das so weitergeht, wird der Hass auf Prius-Besitzer den Hass auf Hummer-Besitzer ablösen. Der Hummer ist jener spritvernichtende Auto-Panzer, der bisher als Symbol des Bösen galt. Das wäre eine intellektuelle und inhaltliche Bankrotterklärung der Menschheit.

Was ist denn nun wirklich das Problem?

Selbstverständlich kaufen die Leute den Prius auch, weil ihnen das versprochene Image zusagt. Selbstverständlich wollen sie, dass davon etwas auf sie abstrahlt. So funktioniert nun mal Konsum und speziell der Verkauf von Autos. Das kann man als Öko-Scheinheiligkeit deuten. Oder positiv, nämlich dahingehend, dass sich die Werte auf dem Automarkt ändern. Der neue Toyota Camry Hybrid ist größer und luxuriöser, also auf den ersten Blick eine naheliegendere Wahl für eine luxus- oder statusorientierte Upper Middle Class. Aber er stößt nicht nur mehr CO_2 aus, er ist auch schwerer als »gutes« Auto zu erkennen.

Es gibt unterschiedliche Theorien darüber, was aus der Hybrid-Begeisterung der US-Amerikaner wird. Manche sagen, sie werde abebben, weil andere, verbrauchsärmere und also umweltfreundlichere Modelle den Markt erreichten – etwa Diesel – und die Leute generell, dann aber erst recht, nicht mehr das Extrageld für einen Hybrid zahlen wollten. Andere Spins, speziell der Autoindustrie, versuchen noch immer, den Hybrid zu bagatellisieren und dem Kunden einzureden, diese Entwicklungsstufe vernachlässigen zu können und lieber weiter Vollgas zu geben bis zum nächsten und dann aber richtig großen Schritt, jenen zum Hydrogen-Auto.

Es geht aber nicht um das, was in 20 Jahren vielleicht konsumiert und gefahren werden kann, sondern um das, was es *jetzt* gibt. Es gibt keinen Hydrogen-BMW auf dem Markt, aber es gibt inzwischen mehrere weiterentwickelte Hybrid-Motoren. Die selbstgefällige Einschätzung der Auto-Bosse, Hybrids gäben vielleicht eine nette Geschichte ab, keinesfalls aber eine gute Verkaufsgeschichte, hat der Konsument in den USA relativiert.

Solange die nächste Generation, der Plug-in-Hybrid, oder gar ein echtes Elektroauto nicht wirklich marktreif ist, ist der Hybrid ein guter Deal – weil er funktioniert, wenig Benzin verbrennt und sogar über das Verbrennen von Benzin hinausweist.

Und wenn der Plug-in-Hybrid da ist und man kaum noch an der Tankstelle, sondern hauptsächlich an der Steckdose Energie zuführt, dann werden die jetzigen Prius-Fahrer die Ersten sein, die den Plug-in fahren – und darauf achten, dass der geladene Strom aus einer regenerativen Quelle kommt.

Bis dahin fühlen sich unsere Prius-Fahrer einfach gut mit ihrem Auto, und das kommunizieren sie. Sie geben an. Und sie sagen: »Mensch, du musst dir auch so eins kaufen.« So wie man das macht, wenn man mit einem Produkt rundum glücklich ist. Sie reduzieren ihren Spritverbrauch, zumindest in den USA, tatsächlich deutlich – und damit das Verbrennen eines fossilen Energieträgers. Und sie sind überzeugt, dass sie damit einen kleinen, aber realen Anteil leisten, um CO_2 in der Atmosphäre und die Ölabhängigkeit ihres Landes zu reduzieren.

Der Prius-Verkauf stieg auch deshalb, weil die Benzinpreise nicht nur in Kalifornien weit über drei Dollar pro Gallone gestiegen waren. Das ist für deutsche Verhältnisse nachgeschmissen, für US-Verhältnisse aber ein echtes Problem für schlechter Verdienende. Und zudem kulturell nicht eingeübt.

So wie die deutsche Gesellschaft aus Gewohnheitsgründen bisher davon ausgeht, dass Bundesligafußball in der Sportschau ein Menschenrecht sei, war die Mehrheit der Amerikaner davon ausgegangen, dass es ein Staatsbürgerrecht sei, 20 Liter fossile Brennstoffe auf hundert Kilometer rauszuhauen, ohne das im Geldbeutel zu spüren. So hat jede Kultur ihre Eigenheiten.

Letztlich ist der Prius-Boom neben der Ökologisierung der Silicon-Valley-Industrie und Gouverneur Schwarzeneggers Klimakonsumpolitik eines von mehreren Anzeichen dafür, dass Kalifornien Ernst macht. Das ist eine gute Nachricht für die Welt – wenn man sie nicht mit den Augen der deutschen Wirtschaft sieht, wie das die meisten deutschen Politiker tun. Vielleicht muss man verstehen, dass Kalifornier im Gegensatz zu uns noch daran glauben, dass sie grundlegende Dinge nicht nur »auf die Agenda setzen«, sondern tatsächlich verändern können. Und zwar schneller, als wir das Dilemma der »kulturellen Blockaden« ein weiteres Mal ausgiebig diskutiert haben. Dass das über den Markt funktioniert? Wie denn auch sonst? Der, der das Neue entwickelt und es mit entsprechender Begeisterung ausstellt, kann seine Produkte an die anderen Märkte verkaufen. Und wenn man damit den Klimawandel bremst, umso besser.

Wenn Kalifornien sagt, dass Klimaschutzprodukte global das nächste große Ding sind, dann sind sie das nächste große Ding. Und da will man dabei sein.

Zurück in Deutschland kam mein Sohn in die schwäbische Landgaststätte seiner Großeltern, fixierte die Gäste am Stammtisch und sagte: »Wem gehört der Prius da draußen?«

Schweigen. Die Männer schauten ihn an wie einen Polizisten. Zögernd meldete sich ein Biertrinker mittleren Alters.

»Das ist meiner.«

Worauf mein Sohn ihm gratulierte und seine Hochachtung kundtat. Es stellte sich heraus, dass er der Erste war, der den Prius jemals thematisierte. Danach wurde gefragt (»Hai-Britt, was isch des?«), erklärt (»Där hot an Eleggdromoddor«) und debattiert (»Den Scheißdreck brauch i ned«).

Es wäre übertrieben zu sagen, dass der Prius von Stund an auch dort als Prestigekauf galt. Aber die Begeisterung eines Sechsjährigen hatte ihn ins Bewusstsein einer Gruppe gerückt.

Der Hass auf Neue Ökos

Auch in Deutschland wird der moralische und ökologisch orientierte Konsum nicht nur mit lautem Hurra begrüßt. Hätte einen ja auch gewundert. Vor allem marxistisch oder feuilletonistisch geschulte Menschen und leider auch mein Freund Minki halten den neuen Öko für einen besser verdienenden Kleinbürger, der ein bisschen spielen will und dabei wieder einmal alles falsch macht. Minki sagt, wir seien die neuen Öko- und Sozioblockwarte, die ihren Konsum moralisch auflüden, um sich ein gutes Gefühl zu kaufen. Und wenn wir ein Unternehmen oder einen Mitbürger beim Sündigen erwischten, fühlten wir uns noch besser.

Der Wiener Gesellschaftskritiker Robert Misik war einer der ersten Denker, die sich mit dem bewussten Konsum im Zusammenhang mit dem Klimawandel beschäftigt haben.

Er schrieb: »Ohne Frage taugt der Konsum von Ökowaren, wie jede Kultivierung eines exklusiven Lifestyles, zur Pflege von Distinktionsbedürfnissen. Nur dass in diesem Fall der Reiche auch noch als guter Mensch erscheint, der sich moralisch abhebt vom Unterklassekonsumenten mit seiner fettreichen Nahrung und seinen Autos mit katastrophaler Energieeffizienz. Die Verlierer haben nicht nur das giftige Gemüse am Tisch, sondern müssen sich auch noch als bewusstlose Konsumenten moralisch maßregeln lassen, während die anderen sich das Moral-Image zusammenkonsumieren.«

Man merkt: Misik ist ein süffig formulierender Intellektueller. Er sieht den bewussten Konsum als Weiterentwicklung des Lifestyle-Kapitalismus und seines Mottos: We are what we buy. Der »Handel mit Moral«, bei dem man sich »Authentizität« und »Natürlichkeit« »zusammenkauft«, sei »im Styleranking scharf nach oben gesaust«. Seine zweite Beobachtung: Die Ökologie, die ursprünglich von Deutschland aus gestartet sei und »sehr deutsch« ausgerichtet, also mit Verbot- und Verzichtcharakter, kehre nun als US-amerikanisches Entertainment zurück, »mit viel Schick und einem großen Löffel Wohlfühl-Rhetorik«. Dritte These: Während die klassischen Ökos Kapitalismuskritiker waren, fortschrittsskeptisch und gegen die gängige Wachstumsphilosophie opponierten, seien die neuen Ökos »ein sehr dynamisches Konsumsegment des Lifestylekapitalismus«. Viertens: Einkaufen werde nicht nur zur moralischen Aktion befördert, sondern zum »Konsumbürgergeist« und gar zum »Heroismus« aufgeladen. Also: Hurra, ich widersetze mich dem Bösen und rette die Welt – und mich. Indem ich ein Bio-Würstchen kaufe. Und nebenbei erhebe ich mich über schlechter Verdienende.

Ich traf ihn und wir aßen Blutwurst. Szene-Blutwurst in Berlin Mitte.

Anders als erwartet erwies er sich als ganz und gar nicht zynisch.

»Ich bin absolut unzynisch für alles, was den Klimawandel stoppt«, sagte er. Was nicht heiße, dass man sich diesen bewussten Konsumenten nicht kritisch zur Brust nehmen dürfe und müsse. Erstens, weil man seine lesende Kundschaft nicht langweilen darf, sondern inspirieren und unterhalten muss. Zweitens, weil es ja nun doch einiges Kritisches zu sagen gebe.

»Die Frage ist: Wie schafft man es, sich über den bewussten Konsumenten einerseits so lustig zu machen, wie er es verdient, und dennoch immer zu unterstreichen, dass er die Welt vielleicht effektiv besser macht, zumindest besser als der großspurige Aktivist?«

Ich: »Baader und Ensslin zündeten das Kaufhaus an, wir dagegen bestimmen das Sortiment und kaufen es dann leer. Das ist Realismus und Fortschritt.«

Er sah mich an. Das war offenbar noch nicht das Niveau, das ihm vorschwebte. Wir machten uns dann eine Weile über den großspurigen Aktivisten lustig. Das ging schon ganz gut.

Irgendwann aber mussten wir wieder zum bewussten Konsumenten kommen. Ich rekapitulierte seine Gedanken: Früher hieß es Haltung und wurde für eine Gegenkultur gehalten, heute ist es Konsum und ein Lifestyle unter vielen. Woraus folgt: Der Kapitalismus, diese Drecksau, verkaufte uns erst die Gegenkultur und nun verkauft er uns die Moral. Letztlich arbeiten wir also dem Kapitalismus in die Hände, wenn wir bewusst konsumieren.

Das sei ja eh klar, sagte Misik. »Wenn man auf Probleme so reagiert, dass man sie lösen will, stärkt das den Kapitalismus.« Wenn man ihn überwinden wolle, solle man so lange nichts tun, bis ihm die Probleme über den Kopf wachsen. Aber wenn man bewusst am Markt agiere, heiße das nicht, dass man den Kapitalismus großartig finde.

Es war Altweibersommer. Eine milde Sonne schien, die Blutwurstreste wurden abgetragen, die Espressi kamen, und ich fragte ihn: Warum mögen wir eigentlich den Kapitalismus nicht, obwohl er doch so gut zu uns ist?

Längeres Schweigen. Er wusste entweder nicht, ob ich ihn hochnehmen wollte, oder hatte keine Antwort außer der bekannten und richtigen. Dass der Kapitalismus eben nicht zu allen gut ist, sondern böse zu vielen – und der aufrichtige westliche Kapitalismuskritiker von sozialer Empathie und globalem Gerechtigkeitsbewusstsein geprägt.

»Wie der Neue Öko«, sagte ich.

Er nickte. »Dem Neuen Öko wird jetzt aber vorgeworfen, dass er sich bequem mit seinem Geld etwas Moral zukauft. Und dass das doppelt gemein gegenüber den sozial Schwächeren sei, denen nicht nur das Geld fehlt, sondern damit auch die Moral.«

Kurz: Der bewusste Konsument will nicht nur gut sein, sondern auch besser als die Bewusstlosen, die sich Prius und Bio-Steak nicht leisten können. Und von denen er denkt, dass sie ihr ganzes Geld verrauchen und bei *McDonald's* ausgeben und er ihnen dafür noch den Klassenausflug ihrer Kinder mitfinanzieren muss.

Misik: »Solche gibt es. Wir Bobos können ganz schön gemein sein.«

Ich: »Aber nicht nur.«

Misik: »Aber auch.«

Ein weiterer Vorwurf: Die wahren Profiteure der globalen Ungerechtigkeit fahren im Prius bei *American Apparel* vor, kaufen dort ein T-Shirt, das angeblich von glücklichen Angestellten mit vernünftigen Löhnen plus Krankenversicherung in den USA genäht und verkauft wird. Danach brausen sie glücklich und mit sich im Reinen nach Hause. Während die Verlierer andernorts gerade an Krieg, Hunger, Virus sterben.

Die Vorstellung, allein mit Öko-Konsum die Welt zu retten, hätte tatsächlich etwas Naives und Apolitisches. Vor allem, wenn sie nicht ergänzend zum Politischen verstanden wird, sondern als Ersatz. Aber wer wäre so naiv?

Misik: »Solche gibt es.«

Ich: »Aber nicht nur.«

Misik: »Aber auch.«

Die Macht des einzelnen Bürgers wird ja gern beschworen. Vor allem auch von Politikern, wenn es ihnen gerade in den Kram passt. Und die Individualisierung der Verantwortung kommt logischerweise aus den USA.

»Marxistisch betrachtet gibt es keine individuelle Lösung, nur eine kollektive«, sagte Misik. Er hat schon mit 13 angefangen, sich in Marx einzulesen, und das merkt man manchmal.

»Und bis zu dieser Lösung?«

»Da machen wir, was uns Spaß macht.«

Soll heißen: Scheinheilig waren wir schon immer.

»Das muss man nicht Scheinheiligkeit nennen.«

»Sondern?«

»Wir wissen, dass das, was gut für uns ist, nicht notwendigerweise gut für uns ist.«

Ich. »Was heißt das?«

Er: Wir seien Agenten von Prozessen, die wir nicht mögen, und wüssten ja längst darum. Deshalb hätten wir den Staat, und nun müsste ein Plädoyer für den moralisch handelnden Staat folgen, das er uns aber für heute erspare.

Ich, oder mein Sprechautomat: »Selbstverständlich hat die Politik eine wirtschaftliche Globalisierung zugelassen, ohne notwendige ökologische und soziale Komponenten zu verankern. Aber alles auf die Politik schieben ist doch auch ein bisserl billig? Politik braucht Mehrheiten.«

Er, oder sein Sprechautomat: »Der moralische Bürger muss das Thema auf die Agenda setzen. Zum Beispiel bei Wahlen.«

»Und konkret? Wenn ich in diesem Lokal zum Kellner sage, dass ich seine *Coca-Cola* ablehne, weil der Konzern teilweise sehr unethisch und unsozial agiert, ist das richtig – oder macht man sich lächerlich?«

»Klar macht man sich lächerlich.«

»Warum?«

»Diesen *Coke*-Boykott spürt nur der Kellner. Es geht darum, dass ihn der Konzern spürt.«

Neben dem Öko-Yuppie ist ja auch der Öko-Stalinist nach Ansicht Einzelner eine echte Gefahr für die Menschheit. Also fragte ich Misik, ob er seine Freiheit bedroht fühle, durch Menschen, die dazu anregten, sparsamere Autos zu fahren.

»Die Freiheit ist nicht bedroht, wenn man weniger Benzin verbraucht«, brummte er.

Es sei andersherum: Die sich anbahnende Explosion der Energiepreise sei entscheidend für persönliche Energiewenden von sogenannten Normalos. Ein Indiz dafür ist der Automarkt in den USA. Erst seit die Benzinpreise über drei Dollar pro Gallone gestiegen sind – was lächerlich wenig ist –, fängt die Gesellschaft an, die Notwendigkeit verbrauchsarmer Autos zu verstehen und ihren Bau durch Nachfrage anzuregen.

Warum wird der klassische Öko von allen Seiten gehasst?

»Der Hass auf den Öko ist zu einem Teil auch Selbsthass.«

Von Leuten aus denselben politischen Kreisen, die sich in den 80ern weiterentwickelt hätten, während die klassischen Ökos sich treu blieben. Hieß: Man trug irgendwann teure Lederjacken, und die immer noch Jute. Hieß: Man wurde dran erinnert, dass man auch mal Jute getragen hatte. Vor allem aber hatte man aufgehört, über das Böse am Konsum zu reden, weil alles gesagt schien. Und man sich eigentlich wohl fühlte mit dem, was man inzwischen stillschweigend praktizierte. Außer man musste einem weiterhin am Konsumwahn der Welt leidenden Öko in die Augen sehen.

Generell habe es sich aber schon auch um eine echte Kulturscheide gehandelt.

»Richtige Ökologen umarmten Bäume, und wenn die armen Dinger krank waren, tanzten sie drumrum. Sie wendeten Wiederbelebung bei Kartoffelsorten an, die scheußlich schmeckten und zu Recht ausgestorben waren. Solche Sachen.«

Übergangslos erzählte er mir dann, wie er gerade den Prius Test gefahren habe. »Ich hatte ein völlig neues Ich-Gefühl. Ich spürte, dass ich an der Spitze des Fortschritts kurvte. Ich nahm gleich eine entsprechende Haltung an: diese gewisse Bobo-Lässigkeit, cool und draufgängerisch zugleich.«

Aha. Ironie. Beißende Kritik an der neuen Prius-Kundschaft und daran, wie sie ihren Konsum aufluden?

Wie er so weiter redete von seiner Fahrt aufs Land und der Anerkennung zweier Dorfbuben, die die PS-Zahlen des Benzin- und des Elektromotors runterbeten konnten, da merkte ich: Es war auch hier beides. Begeisterung über das Produkt und das selbstironische Reflektieren darüber, wie und warum es ihn begeistert hatte. Er schrieb darüber einen Testbericht in der Wiener Stadtzeitung *Falter*, dem Hausblatt der politisierten Kulturkreativen Österreichs.

»Ich schreibe seit Jahren dort regelmäßig politische Texte, aber noch nie bekam ich so viele Reaktionen wie auf den Autotest.«

»Ist doch schön, wenn man tatsächlich mal am Puls der Zeit ist.«

Er warf einen Blick zu mir rüber. Ich bildete mir ein, dass es ein nachdenklicher war. Dann sagte er, dass das Leben schön sei und er jetzt shoppen gehe. Dabei hatte er bereits eine Einkaufstasche dabei. Von *American Apparel*.

Ja, aber da sei nur ein Leiberl drin.

»Leiberl?«

»Unterwäsche.«

Es stellte sich heraus, dass er dasselbe Problem mit *American Apparel* hatte wie ich: Die Sachen gefielen ihm nicht. Jedenfalls nicht so gut wie die von *H&M*.

ZWISCHENSPIEL

Ist das gut für die Kinder?

Ich chauffierte meine Tochter und ihre Freundinnen zum Ballettunterricht.

Sie redeten über Autos. Das heißt: Meine Tochter redete über Autos.

Meine Tochter: »Wenn Autos wenig Benzin brauchen, wird die Umwelt nicht so verschmutzt. Aber diese Hummer, die brauchen hundert Liter oder sogar noch mehr.«

Die Freundinnen (entsetzt): »Wahnsinn.«

Meine Tochter (wichtig): »Und unser A2 braucht drei Liter. Oder?«
Damit war ich angesprochen.

»Ja, über Land«, sagte ich. »Dreieinhalb auf der Autobahn, drei-kom-ma-neun in der Stadt.«

Anerkennendes Gemurmel auf dem Rücksitz. Offenbar wurde das nicht zum ersten Mal besprochen.

Meine Tochter: »Wie viel braucht ihr denn?«

Karlas Tochter wusste nicht, was sie verbrauchte, schätzte aber: »Wenig.«

Minkis Göre sagte: »Wir brauchen fünf Liter. Oder vier.«

Auch Anerkennung. Nur ich hüstelte. Vier oder fünf Liter? Mit Minkis Minivan? Dass ich nicht lache.

Und nun die Frage: Ist das in Ordnung, wenn Neunjährige über Spritverbrauch reden? Meine Frau und ich haben darüber länger geredet, und wir finden: Ja. Selbstverständlich kommunizieren wir Begeisterung über Dinge, die wir lieben und die wir gut und wichtig finden. Das macht der liebevolle Hummer-Vater ja wohl auch.

Ansonsten verkehren die Kinder den ganzen Tag auch in Peer-Groups, die hie und da sicher andere Vorstellungen darüber haben, welche Autos gut und prestigesteigernd sind. Wenn sie da mit dem Dreiliter-Auto kommen, wird sich ihr Ruhm in Grenzen halten.

Fleischverzehr wurde bei uns weder unter gesundheitlichen noch unter Klimaschutzaspekten jemals problematisiert. Meine Tochter isst aber nie Fleisch, manchmal ein Würstchen. Mein Sohn isst überhaupt kein Fleisch. Niemand weiß, warum nicht. Mein Schwiegervater ist Metzger und hält es im Kopf nicht aus. Andererseits will mein Sohn im Hort auf keinen Fall das »Vegetarier«-Menü. Er will das Fleischmenü ohne Fleisch.

Und meine Tochter will das, was nicht auf die Gurken soll.

»Wie heißt das noch mal, was man nicht auf die Gurken tun soll?«

»Aromat? Glutamat?«

»Genau. Können wir das mal wieder kaufen?«

»Nee.«

»Warum nicht?«

»Ist nicht gesund.«

»Oh, Mann. Dann esse ich das, wenn ich groß bin, so viel, dass ich sterbe.«

Unlängst las ich Zeitung. Da kam mein Sohn und zeigte auf ein Foto.

»Was ist denn das da neben Angela Merkel?«

»Das, Sohn, ist Helmut Kohl.«

Darauf sagte er: »Wahnsinn. Ist der echt?«

Und als wir uns mal ein allerletztes Mal über den ehemaligen Außenminister Fischer aufregten, sagte er: »Fischer? Gab es nicht mal bei Wolfsburg einen Fischer?«

Nicht alles ist großartig, wenn man um das Jahr 2000 herum geboren ist. Wir sind ja, wie Umfragen zeigen, die ersten Menschen seit langem, die mehrheitlich nicht mehr davon ausgehen, dass es ihren Kindern einmal besser gehen wird. Ich glaube dagegen an die Gnade der späten Geburt. Bestimmte Dinge, die mich geprägt haben, gehören nicht zum Leben meiner Kinder. Fischer ist für sie ein Ergänzungsspieler, der mal im Kader des VfL Wolfsburg war. Beckenbauer kennen sie, aber er ist für sie nur irgendein alter Mann.

Bestimmte andere Dinge dagegen gehören für sie einfach dazu. Dass man ein eigenes Zimmer hat, dass man Geld von der Bank holt, wenn keins mehr da ist. Dass man über Benzin redet, auch mal über Kohlekraftwerke und warum es ein Problem ist, wenn es immer wärmer wird. Und bisher auch, dass man im Sommer zur Golden-Gate-Brücke fährt und dort nichts sieht, weil es so neblig ist.

Wie wurde ich, was ich bin? Mit Kohl, Beckenbauer und Fischer? Keine Sorge, ich mache es kurz. Also: Früher hatte ich lange Haare, weil ich dachte, das sei subversiv. Dabei hatten es alle. Dann hatte ich eine Kunstlederjacke mit einem »Atomkraft? Nein, danke«-Aufkleber. Das sah richtig scheiße aus. Ich dachte, das sei politisch und nonkonformistisch und eine Absage an die Diktatur der oberflächlichen Ästhetik, also Discomusik, Discokultur usw. Als die Französischlehrerin tatsächlich eine unangekündigte Wörterarbeit schreiben wollte, ohne die letzte Arbeit zurückgegeben zu haben, führte ich die Revolte an. Als die Grünen erstmals zur Bundestagswahl antraten, riefen mein Bruder und ich in einer aufsehenerregenden Anzeige im Mitteilungsblatt des Ortes zu ihrer Wahl auf. Dann konzentrierte ich mich zwei Jahrzehnte lang darauf, mit dem Mittel der Ironie meine Kritik an den Verhältnissen auszudrücken.

Mit Ende 30 ging ich ein Jahr in Elternzeit und ließ mir die Haare noch mal richtig wachsen. Machte kaum einer mehr. Ich wollte mich aber nicht abgrenzen, nein, mein Büroschnitt langweilte, und ich fühlte mich in einer bestimmten Lebensphase einfach wohl mit den langen Haaren.

Oder wollte ich doch eine Aussage machen, etwa, dass ich mich vom System immer noch nicht hatte vereinnahmen lassen?

Wenn ich versuche, mich wieder in die damalige Situation hineinzufühlen, ohne ich: Wir hatten schon Hoffnungen. Welche ich genau hatte, außer in die Liebe, könnte ich jetzt gar nicht mehr sagen. Es waren eher so unscharfe Hoffnungen. Man konnte sie jedenfalls definitiv nicht auf Helmut Schmidt projizieren. Auf Kohl dann schon gar nicht. Trotzdem war Kohl selbstverständlich angenehm, wie ja auch Franz Josef Strauß, Friedrich Zimmermann, Gerhard Stoltenberg, Hans Filbinger, Uwe Barschel.

Warum? Es machte die Abgrenzung einfach: Dort die und hier wir.

Spät-70er: *Kicker*-Starschnitt von Jürgen Grabowski runter, Poster von Jim Morrison rauf. Bisschen Böll, bisschen Hesse, Joan-Baez-Lieder in der Jugendgruppe. Stoppt Strauß. Stoppt die AKW.

80er: Mit dem 18. Geburtstag Grünen-Wähler. Das gab den Gefühlen der Leere oder auch den leeren Gefühlen einen Namen und eine Identität. Gegen Atom, für Umweltschutz, gegen Überwachungsstaat. Abitur. Studium: von Pop. Literatur. Kino. Einsamkeit. Dann Liebe. Doch noch gelebter Widerstand: Ich füllte 1987 das Volkszählungs-Formular nicht aus, sondern ließ es einfach liegen. Die Ökologie war ein Thema, das alte Linke wiederbelebte und neue Dynamik brachte. Mir aber nicht. Als die ersten Naturlinken Ende der 80er bereits »desillusioniert« von ihren umbrischen und toskanischen Höfen wiederkamen und gebrochen in die üble Gesellschaft zurückkrochen, ernährte ich mich immer noch hauptsächlich von Dosen-Ravioli und dem Sportteil der *Süddeutschen Zeitung*.

Entschuldigung, wenn ich nun auch noch die berüchtigte »Vereidigung in Turnschuhen« von 1985 erwähne. Heute würde der erfahrene Konsument der Bewusstseinsindustrie die Vereidigung des ersten grünen Landesministers Fischer in *Nike Convention High* sofort als Inszenierung verstehen und analysieren.

Damals hatten wir so einen Auftritt richtig nötig.

Er wurde aufgeladen, als Zeichen dafür, dass es voranginge. Mit der Gesellschaft. Mit uns. Dabei zeigte er hauptsächlich, dass es mit Fischer voranging. Ich sage das so pointiert, um klarzumachen, wie Fischer unser Lieblings-Sündenbock wurde. Ein Mann, der seine Ideale den Realitäten anpasste, in der Gesellschaft ankam und Karriere machte? Na toll.

Das hätten wir auch selbst schaffen können.

90er: Immer noch Studium von Pop, Literatur, Kino. Beruf. Erstes Kind. Mehr Arbeit. Früher raus. Kaum noch Kino.

00er: Zweites Kind. Noch früher raus. Kein Kino mehr. Kita. Schule. Beruf. Abends immer müde. Nachdenken. Neue Lebensinhalte?

Ich weiß, was Sie jetzt denken, nämlich das, was Minki auch denkt: Und dann hat der arme Junge sich in die Idee reingesteigert, die Welt und das Klima mit bewusstem Konsum retten zu wollen. Nee, hab ich nicht. Die Frage ist aber spannend: Warum entwickelt sich da etwas? Will ich ein gutes Gewissen? Ich denke nicht. Ist es eine Kompensationsstrategie für die verlorenen Kämpfe des Lebens? Der Witz ist: Ich habe ja gar keine verloren, jedenfalls nicht als Teil einer Bewegung.

Es ist einfach Zeit für ein paar Korrekturen. Weniger zurückblicken, weniger RAF, weniger 1968, komplette Überarbeitung einer diffusen Gegenkulturvorstellung. Das schadet mal überhaupt nicht. Nicht mehr Bedeutung für das eigene Leben in Popsongs suchen.

»There's a rose in a fisted glove / And the eagle flies with the dove«.

Da hätte ich früher lange drüber nachgedacht, was das bedeuten könnte, auch für mich.

Ich habe auch zu oft das Bild des toten Benno Ohnesorg angeschaut. Kommt nichts Neues mehr raus dabei.

Im Pop gibt es eine relativ neue Denkrichtung, die in etwa sagt: Werde zufrieden, indem du die Verhältnisse und deine Niederlagen annimmst. Stichwort Kapitulation. Das haben die meisten ja eh getan, nur dass es sie nicht zufrieden gemacht hat. Ich bin machtlos, auch gut – diese Position kann man einnehmen und wegen mir auch noch so tun, als sei das was.

Aber das ist mir im Moment zu langweilig. Gesellschaftliche Rollen sind Möglichkeiten des Ausdrucks, sie entfremden nicht a priori. Man kann eine neue ausprobieren und merken, dass man sich komplett wohlfühlt damit. Mein Grundgefühl ist: Wollen doch mal sehen, was hier geht. Für so eine Einstellung ist ein gewisses Maß an Naivität vielleicht sogar nötig.

7

IN DER WELT DER LOHAS – UND DIE FRAGE, OB ICH ETWA EINER BIN

Alle reden über den Lifestyle of Health and Sustainability. Aber kaum einer bekennt sich zu ihm

Wer sind die Lohas? Eine Suche

Für die einen sind Lohas Leute, die glauben, mit *Bionade*-Trinken die Welt retten zu können. Für die anderen sind Lohas die richtige gesellschaftliche Antwort auf die klassischen Ökos und die derzeit sich vollziehenden Veränderungen in der Welt. Für die einen sind die Lohas eine Bewegung. Für andere ein Markt. Ein Megatrend. Eine Konsumeinstellung. Und für wieder andere ist Lohas ein anderes Wort für einen »Prozess«. Die meisten Leute aber kennen Lohas gar nicht.

Ich hatte mich schon eine ganze Weile mit bewusstem Öko-Konsum beschäftigt, bevor ich mich wieder erinnerte, dass es dieses Wort gab. Es ist ein Akronym für »Lifestyles of Health and Sustainability«. Gesunde und nachhaltige Lebensstile. Richtig, das Wort hatte Renate Künast in ihrer Zeit als Verbraucherministerin manchmal benutzt.

Ich las dann sehr viel über Lohas. Zum Beispiel, dass sie die »Power-Konsumenten der Gegenwart« seien. Individualisten, weder als Generation noch als soziales Milieu fassbar. Dass es aber unglaublich viele gebe. Das US-amerikanische *Natural Marketing Institute* ermittelte, dass 63 Millionen oder 30 Prozent der US-Erwachsenen bereits am sogenannten Lohas-Markt konsumieren. Dieser Markt besteht aus fünf Bereichen: Nachhaltige Wirtschaft (Bauen, erneuerbare Energien, ethische Geldanlage), gesundes Leben (Lebensmittel et cetera), alternative Gesundheitsvorsorge (Wellness, Homöopathie), persönliche Entwicklung (Produkte und Angebote für Körper und Geist, von CDs bis zu Seminaren), ökologischer Lifestyle (Reisen, Tourismus, Öko-Produkte). 90 Prozent der Lohas kaufen vorzugsweise bei Unternehmen, die ihre Werte teilen oder reflektieren. Sagt das Lohas-Journal. Für Deutschland kann man ähnlich fantastische Zahlen finden.

Aber ich kannte keine Menschen, die von sich gesagt hätten, sie seien Lohas oder gar Powerkonsumenten. Womöglich war ich selbst ein Lohas und wusste es gar nicht?

Ich fuhr mit dem ICE nach Frankfurt/Main, um sie mir bei der deutschlandweit ersten Konferenz der Lohas anzusehen und anzuhören. Und was war der erste Satz, den ich hörte, nachdem ich den Veranstaltungsort namens »Brotfabrik« betreten hatte?

»Bringst du mir eine *Bionade* mit?«

Es war dann auch definitiv nicht das letzte durch Fermentation hergestellte Getränk, das an diesem Abend geordert wurde. Nur: Das muss nichts heißen. Ich habe auf den handelsüblichen *Bionade*-Diskurs noch nie viel gegeben. *Bionade* wurde nicht darum ein Erfolg, weil doofen Leuten eingeredet werden konnte, dass sie damit die Welt retten. *Bionade* wurde ein Erfolg, weil es eine echte Marktlücke gab – nämlich ein antialkoholisches Getränk jenseits von Kaffee für Leute, die keinen Softdrink wollen, aber auch nicht immer Saft oder Mineralwasser.

Etwa 130 Menschen sind an diesem Abend gekommen, um sich kennenzulernen beziehungsweise um zu networken, wie das im Programm vorgesehen war. Alles unauffällig und weder billig noch edel, noch trendy gekleidete Menschen. Nichts, was auf klassische Ökos, Yuppies, Neo-Cons hindeuten würde. Viel Fachpublikum. Also Blogger, Werber, Firmenberater, Hersteller, Händler.

Wer sind die Lohas, woher kommen sie, und was treibt sie an? Fred Grimm ist Autor des Lohas-Klassikers *Shopping hilft die Welt verbessern*, ein Leitfaden für bewussten Konsum. In der »Brotfabrik« beschreibt er den Entwicklungsprozess der letzten 25 Jahre in drei griffigen Bonmots. Erst seien die Anti-Konsumisten der 80er gekommen, also die klassischen Ökos. Motto: »Ich kaufe, also bin ich ein Schwein.« Dann die Yuppies der 90er: »Ich kaufe, also bin ich.« Heute sei das Motto der Lohas: »Ich kaufe, also bin ich der Bestimmer.«

Eike Wenzel, zu der Zeit Chefredakteur von Matthias Horx' Zukunftsinstitut, ist auch da. Er hat die Lohas in Rendite-orientierten Kreisen als »Megatrend« populär und wichtig gemacht. In einer Studie namens *Zielgruppe Lohas: Wie der grüne Lifestyle die Märkte erobert* – erhältlich zum Stückpreis von 165 Euro – definiert er sie als gesellschaftliche Avantgarde und kaufkräftige Zielgruppe. Der Trend kommt selbstverständlich aus den USA, wo der Soziologe Paul H. Ray bereits im Jahr 2000 die »Cultural Creatives« beschrieben hat, aus denen sich die Lohas entwickelten.

Manche Kritiker halten Horx und seine Leute für opportunistische Neoliberale, die mit der Wirtschaft ins Bett gingen. Wenzel hält das für eine Folge anachronistischen Denkens.

»Wir sind Marktfans und Marktoptimisten«, sagt er. »Wenn die Gut-Böse-Welt nicht mehr funktioniert, entsteht Chaos, es werden einem aber auch Bereiche zugänglich, die man bisher nicht sehen konnte. Man kann Sachen zusammen denken, die man vorher nicht zusammen denken konnte. Das heißt nicht, dass man nicht mehr weiß, wo man herkommt.«

Er ist Jahrgang 1966 und klassisch politisiert. Also stark beeinflusst durch Leben und Denken von etwas Älteren, die noch gekämpft haben für und vor allem gegen etwas. Er selbst war noch bei den Ausläufern der 80er aktiv. Heute würde er nicht mehr auf »Latschdemos« gehen.

»Moralische Hedonisten« nennt Wenzel die Lohas, und »idealistische Pragmatiker«. Für Freunde rhetorischer Wortspielereien hat er noch mehr auf Lager. Was Lohas verbinde, heißt es generell in der Literatur, sei die Integration bisher als widersprüchlich angesehener Bedürfnisse wie Nachhaltigkeit und Genuss, Umweltorientierung und Technikbegeisterung, Ethik und Luxus.

Man ahnt es: Es ist einfach, sich über das lustig zu machen, was die Lohas-Propagandisten positiv beschreiben: ein Leben, das Widersprüche zusammenführt. Und wirklich: Es waren speziell auch die Lohas, die im Zuge der neuen Klimasensibilität zusammengefaltet wurden, als Leute, die hauptsächlich mit sich selbst beschäftigt sind und diese Beschäftigung in Zeiten des Klimawandels zur Weltrettung aufblasen.

Stimmt schon: Lohas sind eindeutig Teil jener Mittelschicht in den Industrie-Märkten, die hauptverantwortlich für das Klimaproblem ist. Und dennoch gehen sie frisch und fröhlich eine Lösung an?

Der Fortschritt besteht für Trendforscher Wenzel darin, dass sie eben nicht mehr in den Entweder-Oder-Kategorien ihrer politisch bewegten Ahnen denken, also entweder Mensch oder Schwein, entweder Teil des Problems oder Teil der Lösung. »Nur zwischen den Polen findet Veränderung statt«, sagt Wenzel. Im Gegensatz zu Niklas Luhmanns »querulantischem Njet-Set« (Er meinte die 68er; in die Gegenwart übertragen könnte der Begriff aber ebenso gut die allzeit fundamoralische Grünen-

»Basis« bezeichnen) hätten Lohas die ideale Position im Off der Gesellschaft verlassen, die kategorischen Widerstand gegen Kapitalismus, Krieg, Konsum und alle Agierenden ermöglicht.

Lohas orientieren sich eben nicht an Verzicht und »verschwommenen Sehnsuchtsorten« im Jenseits, sagt Wenzel. Sondern am Diesseits ihres hellen, schönen Bio-Supermarkts. Wer sie aber als Bio-Hedonisten charakterisiert, hat nur die Hälfte mitgekriegt. Lohas haben sich nicht nur für »Qualität statt Discount« entschieden, sondern auch für ein neues Lebens- und Karrieremodell.

Es gebe, sagt Wenzel, eine »neue Lust an der Affirmation, am Ja-Sagen«, aber die sei nicht ironisch verhüllt, sondern offen. Also Ja zu den Dingen, die wir gut finden. Zum Beispiel: uns.

Christoph Harrach hat die Lohas-Konferenz in Frankfurt organisiert. Er ist Jahrgang 1974 und betreibt den Blog www.karmakonsum.de, eines der führenden Medien der sich gerade formierenden und vernetzenden Szene. Sein Blog-Motto lautet: »Do good with your money.« Einen solchen Satz hätte man vor kurzem noch ironisch verstehen sollen und müssen, um ihn ästhetisch und inhaltlich auszuhalten. Ich fragte ihn: Sie meinen das nicht ironisch?

Nein, Harrach meint es genauso: Tu Gutes mit deinem Geld.

Er wechselte vor zwei Jahren von dem Versandunternehmen *Neckermann* zum Naturtextilienanbieter *Hess Natur*. Warum?

»Ich wollte etwas Sinnvolles machen.«

Ein Jahr später gab er dort einen Abteilungsleiterposten auf und downsizete die berufliche Karriere auf halbtags, um sich intensiver um die mittlerweile geborene Tochter kümmern zu können. Inzwischen arbeitet er freiberuflich.

Das klingt wie die lebendig gewordene Powerpoint-Präsentation des Trendforschers Wenzel. Lebenserfüllung kommt vor Karriere? Es ist dann etwas komplizierter, aber in der Tendenz richtig. Seit 2005 beschäftigt er sich intensiv mit der »Ethisierung des Lebens«, seit Anfang des Jahres 2007 dokumentiert er die Entwicklung in seinem Blog.

So wie jedes Unternehmen braucht auch jeder Blog inzwischen ein Manifest. In seinem Manifest »About« schreibt Harrach – ebenfalls un-ironisch: »Dieser Blog verbreitet die guten Nachrichten dieser Konsum-veränderungen und inspiriert Menschen positiv, mitzumachen. Mein Handeln ist ein Denkanstoß für all die, die behaupten, sie hätten keine Macht.«

Wie findet er klassische Ökos?

Gut findet er sie. Es sind keine Feindbilder, sondern Pioniere. Er liest regelmäßig den Blog »Sonnenseite« des ehemaligen Fernsehjournalisten und heutigen Ökopredigers Franz Alt. »Wir sind froh und dankbar, dass es die Umweltbewegung gegeben hat. Sonst wären wir heute nicht auf diesem Niveau«, sagt Harrach. Außerdem brauche man eine »moralische Instanz«. Allerdings gebe es »andere Anforderungen an die Ästhetik«.

Für ihn ist »Lohas« zunächst keine Bewegung oder Konsumeinstellung, sondern ein »Prozess«. Dieser Prozess starte »aus hedonistischen Prinzi-pien«. Bei ihm selbst begann er mit Bio-Lebensmitteln. Danach dynami-siere sich der Prozess durch intensive Beschäftigung und Erwerb von Wis-sen und so schreite die »Ethisierung des Lebens« voran.

Während der Diskussion in Frankfurt verknappte Harrach sein Lohas-Manifest so: »Jeder kann für sich einen Beitrag dazu leisten, die Welt zu verbessern. Und muss dabei nicht zu kritisch sein mit sich.« Dieses »nicht zu kritisch sein mit sich« ist genau das, was die einen an den Lohas schät-zen – und die anderen an ihnen hassen.

Nach Jahren des Schweigens und der Angst, Wähler zu verscheuchen, trauen sich ein paar Grünen-Politiker mittlerweile wieder aus der De-ckung und weisen darauf hin, dass es mit ein bisschen Klimaschutz nicht getan sei. Der Klimaexperte Reinhard Loske schrieb in der *taz*: »Alle Wind-räder, Holzpelletheizungen und Hybridautos werden uns nicht retten, wenn wir uns länger um die Lebensstilfrage herumdrücken.« Es brauche eine Vorstellung von nachhaltigen Lebensstilen: »Der Konsumismus, also das Anhäufen von Gütern als Substitut für Sinn, ist heute der größte Feind des Klimaschutzes.« Es gelte den Konsumismus zu überlisten, »Askese mit Selbstentdeckung zu verbinden« und dergleichen mehr. Parole: »Maß halten mit Lebensfreude«.

Die Grünen-Fraktionsvorsitzende Renate Künast hat als Verbraucherministerin ihren Bio-Wachstumsplan auf Lohas aufgebaut. Sie sagte mir: »Es gibt keine bösen Bio-Yuppies. Diese Lifestyle-Grünen, diese Lohas, machen die Masse. Wenn Leute auf einem Gebiet nachhaltig leben und auf dem anderen noch nicht, heißt das doch nur, dass sie empfänglich sind und ich organisieren muss, dass der nächste Teil auch funktioniert.« Zum Beispiel, indem bestimmte Diskussionen vorangebracht werden und der Markt diesen Lifestyle-Grünen ein neues, besseres Angebot macht.

In der Woche der Lohas-Veranstaltung erschien die *Wirtschaftswoche* mit dem Titelthema: »Moral bringt Profit«. Es wurde in der »Frankfurter Brotfabrik« zufrieden zur Kenntnis genommen. Aha, die Moralisierung des Marktes ist also tatsächlich möglich. Eine Frage des Abends war: Ist es verwerflich, wenn die Bösen tatsächlich »gut« werden? Christoph Harrachs pragmatische Antwort: »Besser sie verkaufen auf dem Lohas-Markt als Atomstrom.« Das gilt auch für Werber, die einen neuen Markt entdecken und eventuelle inhaltliche Leere mit der handelsüblichen Begeisterung zu kompensieren trachten.

Mancher Eine-Welt-Laden hat derweil in der Gegenrichtung angefangen, sich ein bisschen aufzuhübschen, um potenzielle Kundschaft für die gute Ware nicht mehr mit dem Geruch von Räucherstäbchen zu verschrecken. Old-School-Weltläden passen definitiv nicht zum Anspruch der Lohas, ihren Alltag zu ästhetisieren.

Wenn ich etwas besonders bemerkenswert fand an diesem Abend, dann nicht, dass die politischen Parteien nicht präsent waren und inhaltlich nicht vorkommen – auch die Grünen nicht. Das war nicht anders zu erwarten.

Interessant ist, dass bis auf eine Ausnahme nicht konkret geredet wird über die politische, wirtschaftliche oder persönliche Energiewende als Voraussetzung für Zukunft oder als Antrieb des eigenen Denkens und Handelns. Keiner redet über die Effizienz-Revolution, über Stromnetzmonopole, seine persönliche CO_2-Jahresbilanz oder erzählt, dass er selbst auf seinem Dach Strom produziert. Keiner redet also über Dinge, die in einem anderen Teil der Klimakonsum-Avantgarde selbstverständliche Grundlage allen Engagements sind.

Ist das ein Indiz, dass Lohas sich mit dem schönen Schein zufriedengeben? Organisator Harrach sagt, dem sei nicht so. Das spiele »eine große Rolle«, sei aber nicht alles an einem Abend abzuhandeln. Man arbeite sich langsam voran. Er selbst entdeckte erst kurz nach der Konferenz, dass sein »Ökostrom« von den Stadtwerken nicht wirklich öko war. Das ficht ihn nicht an. Steigt er halt jetzt um. »Es geht nicht um eine radikale Lebensumstellung, sondern um eine Evolution, um einen Prozess der Umstellung von Gewohnheiten«, teilt er auf www.karmakonsum.de den Lesern mit. Dort gibt er auch Tipps, wie man tonnenweise CO_2 einsparen kann.

Sie sind die Lohas

Zeitungen und andere klassische Medien werden es schwer haben, überhaupt noch eine Rolle als Informations- und Diskursmedium zu spielen in der Welt der Lohas. Ihr Leitmedium ist das Internet. Nicht nur für Information und Kommunikation. Viele werden auf dem neuen Markt auch Geschäfte machen wollen. Man wird aufpassen müssen, hinter welchen freundlichen Blogs Konzerne oder von ihnen beauftragte Werber stehen. Aber da wir alle ja medienkompetent und kritisch sind, werden wir schon durchblicken.

Es gibt diverse Blogs, denen es »einzig um Aufklärung und Bewusstseinserweiterung durch vielseitige Information« geht. Die aber durchaus auch Geld verdienen wollen und deren Betreiber nichts dagegen haben, kleine und mittlere Unternehmen zu beraten auf dem Weg in die neue Lohas-Welt.

Ich beschloss, mir weitere Mitglieder der digitalen Community anzusehen, die sich über diesen Lebensstil definieren und austauschen, die aber kein Geld damit verdienen.

Der Blog »Konsumguerilla« (»Einmal ethisch korrekte Alternativen, bitte«) wendet sich seit Februar 2007 an seine Leserschaft mit einem »großen Versprechen« in versalen Buchstaben: »NIEMAND WILL DICH BEKEHREN ODER DIR EIN SCHLECHTES GEWISSEN MACHEN!« Der Blogbetreiber Sjörn Plitzko ist Jahrgang 1980, arbeitet als Erzieher in einem Kindergarten und hat Frau und Kind. Lohas ist für ihn eine »Geisteshaltung«. Seinem Verständnis nach rennt niemand herum und nennt sich »Lohas«, manche wüssten tatsächlich nicht, dass sie welche seien.

Plitzko war mit »14 oder 15« in eine kommunistische Partei eingetreten, »aber da habe ich kein Wort verstanden«. Er trat dann wieder aus, mit der Erkenntnis, dass nicht jeder dazu geschaffen sei, den Fluten politischer Fachbegriffe standzuhalten. Als er anfing, sich mit bewusstem Konsum zu beschäftigen, kannte er den Begriff Lohas noch gar nicht. Berichte in den Medien oder Filme wie *We Feed the World* seien richtungsweisend für einen neuen Blickwinkel auf die Welt gewesen. Immer stärker wurde die Wahrnehmung der Relationen zwischen der Wohlstandsgesellschaft hier und dem restlichen, verarmenden Teil dieses Planeten. Es bildeten sich sichtbare Zusammenhänge zwischen dem eigenen tagtäglichen Konsumverhalten und seinen Auswirkungen. Weitere Konsequenz einfordernde Inspirationen erhielt er durch das Buch *Die Einkaufsrevolution* von Tanja Busse, in dem die Macht des Verbrauchers thematisiert wird. »Für mich war die logische Folgerung, dass ich mich mehr informiere, um entscheiden zu können, welche Dinge ich mit meinem Geld unterstütze und welche abscheulichen Dinge ich nicht unterstütze.«

Ökostrom, mit der Straßenbahn zum Einkaufen, nein zu Plastiktüten, behutsamer Umgang mit heißem Wasser: Solche Dinge sind für ihn selbstverständlich und das Nachdenken darüber ist Teil seines Lebens. Er geht damit aber nicht hausieren.

»Man darf andere nicht fragen, warum sie keinen Ökostrom haben.«

Sondern?

»Ich warte, bis mich jemand fragt: Wo hast du denn diesen schicken Pullover her? Dann sage ich es ihm, und in diesem Zusammenhang erwähne ich, dass er nicht nur gut aussieht, sondern auch ethisch korrekt ist. Oder, um beim Beispiel Ökostrom zu bleiben: Ich lasse in die nächste Stromkosten-Jammerdebatte einfließen, dass ich wohl als Einziger der Runde eine Rückzahlung erhalten habe.«

Seine Strategie: Nicht »missionarisch« daherkommen, das schrecke andere nur ab. Sinnvoller sei es, bewusst als Multiplikator zu wirken. Zum Beispiel: Sein Arbeitgeber bezieht inzwischen auch Ökostrom. So kommt eins zum anderen.

Den Vorwurf, dass Lohas sich letztlich nur ein gutes Gewissen zusammenkonsumieren, weist er zurück.

Den Bauern in den ärmeren Ländern seien die Motive derjenigen, die Fair Trade kaufen, doch völlig »wurscht«. Hauptsache, sie täten es und verbreiteten damit den Marktbereich.

»Gönnen wir uns doch einfach mal das Gefühl, etwas Gutes getan zu haben, denn dass die Auswirkungen dieser Konsumhandlung positiv sind, ist nicht zu leugnen. Die Alternative, griesgrämig bei konspirativen Treffen die Änderung der Weltordnung zu diskutieren, mag vielleicht idealistischer erscheinen, jedoch dürfte der Wirkungsgrad wesentlich geringer ausfallen.«

Für Plitzko ist klar, dass der bewusste Konsum nur ein Teil eines veränderten Lebensstils sein kann. »Man kommt nicht drum herum, Einschränkungen zu machen. Wir verbrauchen einfach zu viel von allem.« Grundsätzlich aber gelte: »Mit Geld kann man nun mal Dinge steuern und wir leben in einer rein auf Konsum ausgelegten Gesellschaft.«

Der eigene Fußabdruck?

»Wir versuchen, ihn möglichst gering zu halten.«

Andrea Nienhaus, Jahrgang 1980, ist Kommunikationsdesignerin und betreibt mit anderen den Blog www.alles-was-gerecht-ist.de. Untertitel: »Soziale Gerechtigkeit, Umweltschutz und deren Nachhaltigkeit. Interessante Ideen, Unternehmen und mehr.« Das klingt definitiv nicht nach flockigem Lifestyle, und das ist es auch nicht. Nienhaus sieht unterschiedliche Ansätze innerhalb der Lohas-Szene. Einer sei der kommerzielle Ansatz. Also: Wie mache ich gute Produkte, mit denen ich Geld auf dem Lohas-Markt verdienen kann? Alles-was-gerecht-ist stellt zwar auch innovative Produkte vor und beschäftigt sich mit gesellschaftlichen Veränderungen, aber nicht als Trendscout für Wirtschaft und Industrie. T-Shirts werden auch nicht verkauft.

In ihrer Gruppe gehe es nicht um Produkte, sondern um Projekte, sagt Nienhaus. Nicht um die Frage, ob die Erdbeeren den richtigen Bio-Aufkleber hätten, sondern um die Frage: Was muss sich grundsätzlich ändern? Die Begrenzung des persönlichen Energieverbrauchs sei »immer ein Thema«, aber selten zu perfektionieren. Viele hätten »ein schlechtes Gewissen«. Nienhaus selbst hat kein Auto, Strecken wie Berlin – Frankfurt fliegt sie definitiv nicht. Sie arbeitet vier Tage die Woche in einer Agentur und daneben freiberuflich.

»Ich könnte auch fünf Tage in der Agentur arbeiten.«

Aber?

»Aber ich möchte Dinge machen, die mir am Herzen liegen.«

Bin ich ein Lohas?

Ich habe nun einerseits den ökologischen Lebensstil studiert, andererseits die Lohas.

Bleibt die Frage zu klären: Bin ich selbst ein Lohas?

Lassen wir die Fakten sprechen. Danach sind Lohas zwischen 19 und 90, gerne mal Akademiker, aber nicht notwendigerweise, häufig Frauen, aber nicht zwangsläufig.

Das trifft alles auf mich zu.

Verengt man es auf die Kerngruppe, dann haben sie mindestens zwei Kinder, sind oft 60er-Jahrgänge, leben entschleunigt, aber nichtsdestoweniger in »Entscheiderpositionen«. Sie sind keine »Superkonsumenten«, aber sehr wohl »Trendsetter«. Die Konsum-Avantgarde des 21. Jahrhunderts.

Das trifft alles auf mich zu. Und wie!

Lebensmittel sind die wichtigste Branche für Lohas-Konsum. Bio und Fair Trade haben diesem Lebensstil den Weg bereitet.

Das trifft auf mich nicht zu. Lebensmittel kamen bei mir erst später. Die sogenannte »Wellness« hat mich noch nie angesprochen, und zwar weder rational noch emotional.

Die grüne Technologie im Haushalt wird immer wichtiger für Lohas.

Trifft auf mich zu.

Der iPod ist für Eike Wenzel das prototypische Lohas-Produkt. »Humane Highend-Genusstechnik für Individualisten, die gar nicht allzu teuer ist.«

Einerseits das Primat der Ästhetik, die Kraft der Marke, die zum »Haben-Wollen« führt, andererseits braucht er keine Batterien. Also leichter Ökotouch.

Ich habe einen iPod.

Ein beliebtes Produkt der Lohas ist Joghurt mit Zusatznutzen, etwa besonderen Milchkulturen für ein starkes Immunsystem. Lohas sind generell Gesundheitsfetischisten.

Joghurt mit Zusatznutzen interessieren mich nicht. Bin kein Gesundheitsfetischist.

Lohas stehen auf Wurst und Fleisch aus der Region und essen niemals Hirsekörner und Dinkelschrot.

Ich stehe auf Wurst und Fleisch aus der Region, esse aber niemals Hirsekörner und Dinkelschrot.

Lohas stehen auf Convenience in Bio-Qualität.

Ich stehe nicht auf Convenience in Bio-Qualität.

Testergebnis: Ich bin kein Lohas. Erstens klingt das Wort nicht gut und wegen des »s« am Ende auch noch wie ein Plural, sodass man sich vor der Singular-Verwendung scheut. Das führt dazu, dass man es nicht wirklich benutzen will. Zum anderen ist Lohas laut Namensgeber ein sogenannter »Megatrend«. Das ist ein weiteres Wort, das sensible Menschen zwischen neun und 90 nicht im Zusammenhang mit sich hören möchten. Nun kann man sich die Zuordnung zu einer soziologischen Gruppe nicht aussuchen, aber ist Lohas eine? Eher nein. Lohas ist ein Marketingbegriff.

Der raffinierte Eike Wenzel hat ja nun aber den »Individualismus« als Erkennungsmerkmal des Lohas definiert. Wenn also jemand sich für »anders« und einzigartig hält und auf keinen Fall zu den Lohas gerechnet werden will, dann zeigt das nur, dass er einer ist?

Mir fehlt tatsächlich das Hinausweisen über den Konsumtrend – die inhaltliche Verknüpfung der Bio-Ernährung und des fairen Konsums mit der Lösung der Energiefrage und dem Bewusstsein, dass das Problem Klimawandel darüber hinausgehen kann. Mein Ziel ist nicht, dass die Bahn fair gehandelten Kaffee in ihren Bistros verkauft, sondern dass sie mit erneuerbarem Strom fährt. Weil kein anderer mehr angeboten wird.

Ich rief Wenzel noch mal an und fragte ihn: »Sind Sie selbst eigentlich ein Lohas?«

»Selbstverständlich.« Er schätze, dass 80 Prozent seiner Bekannten Lohas seien. Also fokussiert auf Harmonie in der Beziehung Ich–Mitwelt – Umwelt, Life–Work–Balance, Engagement im Nahbereich, keine Verbrämung des eigenen Wohlstands, Pragmatismus, keine Utopien. Kein Freund/Feind-Schema, kein Entweder-Oder.

Das Lohas-Modell und der Klimawandel? Es sei ja entstanden, bevor das Klimawandel-Problem groß ins Bewusstsein der Öffentlichkeit trat. Selbstverständlich dächten Lohas darüber nach, aber der Lohas-Lebensstil funktioniere auch ohne Thematisierung des Klimawandels.

Bei mir funktioniert gar nichts mehr ohne. Ich bin also definitiv kein Lohas. Oder keiner mehr.

8

»ENERGETISCHE SANIERUNG? WAS'N DAS?« – DIE ZUKUNFT DES WOHNENS

Wie ich bei der Eigentümerversammlung über die »energetische Sanierung« unseres Hauses reden wollte

Am Nachmittag kommt gerne mal eine Überprüfungsmail. Mein Bruder. Ob ich schon den Dingsbums-Bericht gelesen hätte. Oder ob ich jetzt endlich Hermann Scheers Energiewendeprogramm durchgearbeitet hätte. Ob ich auch immer schön seine Ökosex-Songs »Watt'n Knall bei Vattenfall« und »Weihnachten ohne Atom« anhören würde, die er auf *youtube* gestellt habe. Ob ich nicht endlich in die Photovoltaik einsteigen wolle.

Re: »Leck mich!«

Aber dann arbeite ich doch den Dingsbums-Bericht durch. Sicher macht er morgen wieder ein unangekündigtes Abfragen.

Manchmal wird mir das einfach zu viel.

Ich weiß eigentlich bis heute nicht, warum mein Bruder so wurde, wie er ist, während ich nicht so wurde, wie er ist.

Vielleicht mal fragen.

»Wie wurdest du eigentlich, wie du bist?«

Er versteht nicht, worauf ich hinauswill. Er denkt ja, er sei normal.

»Was meinst du denn?«

»Na, du redest doch praktisch nur über Kohlendioxid und Kollektoren. Das war doch in unserer Kindheit nicht so. Da muss doch später irgendwas nicht normal gelaufen sein.«

Er denkt nach.

»Information, Faszination, Emotion. Das sind die drei Schlüssel.«

»Was ist mit Moral, Weibern und gesellschaftlichem Verantwortungsbewusstsein?«

Er (brummend): »Weniger wichtig.«

Es stellt sich heraus, dass er Anfang der 90er mal ein Praktikum im Umweltministerium gemacht hatte. Bei Klaus Töpfer. Damals ein popeliger CDU-Minister. Heute ein Klimagott. Mein Bruder war in der Klimaabteilung. Referat N II 5. Das sei das Zentrum des deutschen Klimaschutzkosmos gewesen. Drei oder vier Ministerialbeamte und eine Chefin, alle super engagiert.

Jetzt stoppt er und schaut mich an, und da ich mindestens so lange mit ihm in einem Zimmer gelebt habe wie er mit mir, weiß ich genau, dass er sicher ist, dass ich jetzt einen Beamtenwitz nötig habe.

Also schweige ich. Bis er weiterredet.

»Damals entstanden Pläne für ein neues Energiezeitalter. Die neuen Gebäude, die Kraft-Wärme-Kopplung, die Erneuerbaren als Technologie des 21. Jahrhunderts. Der Verkehr als wachsendes Fragezeichen. Das Steuersystem als Ökobaustelle. Braucht man heute alles nicht erfinden. War alles damals schon da.«

»Und das turnte dich an?«

»Die Szenarien der solaren Effizienz-Revolution, wie der Umstieg von fossil auf erneuerbar funktioniert: Das war wie die Vision vom Flug zum Mond!«

Solare Effizienz-Revolution heißt: Viel weniger Energie und nur noch erneuerbare, die man am besten auf seinem Dach selbst produziert.

Ich weiß nicht, wie es Ihnen geht, aber ich konnte ganz, ganz lange überhaupt keine emotionale Beziehung zu dem Begriff ›solare Effizienz-Revolution‹ aufbauen. Im Gegenteil: Das turnte mich völlig ab.

»Effizienz ist ein Scheiß-Wort. Effizienz macht sogar den sexy Begriff ›Revolution‹ unsexy. Und das will was heißen.«

»Effizienz ist der geilste Begriff der Welt.«

»Kann man es nicht Rock 'n' Roll nennen?«

Er schaute mich an, als ob ich sein kleiner Bruder sei. Ich mag diesen Blick nicht. Er ist besser, als wenn man angeschaut wird, als sei man das Kind. Aber nur knapp.

Ich (sauer): »Ich kann beim besten Willen keine Photovoltaik-Anlage aufs Dach einer Mietskaserne bauen.«

Mein Bruder (lapidar): »Die größten Effizienz-Katastrophen sind Altbauten, die vor 1970 gebaut wurden. Geh zu eurer Hauseigentümerversammlung und fordere eine energetische Sanierung eures Hauses.«

Es fiel mir nie auf oder es hatte keine Bedeutung für mich. Aber er war immer irgendwo engagiert. Ich nicht.

Es gibt drei entscheidende Energieverbrauchs-Bereiche: die Industrie, den Verkehr und das Wohnen, das etwa 20 Prozent zum Gesamt-Energieverbrauch beiträgt. Energieverbrauch in Häusern war für die Menschheit kein Thema mehr, seit der Strom aus der Steckdose kam, oder spätestens, seit die Kohle nicht mehr aus dem Keller hochgeschleppt werden muss.

Die Frage, ob man nicht einfach mit 80 Prozent weniger Energieverbrauch warm und gesund und angenehm wohnen sollte, war auch kein Thema. Wozu? Eine neue Küche, das war ein Thema.

Wohnen ist eine für die Zukunft der Menschheit entscheidende Sache, die in zweierlei Hinsicht Veränderung braucht. Erstens sollten die Häuser deutlich energieeffizienter werden. Zweitens sollten sie nach Möglichkeit Folgen der Klimaveränderung bereits einkalkulieren.

Das heißt: Neben den Politikern, Wirtschaftsmanagern und Autobauern gibt es noch eine weitere entscheidende Berufsgruppe: die Architekten. Die Architektur ist eine gesellschaftliche und ökologische Herausforderung.

Auch hier muss die Nische zum Massenmarkt werden. Energetische Sanierung muss prioritär behandelt werden und selbstverständlich sein, energetisches Bauen muss Standard und Vorschrift werden, Niedrigenergiehäuser und Plusenergiehäuser dürfen keine seltsamen Wesen sein, sondern Qualitäts- und Sehnsuchtsprodukte, die jeder haben will, der baut – und der es sich leisten kann. So, wie man in den 70ern eine Sauna oder gar ein Schwimmbad in den Keller gebaut hat. Als Ausdruck des Zeitgeists oder des eigenen Wohlstands.

Das ist alles leicht gefordert und hingeschrieben. Es gibt eine Elite, die bereits in ihren großartigen Häusern lebt und zu Recht stolz wie Bolle darauf ist. Aber quantitativ ist das nicht relevant. Fragt man normale Architekten, wie sie zu modernen, also energieeffizienten Häusern stehen, brummen sie, das sei total interessant, werde aber leider nicht nachgefragt, schade, danke, ade.

80 Prozent der Menschen in Berlin leben in Mietwohnungen. Die meisten wurden vor 1970 gebaut, haben also in der Regel miserable Energieeffizienz. Mit der Art und Beschaffenheit dieser Wohnungen haben Staat und Gesellschaft den Rahmen vorgegeben, wie wir zu leben haben.

Wir wohnen im Stadtzentrum im vierten Stock eines fünfstöckigen Altbau-Hauses. Alles ganz normal gebaut, also völlig ohne Bewusstsein für Wärme- und Energieeffizienz. In den Wohnungen wohnen einzelne Besitzer oder Mieter. Die Hausgemeinschaft beschäftigt eine Hausverwaltung, die zwar in Sitzungen immer »wir« sagt, aber im Wesentlichen aus einem Menschen besteht.

Die Hausverwaltung ist dennoch extrem rührig, professionell und breit aufgestellt, wie man bei jeder Versammlung erfahren kann. Jedes Jahr geht es voran.

»Wir haben Rahmenbedingungen geschaffen, um Kommunikations- und Erreichbarkeitsverbesserungen herzustellen.«

Ich stoße meinen Nachbarn an. »Was meint er?«

Mein Nachbar (flüstert): »Wenn man ihn anruft, nimmt er neuerdings den Hörer ab.«

Nicht nur das: Er hat zudem noch eine Halbtagskraft eingestellt.

»Sie hilft uns, unsere Erreichbarkeit noch besser zu gestalten.«

Dafür leider: Die »Problematik der Durchfeuchtung« schwebe »wie ein Damoklesschwert« über uns. Diese Problematik gefährde die Substanz des Hauses. Was tun?

»Wir sind uns des Problems bewusst«, sagt die Hausverwaltung. Nächster Punkt.

»Die Optik des Hofes wurde eliminiert.« Offenbar ist das positiv.

»Die Finanzierung muss nicht separiert formuliert werden.« Auch gut.

Nächster Punkt: Zukünftige Projekte. Ein neuer Fahrradständer im »optisch eliminierten Hof«? Die Türen »malermäßig in Angriff nehmen«? Blick in die Runde.

»Herr Unfried?«

Räusper, räusper.

»Wäre es nicht an der Zeit, über eine grundsätzliche energetische Sanierung des Hauses nachzudenken?«

Einer murmelt: »Was'n das?« Der Rest schweigt.

Ich habe schnell und auch an mir selbst gemerkt, was alle Wohnungsbesitzer unseres Hauses verbindet: der Wunsch, möglichst kein Geld in das Haus zu stecken und aus der Sitzung zu kommen mit dem Beschluss, dass Investitionen in diesem Jahr noch nicht nötig sind.

Also sage ich:

»Energetische Gebäudesanierung ist eine hochrentable Kapitalanlage. Damit kann man sich reich sparen.«

Das ist ein ganz raffinierter rhetorischer Kniff. Schon Cato der Ältere pflegte am Ende seiner Redebeiträge stets zu betonen, dass man mit Klimaschutz Geld verdienen oder sparen kann. Das stimmt ja auch: Förderkredite mitnehmen, Wärmedämmung in Dach und Außenfassade, Keller auch dämmen, Dreifachgläser in die Fenster rein, Heizung auf modernen Stand bringen, und schon spart man Energie, Kohlendioxid und Geld, weil man weniger Öl braucht. Und je teurer das Öl bald ist, desto mehr spart man.

Die Hausverwaltung räuspert sich nun auch und präsentiert die energetische Bilanz.

Die Geräuschprobleme mit der Pumpe des Öl-Heizkessels seien »eliminiert« worden. So könne die Hausgemeinschaft entspannt mit dem Heizkessel ins neue Jahr gehen. Die Heizkosten seien gering. Erstaunlich gering. Sie betrügen nur ein Drittel des Bundesdurchschnitts.

Ich: »Wie kommt das bei einem Altbau ohne besondere Effizienz-Maßnahmen?«

Die Hausverwaltung: Es sei nicht erklärbar und jedes Jahr aufs Neue verwunderlich, warum die Anlage so effizient arbeite. Die Dämmung sei offenbar bereits hervorragend.

Ich: »Heißt das, dass eine energetische Sanierung nicht notwendig ist?«

Die Hausverwaltung: »Genau das heißt es.«

Beifälliges Gemurmel im Saal.

Prima. Aber so leicht will ich mich dann doch nicht geschlagen geben. Was denn mit dem Energiepass sei. Da gebe es doch einerseits Vorschriften, andererseits Förderungen für energetische Modernisierung.

Die Hausverwaltung: »Ich erkläre Ihnen jetzt, wie sich die Veränderungen durch den Energiepass auf Sie auswirken.«

Alle schauen ihn an.

Die Hausverwaltung: »Es bleibt alles, wie es ist.«

Das Stimmanteilsrecht der Wohnungsbesitzer an Entscheidungen hängt von der Quadratmeterzahl ihres Besitzes ab. Unsere paar Quadratmeter sind in der Minderheit. Ich sage nichts mehr.

Ich habe mir inzwischen Häuser angesehen, die energetisch saniert wurden. Riesige Wohnanlagen, in denen – zack – 50 Prozent der Energie und der warmen Betriebskosten eingespart werden. Einzelhausrenovierungen, mit denen engagierte Privatpersonen oder Unternehmer unter Ausnutzung der Förderungsgelder hundert Jahre alte Mietskasernen energetisch ganz neu aufstellen.

Es gibt auch viele Probleme bei der Sache, das sagen alle. Eines davon ist der Mieter.

Zum Beispiel: Die optimierten Wohnungen werden automatisch gelüftet. Das energieaufwendige Fensteröffnen ist komplett obsolet. Aber da können Sie reden wie ein Buch: »Nicht die Fenster öffnen. Das brauchen Sie nicht. Ist nicht gut. Läuft alles ohne Fenster. Die Lüftungsanlage regelt sowohl die Zu- als auch die Abluft. Alles klar?«

Kaum dreht man sich weg, was macht der Mieter?

Pffft, er reißt das Fenster auf.

Und dann sorgt er sich permanent, dass er zu viel Heizkosten bezahlt. Sagen wir, er zahlt eine Gesamtpauschale. Weniger als vorher. Aber wenn er sieht, dass der Nachbar das Fenster aufreißt, also Kosten verursacht, da ist er doch praktisch gezwungen, auch das Fenster aufzureißen, damit der Nachbar nicht seine Pauschale ausnutzt.

Ein Kleinunternehmer und Experte für Energetische Sanierungen bestätigte mir, wie viel in diesem Sektor verhindert wird, weil es die derzeitige gesetzliche Regelung des Verhältnisses Vermieter/Mieter praktisch ausschließt.

»Tausende von Wohnungen würden saniert, wenn man die Kosten rechtssicher auf die Miete umlegen könnte.«

Kann man aber nicht. Und wenn die Mieter zustimmen?

Er winkte ab.

»Man macht eine Versammlung. Man überzeugt 100 Mieter. Das Haus wird saniert. Dann kommt die erste erhöhte Miete. Dann sagt der 101. Mieter: Nö, will ich nicht. Dann zahlt er nicht und die anderen 100 zahlen auch nicht und kriegen vor Gericht auch noch recht. Keine Chance, da rechtssicher zu investieren.«

Das Haus komplett neu vermieten? Dafür muss man die alten Mieter bitten auszuziehen. Das kostet Geld, Zeit und ist vor allem auch sozial problematisch.

Er mache energetische Altbausanierung seit fünf Jahren und habe bisher nur draufgezahlt. Der Fokus von Literatur und Gesellschaft liege auf den auch ästhetisch ansprechenden Neubauten, deren Bilder sich in Magazinen immer gut machten. Stimmt. Dabei ist die Sanierung des Bestands die große Chance: 50 Prozent aller Altbauten müssen in den nächsten 20 Jahren ohnehin saniert werden, also kann man das doch gleich richtig machen, oder?

Hah, es werde immer noch saniert, ohne zu dämmen. Und gekauft, ohne sich um die Dämmungssituation zu kümmern. Ein Irrsinn.

»Altbau ist zu teuer, zu kompliziert, hau ab mit der Scheiße, kannste vergessen.« Er will trotzdem dranbleiben. Ich auch.

»Was ist denn jetzt mit der Energiesituation in eurem Haus?«

Mein Bruder. Ich sagte ihm, was damit war.

»Niedriger Verbrauch ist natürlich kein Argument, um nix zu machen. Gegen solche pauschale Einschätzungen hilft nur ein echter Energiefachmann, der eine echte Energieberatung hinlegt. Mit potenziellen Maßnahmen, CO_2-Einsparungen, Kosten, allem Pipapo.«

Die grundsätzliche Fragestellung laute: Welche Potenziale gibt es im Haus für Solarthermie, ein Mini-Blockheizkraftwerk mit Pflanzenöl oder Pellets, Umstieg auf Erdgas als Energieträger mit längerfristiger Bio-Gas-Option. Welche zusätzlichen Dämmmaßnahmen seien sinnvoll?

»Die Dämmung funktioniert ja angeblich.«

»Dass es keine Optimierungsmöglichkeiten gibt, scheint mir recht unwahrscheinlich. Was ist mit der Haustür?«

Da zog es durch wie blöd. Das sagte ich ihm lieber nicht.

Ich solle schauen, dass ein Gutachten in Auftrag gegeben würde, das Fakten und Kosten zu einem echten Vorschlag bündele.

Ich versuchte, die Hausverwaltung zu erreichen. Aber irgendwie waren die Rahmenbedingungen wohl doch noch nicht so weiterentwickelt, dass eine Kommunikations- und Erreichbarkeitsverbesserung tatsächlich herzustellen gewesen wäre.

Wo kriege ich ein Dach her?

Wir saßen bei einem Fläschchen Grauburgunder, glänzend temperiert von unserem lieben A++, eins kam zum anderen, und plötzlich schnurrte meine Frau mir ins Ohr:

»Weißt du, wie du mich wirklich überzeugen könntest?«

»Wie'n?«

»Wenn du meinen Eltern eine Photovoltaikanlage aufschwatzen würdest.«

Das ist also inzwischen ihre Vorstellung von einem ultimativen Liebesbeweis. Lässt ja tief blicken.

Ich muss sicher nicht erwähnen, was beim Schwiegervater meines Bruders seit Jahren auf dem Dach installiert ist.

»Strom selber machen«, pflegt er zu sagen, »ist viel wichtiger als sparen und grünen Strom beziehen. Strom selber machen hat Topppriorität.«

Die Photovoltaikanlage auf dem Dach vom Schwiegervater meines Bruders erzeugt ungefähr 1900 Kilowattstunden im Jahr.

Da er den Weltrekord in Energieeffizienz hält und mit einer vierköpfigen Familie nur 1.400 Kilowattstunden pro Jahr benötigt, produziert er damit mehr Strom, als er verbraucht.

Die Anlage wurde über einen Kredit der *KfW*-Bankengruppe finanziert. Die *KfW* gehört dem Bund und den Ländern und steht historisch für Kreditanstalt für Wiederaufbau. Zu ihren Aufgaben gehört neben vielem anderen das Fördern von energetischer Gebäudesanierung. Dort bekommt man günstige Kredite für Bauen, Wohnen, Energiesparen oder eben auch für das Erzeugen von Solarstrom.

Bei meinem Bruder decken inzwischen die Einnahmen von jährlich etwa 950 Euro aus dem Stromverkauf die jährlichen Raten.

»Und ab 2010 verdienen wir jedes Jahr 1.000 Euro. Bis 2020.«

Die *KfW*-Kredite für die Erzeugung von Solarstrom haben eine Laufzeit von zehn oder zwanzig Jahren, sie haben eine tilgungsfreie Anfangszeit von ein bis drei Jahren und hatten 2007 einen nominalen Zinssatz von 3,75 Prozent.

Das Dach meines Schwiegervaters ist allerdings bis auf Weiteres nicht auszuleihen. Meine Schwiegereltern werkeln zwar seit den 70er Jahren permanent an ihrem Eigenheim. Hier eine neue Garage, dort ein neuer Anstrich. War man am einen Ende fertig, fing man am anderen wieder an. Nun aber hat meine Schwiegermutter entschieden, es sei genug. Nie mehr Handwerker und nie mehr Dreck.

»Denen fehlen einfach noch die Produktgefühle«, sagt mein Bruder. »Du musst ihnen das ›Haben-Wollen‹ einreden.« Ich müsse sie überzeugen, dass man mit Stromproduktion nicht nur spare, sondern auch angeben könne.

Ich stieß aber nur auf Nicht-Haben-Wollen-Gefühle.

Als ich mal wieder beim Abendessen das Dachdilemma erwähnte, informierte mich meine Tochter darüber, dass ihre Oma sich entschlossen habe, das Bad renovieren zu lassen.

»Ich dachte, sie macht nichts mehr am Haus.«

»Ich verstehe es auch nicht«, sagte meine Tochter. »Ich habe ihr gesagt, mach doch lieber eine Fototeig-Anlage aufs Dach.«

Ich neige zwar nicht dazu, aber das war ein Moment, in dem ich mich richtig glücklich fühlte. Ich schwöre: Nie, nie, nie habe ich sie dazu angestiftet.

Na ja, letztlich vielleicht doch.

Wer kein Dach hat und keines geliehen bekommt, der kann sich an einer Photovoltaikanlage beteiligen.

»Ruf mal Dr. Haaf an«, sagte mein Bruder.

Dr. Leonard Haaf ist Kinderarzt in Tauberbischofsheim. Das ist eine Kleinstadt im nördlichen Baden-Württemberg, die früher berühmt war, weil Fechter wie Anja Fichtel und Alexander Pusch olympische Goldmedaillen gewannen. Heute ist sie bekannt als sogenannte »Solarstadt« wie auch Ulm, Freiburg, Fürth, Regensburg, Erlangen, Neckarsulm, Crailsheim oder Altötting.

Haaf hatte das klassische Initiationserlebnis eines klassischen Öko. Tschernobyl. »Ab da habe ich mir Gedanken gemacht, wie es weitergehen soll.« Seine erste Photovoltaikanlage baute er 1996 – auf das Dach seines eigenen Hauses. 2001 gründete er mit drei Freunden die *Tauber-Solar Management GmbH*. Die Idee: mit Hilfe des Erneuerbare-Energien-Gesetzes und des 100.000-Dächer-Förderprogramms der Bundesregierung möglichst viele Bürger zu Stromerzeugern machen.

Inzwischen hat man mit über 100 Millionen Euro Bürgergeld – ausschließlich Bürgergeld – acht GmbHs gegründet. Man hat 114 Solarstromanlagen in Betrieb, die bereits über 25 Millionen Kilowattstunden Solarstrom produziert haben, und die pro Jahr 11.497 Tonnen CO_2-Ausstoß vermeiden, verglichen mit dem herkömmlichen deutschen Strommix.

»Wir wollen all denen eine Möglichkeit bieten, Solarstrom zu erzeugen, die das nicht selbst zu Hause machen können«, sagte mir Haaf. »Wobei der Spaßfaktor natürlich höher ist, wenn man ein eigenes Dach hat.«

Ich sagte ihm, ich hab kein Dach und wolle daher 5.000 Euro bei ihm anlegen.

»5.000 Euro sind ein bisschen wenig«, sagte Haaf. Genauer gesagt: *Zu* wenig. Sie würden die Verwaltungskosten extrem gering kalkulieren und deshalb nicht viele kleine Beteiligungen suchen, sondern eher große.

»Was sind denn eher große?«

Ab 25.000 Euro.

Ich wunderte mich, dass die Leute dafür Geld haben. Haaf sagt, dass die meisten Beteiligungen nicht Eigenkapital seien, sondern sogenannte atypische stille Beteiligungen, die durch Kredite finanziert würden. Wenn alles nach Plan läuft, wird der Kredit durch die Erträge getilgt und der Rest der Einnahmen ausgeschüttet.

»Wo ist der Haken?«

»Das haben wir uns am Anfang auch gefragt, wo der Haken ist. Die Sonne könnte vom Himmel fallen.« Es gäbe ein Risiko, aber das sei äußerst gering.

Sind das überzeugte Klimaschützer, die bei *Tauber-Solar* investieren?

»Nein, das war nur am Anfang so.« Idealisten hätten das Unternehmen aufgebaut (»ich auch, in aller Bescheidenheit«) und auf den Weg gebracht. Aber die »Idealisten« seien »längst abgegrast«. Zur *Tauber-Solar*-Peer-Group gehören Unternehmen, die sich mit einem Solardach und dessen Image schmücken, Bauern, die ein Dach zur Verfügung stellen und Miete dafür bekommen, Großeltern, die ihren noch nicht oder gerade geborenen Enkeln ein finanziertes Studium und mehr hinterlassen wollen. Oder einfach Leute, die die Qualität der Investitionsmöglichkeit sehen.

Die Größe einer Solaranlage wird in Kilowatt-Peak angegeben. Das ist die optimale Jahresleistung unter genormten Testbedingungen. Ein Kilowatt-Peak produziert bei *Tauber-Solar* etwa 900 Kilowattstunden pro Jahr. Haaf rechnete mir aus, wie viel Strom ich jährlich produzieren könnte, wenn ich mit 25.000 Euro einstieg.

Ergebnis: Etwa 5,6 Kilowatt-Peak würden für mich produzieren. Damit käme ich auf etwa 5.000 Kilowattstunden Strom. Sehr gut. Wir verbrauchen in und mit der Wohnung knapp 3.000.

Wir haben aber keine 25.000 Euro. Während ich noch überlegte, kam eine Mail. Mein Bruder.

»Wenn du nur mit 12.500 Euro einsteigen möchtest, wäre das auch möglich, dann würden wir auch 12.500 übernehmen.«

Damit hätten wir 2.500 Kilowattstunden zur Verfügung. Haben wir dafür 12.500 Euro? Nächste Bruder-Mail.

»Oder die Mutter muss auch einsteigen, dann zahlt jeder 8.000 Euro.«

Noch besser. Allerdings würden für unsere Kleinfamilie dann auch nur noch 1.700 Kilowattstunden produziert. Damit kommen wir zwar auch mit Energiesparlampen nicht rum; aber es ist schon eine ganze Menge.

9

AL GORE, HOLLYWOOD, DIE ZEIT – UND DIE NEUE ÖKO-AVANTGARDE

Warum wir eine neue gesellschaftliche Elite brauchen

Al Gore

Ich kam aus einem kalifornischen Kino und wusste, dass ich mein Leben ändern würde? Weil der ehemalige Berufspolitiker Albert Gore Junior mich mit seinem Dokumentarfilm *An Inconvenient Truth* über die Gefahr einer

Klimakatastrophe informiert hatte? Wenn Ihnen das unwahrscheinlich vorkommt oder ein bisschen dick oder ein bisschen schwach: Bitte sehr.

War aber so.

An Inconvenient Truth ist viel gelobt, aber auch hart kritisiert worden. Energieexperten weisen immer wieder darauf hin, dass der Film, wie auch Gore überhaupt, zwar das Problem herausarbeite, aber keine Lösungen anbiete. Andere sagen fachlich korrekt, dass der Demokrat Gore in seiner achtjährigen Zeit als Vizepräsident (1992–2000) nicht gerade dafür gesorgt hat, dass die Clinton-Regierung sich des Klimaproblems annahm.

Als ich den Film zum ersten Mal sah, fiel mir Ersteres nicht auf und Zweiteres störte mich nicht. Selbstverständlich sah ich das Bemühen des Films, Gore nicht als hölzernen Verlierertypen darzustellen, sondern als entspannten, humorvollen Menschenfreund (was denn auch sonst?).

Die Kameras gehen liebe- und respektvoll mit ihm um. Vor allem wird das US-amerikanische Bedürfnis nach Emotion einigermaßen befriedigt. Das dürfte ein entscheidender Grund sein, dass *An Inconvenient Truth* zum kommerziell dritterfolgreichsten Dokumentarfilm der US-amerikanischen Kinogeschichte aufstieg.

Es mögen noch andere Spins involviert sein, und wie man heute weiß, offenbar hier und da eine wissenschaftliche Inakkuratesse. Was ich aber trotz aller Medienerfahrung und beruflich geschulter Skepsis damals zu fühlen glaubte: dass das Herz dieses Films rein ist. Diese Einschätzung hat sich auch beim wiederholten Ansehen nicht geändert.

In dem Film des Regisseurs Davis Guggenheim erzählt Gore, wie er als junger Politiker die damals neuen Ergebnisse der Wissenschaft in Sachen Klimaerwärmung in den Senat brachte und dachte: »Das wird sie so erschüttern, wie es mich erschüttert.«

Falsch gedacht. Es passierte nichts. Wenn ich den Film richtig verstanden habe, dann möchte er das als Drama seiner politischen Laufbahn sehen und nicht die gewonnene und doch verlorene Präsidentschaftswahl 2000.

Ich sah Gore live in Berlin vor einer Filmvorführung. Er sagte, was er immer sagt:

»Wir stellen uns der gefährlichsten Krise, der sich die Menschheit jemals zu stellen hatte.« Bumm.

»Es ist eine gemeinsame, moralische Sache, für die wir uns über unsere Grenzen erheben müssen.« Bumm.

»Wir schulden es unseren Kindern und Enkeln.«

Warum so dick? Der negative Superlativ folgt offenbar aus der jahrzehntelangen Erfahrung, dass behutsamere Formeln nicht die nötige Aufmerksamkeit bekommen. Die Verlagerung von der politischen zur moralischen Frage folgt vermutlich aus der Erkenntnis, dass es gesellschaftliche Dynamik und einen Wertekonsens braucht, um die politische Sache in Gang bringen zu können. Und warum redet Gore ständig von der Verantwortung, die man für seine Kinder und Nachfahren habe? Die fühlen wir Mitteleuropäer auch, aber wir reden nicht oder ungern drüber, weil das auch etwas pathetisch daherkommt.

Vermutlich macht Gore das, um seine Landsleute daran zu erinnern, wie wichtig gerade ihnen das Leben ihrer Kinder und Nachfahren ist. Ich meine: Die reden für ihr Leben gern darüber. Und außerdem kann man in den USA Kinder keine fünf Meter vor sich auf dem Gehsteig gehen lassen, ohne dass einen drei Moralisten lächelnd, aber spitz darüber belehren, dass man mit dieser Verantwortungslosigkeit die größte Krise der Menschheit hervorrufen könne.

Der Aufstieg Gores vom gescheiterten Super-Loser zum außerparlamentarischen, planetarischen Ober-Präsidenten ist beispiellos. Er verlief entgegengesetzt zum Abstieg von George W. Bush, gegen den Gore die Präsidentschaftswahl 2000 erstens fast in beispielloser Weise vergeigt und zweitens am Ende trotz Stimmenmehrheit per Gerichtsentscheidung verloren hatte.

»Al Gores Triumph ist ein Indiz für die Krise der Politik«, schrieb die österreichische Philosophin Isolde Charim nach Gores Oscar-Gewinn in einem *taz*-Journal zum Thema Klimawandel und Lebensstil. Der Niedergang der politischen Autorität durch das Handeln der Bush-Administration habe einen Bedarf nach einer »moralischen Autorität« hervorgebracht. »Gore zeigt mit seinem Engagement für die Sache und nicht fürs Amt, dass es mehr gibt als Politik: Moral.« Und Größeres und Wichtigeres, als US-Präsident zu sein.

Dass man ein Thema zum Spektakel aufbauen muss, um es global zu »verkaufen«, wissen heute sogar die Umweltbewegungen – was sie dagegen nicht wissen, ist, *wie* man so etwas macht. Es braucht Know-how, es braucht ein Gesicht, es brauche aber eben auch einen Inhalt, sagt Charim, sonst werde es kein Spektakel. Moral sei ein guter Inhalt aufgrund seiner Ingredienzen Schuld, Läuterung und Wiedergutmachung.

Klimawandel spreche das Individuum in dreierlei Hinsicht an: Als tätiges Subjekt, als von der selbstverschuldeten Apokalypse bedrohtes Objekt, als Konsument eines Spektakels, bei dem »Politik in ein Woodstock-Gefühl eingeschrieben wird, ein coming-together, um die Welt zu verbessern.«

Es gab in den letzten Jahren stets zwei entgegengesetzte Ansprüche an Gore. Erstens: Er müsse sich ein drittes Mal um die Präsidentschaft bewerben, denn nur als Präsident könne er seine Mission in Politik umwandeln. Ohne radikale Veränderung der US-Politik gebe es keine Chance, das sei ja bekannt. Zweitens: Er dürfe auf keinen Fall Präsident werden, denn wirken könne er nur als Außerparlamentarier. Das hätten ja die Jahrzehnte in Senat und Regierung gezeigt, in denen er mit seinem Thema nicht durchkam. Welcher der beiden Ansätze der bessere ist, könnte nur die Praxis zeigen.

Was immer man von Friedensnobelpreisen und Oscars hält: Die erste Dublette in der Geschichte der Menschheit durch Gore 2007 zeigt, wie breit die Plattform ist, auf der er steht. Und damit auch sein Thema: der Klimawandel, die Energiefrage und der Zusammenhang mit Krieg und Frieden.

Ich bin sicher, dass der Klimawandel nicht zum Thema für Hollywood und Stockholm geworden ist, weil Gore darüber spricht, sondern dass

Gore wieder ein Thema wurde, weil er zur richtigen Zeit die richtigen Inhalte im Angebot hatte – und darüber hinaus die entsprechenden Marketingplattformen für seinen Inhalt entwickelt oder zur Verfügung gestellt bekommen hat.

Was mich über Al Gore erreichte und in der Folge beschäftigte, war die Kernbotschaft seines cineastischen Kommunikationsversuches: Es eilt! Wenn wir in den nächsten zehn Jahren so weitermachen wie bisher, ist der Planet im Arsch.

Ich kam dann nach Hause, also in dieses gemietete kalifornische Haus mit dem riesigen Kühlschrank, der amateurhaft installierten Elektrizität, den dünnen Wänden, der nicht existenten Dämmung, der omnipräsenten Klimaanlage und dem Wärmepilz auf der Veranda. Den hat man, weil es in Nordkalifornien auch im Sommer um acht Uhr abends kühl wird. Damals hätte ich gesagt: Den *braucht* man, weil es kühl wird. Den Rest fand ich ja auch normal. Später saß ich auf der Veranda, der Wärmepilz war an, irgendwo in der Nachbarschaft ließ jemand »Riders on the Storm« laufen. Dann ging der Wärmepilz aus, weil die Gasflasche leer war.

Und ich dachte: Wenn das nächste große Ding der Versuch ist, den Klimawandel möglichst gut zu bewältigen, dann hilft Rock ’n’ Roll nicht, hilft Dagegensein nicht, hilft Verweigerung nicht. Im Gegenteil und viel schlimmer: Es hilft nur Mitmachen. Dafür braucht man Erwachsene. War ich einer? Das wollte ich jetzt doch mal wissen.

Ich will mich jetzt nicht unnötig aufspielen, aber den Wärmepilz haben wir nie mehr eingeschaltet.

Hollywood

Die sogenannte »Hollywoodisierung« des Klimaschutzes ist ausgiebig gefeiert und selbstverständlich auch über Gebühr kritisiert worden. Julia Roberts fährt Prius, George Clooney ein Elektro-Auto und Cameron Diaz geht bei Al Gore in Klima-Unterricht? Ha, Umweltbewusstsein gelte als letzter Schrei einer inszenierungsfixierten, oberflächlichen Elite, heißt es.

Tatsächlich war Hollywood, also die global wirkende US-amerikanische Unterhaltungsfilmindustrie, in der Vergangenheit nicht gerade für Aufklärung und Bildung politischen Bewusstseins bekannt und zuständig – eher im Gegenteil. Aber man muss von Fall zu Fall unterscheiden, wer es wie ernst meint mit dem Thema, wer es aufgreift, weil der Karriereplaner es empfiehlt, und wer mit dem Privatjet losfliegt, um Energiesparlampen einzukaufen.

Zunächst einmal gilt: Wer eine große Öffentlichkeit, oder überhaupt eine Öffentlichkeit, mit einem politischen oder moralischen Thema erreichen will und nicht die Möglichkeit hat, das Thema auf eine Regierungs- oder Parteiagenda zu setzen und damit in die üblichen Distributionskanäle einzuschleusen, der muss modernes Marketing betreiben. Also etwas veranstalten oder vorzeigen können, was die Medien dazu bringt, zu kommen und ihre Kameras zu benutzen. Und wann kommen sie garantiert? Genau: Wenn ein Prominenter abzufilmen ist.

Das finden wir selbstverständlich anti-intellektuell und oberflächlich. Genau deshalb ist es Aufgabe unserer Qualitätsmedien dagegenzuhalten. Amen. Und nun machen wir mal den Test. Was wollen Sie sehen?

A) Pressekonferenz zur Notwendigkeit eines Ausstiegs aus der Kohlestrom-Erzeugung und einer sofortigen Null-Emission. Es spricht: Der energiepolitische Sprecher der Grünen, Hans-Josef Fell.

B) Dreckiger Sex statt dreckiger Kohle. Es spricht: George Clooney.

So.

Sicher hat das Internet viel zur Vernetzung einer anti-parlamentarischen Szene beigetragen, aber nicht entsprechend zur Aufwertung ihrer Themen in der Mediengesellschaft. Dazu braucht man nach wie vor die klassischen Mainstream- und Massenmedien.

Wer massenrelevant sein will, muss von den Kameras übertragen werden oder zumindest irgendwo abgebildet sein. Dagegen kann kein intellektueller Diskurs an. Im Gegenteil: Je komplizierter und weniger unterhaltsam das Thema, desto populärer sollte das Gesicht sein, das im Fernsehen und beim Massenmarkt damit landen will. »Das symbolische Kapital des

Ruhms soll die Aufmerksamkeitsströme auf die dahinter liegenden Probleme umleiten«, schrieb der Pop- und Gesellschaftskritiker Thomas Gross in der *Zeit*.

Im Falle des Filmschauspielers Leonardo DiCaprio gibt es also Grund zur Hoffnung, dass Kunden, die *Titanic* gekauft haben, auch Klimaschutz kaufen, wenn er sie bei einer Oscar-Verleihung aufruft, »energiebewusst zu leben«.

Im Falle des von Al Gore initiierten globalen Großkonzerts *Live Earth* im Sommer 2007 war das Ziel, dass die Anhänger der Popbands auch Anhänger des Klimaschutzes werden, das Thema auf die eigene Lebensagenda setzen oder sich des Problems bewusst werden.

Dass *Live Earth* mit gewaltiger Aufregung daherzukommen schien wie dereinst Woodstock, aber als Ereignis und Begriff kurz nach Ende des letzten Songs auch schon wieder vergessen war, ist klar. Es hat zwar Millionen Menschen mit dem Thema konfrontiert. Aber das war eine heterogene Gruppe, die nicht aufgrund einer gemeinsamen Erfahrung oder Sehnsucht oder Idee von Gesellschaft zusammenkam, sondern wegen des Spektakelfaktors. Die Berichterstattung hatte das Gefühl erzeugt, dass man dabei gewesen sein sollte. Es ist aber nicht qualifizierbar, für wie viele *Live Earth* der Einstieg in eine weitreichendere Beschäftigung mit dem Thema gewesen ist.

Der Star und das Gesicht von *Live Earth* war Al Gore. Die Bands dagegen waren keine Supermächte der Charitainment-Popmusik-Branche. Davon gibt es derzeit eigentlich nur zwei: Bono, Sänger der Band *U2*, und Bob Geldof, ehemaliger Sänger der *Boomtown Rats*. Wie Gore sind diese zwei nicht auf Ereignisse zu reduzieren, sondern stehen für nachhaltiges soziales Engagement, in Sachen Armut in Afrika. Das heißt nicht, dass sie nicht auch Kritik verdienten, aber die Kontinuität ihrer Arbeit gibt ihnen Glaubwürdigkeit.

Wenn ich Karriereberater eines Hollywood-»Stars« wäre, wüsste ich nicht, ob ich ihm jetzt den plötzlichen Einstieg in die Klima-Charity zu Karrierezwecken empfehlen würde. Das müsste schon sehr strategisch geplant werden. Einerseits ist das Thema da und wird immer größer und zentraler, andererseits ist zumindest der US-Markt schon gut besetzt.

Wer jetzt noch daherkommt und auch mit einem Prius oder der Bestellung des Elektrosportwagens Tesla angeben will oder damit, dass er seine eigene Kaffeetasse überallhin mitnimmt, der macht sich des Opportunismus verdächtig. Oder noch schlimmer: des langjährigen Tiefschlafs.

Weil: Das hatten wir ja schon.

Andererseits müsste sich »mein« Star aber hüten, den Verdacht zu erregen, das inzwischen selbstverständliche Umweltbewusstsein nicht in seinen locker-liberalen Sexy-Elite-Lebensstil integriert zu haben. Kein Solarhaus? Das würde ihn zu einem totalen Außenseiter machen. Er wäre gesellschaftlich erledigt.

Leonardo DiCaprio hat als Drehbuchautor und Erzählerstimme des Öko-Dokumentarfilms *The 11th Hour* sicher Maßstäbe gesetzt. In *The 11th Hour*, also »Fünf vor Zwölf«, geht es nicht um Öko-Hightech, das auch Playboys anspricht, sondern um das fatale Missverhältnis zwischen bisheriger kapitalistischer Wirtschaftswachstumslogik und dem, was die Erde verkraften kann. Kurz: Der Stoff ist bekannt, die Wissenschaftler, die in dem Film zu Wort kommen, sind es auch.

DiCaprio leiht der Sache im Sinne des Wortes seine Stimme. Und er hat nicht eben erst damit angefangen. DiCaprio versucht schon länger, einen »grünen Lebensstil zu leben«, mit Solardach und Hybrid-Auto und so weiter.

Es klingt fast zu sehr nach Hollywood, aber in Interviews erzählt er, dass er seine Initiation in Sachen Klimawandel in einem persönlichen Gespräch erhielt, das er in den 90ern während eines Besuchs im Weißen Haus führte – mit dem damaligen Vizepräsidenten Al Gore.

»Er zog eine Karte raus und erklärte mir, was genau Klimawandel ist. Und seither bin ich Aktivist.«

Dass die Leute in den USA Klimawandel ernster nehmen, ist für ihn eine direkte Folge von Gores *An Inconvenient Truth* und davon »dass ein cineastisches Format ihre Gefühle beeinflusst hat«. DiCaprio propagiert, wie praktisch alle US-amerikanischen Klimaschützer, das »Wählen« – in der Wahlkabine und mit den Dollars.

In den amerikanischen Kinos ist *The 11th Hour* total gefloppt. Sofort frohlockten konservative Kritiker, das sei ein Zeichen dafür, dass Alarmismus wieder out sei, dass die Leute endlich genug davon hätten, sich von verwöhnten, superreichen, scheinheiligen Stars erklären zu lassen, dass sie im Winter ihre Wohnungen nicht mehr heizen dürften. Ungeachtet ihres Wahrheitsgehalts zeigt so eine Polemik, dass auf dem Markt um Meinungshoheit nicht mit dem Florett gekämpft wird.

Selbstverständlich gibt es Brüche, auch im Leben eines tatsächlich umweltbewusst gewordenen Stars. Und selbstverständlich wirkt es nicht gerade vertrauensbildend, wenn einer dieser Stars sagt, er versuche »so oft wie möglich Linie zu fliegen«. Aber was von *Live Earth* ausging, von der letzten Oscar-Veranstaltung, seit einiger Zeit generell von Hollywood und vor allem von Sacramento, dem Sitz des kalifornischen Gouverneurs Arnold Schwarzenegger, ist eine simple Botschaft. Man kann sie längst nicht an allen, aber man kann sie an immer mehr Orten Kaliforniens finden. Sie lautet nicht nur: Klimaschutz ist in. Sondern auch: Wir packen es an. Das wird super.

Es gibt Schlimmeres.

Wo sind die deutschen Prominenten?

Es gibt in Deutschland bislang kaum Prominente, die glaubwürdig und offensiv für die ökologische Moderne werben. Nicht einmal der jeweilige Bundesumweltminister bekennt sich persönlich dazu. Entweder weil er sie tatsächlich nicht glaubwürdig lebt, oder aus Sorge, es könne ihm schaden, wenn man ihn für einen echten Öko hält. Selbst der Grüne Jürgen Trittin war in seiner langen Zeit als Umweltminister stets bemüht, niemals auch als Person für die ökologische Avantgarde zu stehen. Das mag auch damit zu tun gehabt haben, dass *Bild* ihn trotz seiner Zurückhaltung als Deutschlands größten und gefährlichsten Öko-Irren stigmatisierte.

Zum Jahresende 2007 starteten die Ökokonsum-Internetportale www.utopia.de und das *Burda*-Produkt www.ivyworld.de. Es handelt sich um professionelle Plattformen zur Propagierung des nachhaltigen Lebensstils und seiner Produkte. Dort hat man angefangen, auch bestimmte Stars in diesem Bereich zu positionieren, etwas die Schauspieler Axel Milberg und Heike Makatsch.

Aber wenn entsprechende Umfragen unter Prominenten gemacht werden, lesen sich die Antworten immer noch putzig. Der DJ nimmt immer eine Tasche mit zum Einkaufen. Die Starköchin kocht mit Deckel. Die Präsidentin eines Kulturinstituts und ihr Mann verzichten auf Gefriertruhen – in sämtlichen drei Wohnungen, die sie sich in drei Städten halten. Der Generalsekretär sagt seinen Jungs, dass sie auch mal das Licht ausschalten sollen. Und der Umweltminister zieht vor dem Schlafengehen den Stecker vom Fernseher raus.

Wo ist der Promi, der politische Integrität und echte Begeisterung an modernem Klimakonsum verbindet mit jener Massenwirksamkeit, die einen auf die Couch des Samstagabendklassikers *Wetten, dass …?* bringt und damit in die Lage versetzt, dort einfach mal entspannt über sein Blockheizkraftwerk zu plaudern?

Wo ist die *Tatort*-Kommissarin, die ein emissionsfreies Elektroauto fährt und bei *Beckmann* ungefragt, aber dafür auch völlig ungeschützt, erzählt wie sich das anfühlt?

Wo ist der Profifußballer, der seinen Strom selbst produziert und dafür im *Aktuellen Sportstudio* einen Extraschuss auf die Torwand gewährt bekommt?

Wo ist die Serie, in der Solardächer vorkommen wie sonst nur bezahlte Autoschleichwerbung? Das Format, in dem Prominente zu Hause besucht werden und der staunenden Öffentlichkeit ihr bescheidenes, aber stilvoll energetisch saniertes CO_2-neutrales Eigenheim vorführen?

Das möchte man doch sehen.

Ein Fernsehproduzent sagte mir: Nein, das möchte man nicht sehen. Weitere Erkundigungen ergeben, dass ich mit dieser Meinung tatsächlich etwas isoliert dastehe. Noch.

Minki lachte mich selbstverständlich aus. Prominente? Jeder wisse, dass es in Deutschland überhaupt keine Prominenten gäbe. Meine Frau sagte, wenn überhaupt, dürfe es nicht als penetrant vorgezeigtes Gutmenschentum daherkommen wie bei Angelina Jolie und Brad Pitt.

Karla sagt, sie fände bestimmte Prominente eventuell in Ordnung, etwa die Schauspieler Nina Hoss oder Jan Josef Liefers. Nicht in Ordnung wäre Franz Beckenbauer. Oder Nina Hagen. Und auf keinen Fall ginge Veronica Ferres.

Karla hat eine Aversion gegen Ferres. Das ist hinreichend bekannt. Aber das Problem ist nicht, dass die Schauspielerin für den Kohle- und Atomstromkonzern *Eon* Werbung gemacht und dadurch jede Glaubwürdigkeit verspielt hat. Beckenbauer hat selbstverständlich auch für Kohle- und Atomstrom geworben, hat aber nicht dadurch ein Glaubwürdigkeitsproblem, sondern weil er seit Jahren den Eindruck vermittelt, für alles zu werben, was groß ist und groß zahlt. Daher nimmt man ihm weder den dreckigen Strom ab noch das saubere Mobiltelefon. Eventuell das Hefeweizen, aber eigentlich selbst das nicht. Wenn der jetzt daherkäme und von seinem Kitzbüheler Solardach erzählte, dächte man jedenfalls auch nur: »Schmarrn.« Interessanter ist die Sache mit der Sängerin Nina Hagen. Die ist erklärte Ökostrom-Bezieherin, aber bei Karla wie Ferres und Beckenbauer negativ abgespeichert. Sie möchte sich auf keinen Fall mit einer Peer-Group identifizieren, zu der Nina Hagen gehört.

Und Götz George, unser großer, alter, streitbarer Dissident?

Den findet sie eigentlich zu alt, aber wenn es sein müsste, wohl in Ordnung.

Leider hat auch der schon für *Eon* Werbung gemacht.

Es wird nicht einfach, aber es muss sein: Es braucht die Konsum-Avantgarde (also uns), eine Medienelite und die Prominenz. Ich bin überzeugt, dass ein neuer Lebensstil, der modernen Klimaschutzkonsum selbstverständlich integriert hat und als gesellschaftlichen Wert vorzeigt, mit Hilfe von Prominenten »Aufmerksamkeitsströme« bekommt, die seine Verbreitung in bestimmten Bereichen der Gesellschaft mit ermöglichen oder zumindest beschleunigen. Nicht bei den Leuten, zu deren Verständnis es gehört, sich grundsätzlich nicht an Promis zu orientieren. Sondern bei denen, die für gewisse Liftestyle-Imitationen ansprechbar sind, sei es im gehobenen bürgerlichen Segment oder im eher rustikalen.

Die Frage ist für mich nicht, wie ich auf Heino reagiere, sondern wie seine rüstigen Anhänger reagierten, wenn er nach dem Absingen einiger Strophen der Nationalhymne bekannt gäbe, dass sein schönes Café künftig CO_2-neutral funktioniert, weil er da jetzt drauf steht. Ich gehe davon aus, dass er auch dafür Beifall bekäme.

Das Gleiche gilt für Oliver Pocher. Iris Berben. Dieter Wedel. Jürgen Vogel. Hans-Jochen Vogel. Daniel Kehlmann. Peter Sloterdijk. Marietta Slomka. Dirk Bach. Lukas Podolski. Sie wirken alle nicht auf mich, aber vermutlich in ihre Peer-Groups hinein, warum also nicht so?

Warum sollte der Musikantenstadl kein Solardach haben dürfen? Warum sollte die klappernde Mühle am rauschenden Bächerl von Marianne und Michael nicht Wasserkraft erzeugen?

Aber schon klar: Auch das wird in Deutschland nicht nur auf Begeisterung stoßen, sondern aus verschiedenen Gründen auch verurteilt werden. Selbst das Ringen um einen neuen Lebensstil kann andere Leute ganz schön ärgern, wie dieser Kommentar aus dem politischen Monatsmagazin *konkret* zeigt.

»Puh, das war knapp. Aber wegen des weltweit dräuenden Klimaalarms muss man sich nun keine Sorgen mehr machen. Christiane Paul sei Dank. Im letzten Herbst noch hatte die halbwegs berühmte Schauspielerin einige schlaflose Nächte deshalb. Dann aber fiel ihr zum Glück ein, wie Klimaretten geht. (…) 1. Nicht mehr dauernd privat nach Düsseldorf fliegen. 2. Wieder mehr Pfandflaschen benutzen. 3. Keine Tomaten oder Gurken außerhalb der Saison essen. Damit aber nicht genug: ›Wir diskutieren auch‹, so Frau Paul, ›ob wir in der Woche zweimal Wurst kaufen sollten. Und manchmal

verzichten wir dann eben auf das zweite Mal.‹ Fürwahr, so kann es klappen.
Mit etwas Verzicht und Spucke wird das aus den Fugen geratene Weltwetter
wieder gekittet.«

Das nennt man süffiges Abwatschen. Insinuiert wird, dass sich da jemand wichtig machen wollte. Den Eindruck kann ich ganz und gar nicht bestätigen.

Ich hatte das Interview mit Christiane Paul gemacht, auf das sich der Autor bezieht, weil ich mitgekriegt hatte, dass auch sie angefangen hatte, sich mit dem Klimaproblem zu beschäftigen. Die Möglichkeit, es könne sich um eine imagebildende Maßnahme handeln, konnte ich nach wenigen Minuten ausschließen. Ich fand einen Menschen vor, der sich theoretisch und praktisch sehr intensiv mit der Sache auseinandergesetzt hatte und der tatsächlich schlaflose Nächte hatte bei der Beantwortung der Frage: Was tun?

Paul, Jahrgang 1974, ist in Berlin, Hauptstadt der DDR, in einer Arztfamilie aufgewachsen. Seit einem Jahrzehnt, seit dem Film *Das Leben ist eine Baustelle,* gehört sie zu den gefragtesten Filmschauspielerinnen der Bundesrepublik. Sie ist zudem so etwas wie ein Kritiker-Darling. Noch schlimmer: Es heißt, jeder Journalist, der sie interviewe, verliebe sich in sie.

Die klassische Paul-Story erzählt gern, dass sie gleichzeitig Schauspielerin und Ärztin sei. Die Arbeit als Ärztin hat sie aber inzwischen aufgegeben. Ihr zweiter Beruf ist jetzt Mutter zweier Kinder. Gesellschaftliches Engagement und soziales Denken hat sie seit der Kindheit als Werte abgespeichert. Irgendwann wuchs aber die Skepsis, ob man jenseits des Privaten tatsächlich etwas bewirken kann.

Bei unserem Gespräch erzählte sie tatsächlich, dass sie Obst und Gemüse nur kauft, wenn es regional Saison hat. Wie sie ihrer zu dem Zeitpunkt fünfjährigen Tochter den reduzierten Fleischkonsum aus Klimaschutzgründen erklärt. Wie sie sich mit vegetarischen Brotaufstrichen abmüht. Wie sie sich durch die Literatur zum Thema arbeitet, etwa Tim Flannerys *Wir Wettermacher* oder Leo Hickmans *Fast nackt.* Letzteres ist ein

Selbstversuch mit dem Ziel, ökologisch und damit ethisch zu leben. Sie sagte: »Ich habe nach der Lektüre noch mal komplett alles überdacht und manches verändert.« Zum Beispiel? Zum Beispiel waren Flüge vorher Business as usual. Inzwischen nicht mehr. Sie fliegt immer noch, wenn sie es nach eigener Einschätzung aus beruflichen Gründen »muss«. Sie fährt mit der Bahn, wenn es geht. Auch dafür gab es bittere Worte, diesmal in Leserbriefen von klassischen Ökos. Weniger fliegen? Das ist eine Entwicklung, die überzeugten Nichtfliegern selbstverständlich als viel zu gering vorkommt, weil sie nicht einsehen, warum jemand überhaupt noch fliegt.

Paul sprach auch von den Grundlagen, die die Politik festlegen müsse, und debattierte die Frage, ob Klimaschutz nur etwas für eine wohlhabende Mittelschicht in den westlichen Ländern sei, »während Unzählige weltweit ums tägliche Brot kämpfen«.

Aber, ehrlich gesagt, am interessantesten fand ich tatsächlich das oben Kritisierte, den scheinbar banalen, in Wahrheit hochspannenden Kampf im Alltag um Wissen und Fortschritt und ihre Kraft, das Erkennen der eigenen Limitiertheit nicht in Zynismus oder Lethargie umzuwandeln. Darauf läuft das kritische Sichlustigmachen genauso wie die Besserverdienerangeber-Kritik häufig hinaus, auf eine Rechtfertigung des eigenen Festhaltens am Status quo.

Wenn Paul etwas nervt, dann der Einwand, dass man ja »eh nichts tun könne« und schon gar nicht angesichts der Milliarden Inder und Chinesen, die gerade erst richtig loslegen mit dem Emittieren von Kohlendioxid. Der Kernsatz von Pauls Denken lautet: »Es geht nicht darum, was die Leute in China machen, sondern zuerst einmal darum, was wir hier machen.«

Ich fragte sie, ob sie keine Angst hätte, für eine Ökospinnerin gehalten zu werden?

»Das könnte schon sein«, sagte sie. Sie sah aber nicht aus, als ob ihr das Angst machte. Mein Eindruck war: Da gibt sich jemand richtig Mühe. Und wird dabei nicht depressiv, sondern erfährt die intensivierte Beschäftigung mit dem Klimawandel und das daraus folgende Nachdenken über das eigene Leben als Bereicherung. Stimmt das? »Ich finde es einfach sehr aufregend, mich damit zu befassen«, sagt Christiane Paul. Sie sehe die Welt jetzt mit anderen Augen.

Das Versagen der Medien

Prominente Verstärker von Trends, Einstellungen und Lebensbildern sind nicht nur Schauspieler, Musiker und Politiker, sondern auch Topmanager – oder »Wirtschaftsjohnnies«, wie mein Bruder zu sagen pflegt –, Wissenschaftler, Publizisten und Journalisten. Also die Bildungs-, Leistungs-, Macht- und Medieneliten, die nicht oder kaum im Darstellungsgeschäft tätig sind, aber Einfluss haben und nehmen können auf gesellschaftliche Entwicklungen oder zumindest Haltungen.

Es ist ein noch größeres Problem als fehlende Promis, dass diese deutschen Eliten eine Vorbildrolle beim Verhalten und Konsum im Zusammenhang mit Klimaschutz zurückweisen, von wenigen Ausnahmen mal abgesehen. Es erklärt, warum dem Klimaschutz zwar in allen offiziösen Politikerzusammenhängen, Leitartikeln und anderen Sonntagsreden oberste Priorität bescheinigt wird, er diese aber nicht wirklich hat.

Auch der beste Leitartikel hat nur begrenzte Möglichkeiten zu wirken. Im Idealfall wird er von einem Menschen gelesen, der die brillanten Ausführungen des Leitartiklers versteht, sie teilt und dadurch überzeugt und in die Lage versetzt wird, Konsequenzen für das eigene Leben, das gesellschaftliche oder politische Wirken zu ziehen. Im echten Leben kommt das selbstverständlich praktisch nicht vor. Das liegt zum einen daran, dass viele Menschen Leitartikel gar nicht lesen. Und es liegt zum anderen daran, dass die Leitartikel als Leitartikel geschrieben und auch gelesen werden. Also als Moraltheorie. Motto: So müsste es eigentlich sein. Amen.

Die politische Wochenzeitung *Die Zeit* hat das Thema Klimawandel aufmerksam und fachlich begleitet und eine ganze Reihe von klugen Leitartikeln veröffentlicht, die in die Rubrik fallen: So müsste man … Wenn man die Moraltheorie auf Seite 1 abgenickt hat und weiterblättert, dann kommt man irgendwann zum Autotest der *Zeit*. Es werden dort inzwischen neben den üblichen feuchten Altmännerträumen auch Familienkutschen, Billig-Autos und auch mal umweltfreundlichere Autos getestet. Den CO_2-Wert gibt man inzwischen auch an.

Das Verräterische aber ist die Haltung, mit der das rübergebracht wird. Produktbegeisterung speist sich immer noch aus den von der Autoindustrie vorgegebenen Spins (»Die Siebengang-Automatik? Schaltet so weich, wie der Zephyr weht.«) Die Begeisterung für echten Klimakonsum fehlt dagegen. Häufig reicht es nur zu einer Art Augenzwinkern darüber, dass man ja jetzt mit wenig Sprit fahren solle und könne (»Hilfe, mein Auto trinkt zu wenig«).

Ein spezieller Fall ist der Großlimousinen- und Sportwagentester Josef Joffe. Was immer man unter Deutschlands Medienelite verstehen mag, als Herausgeber der *Zeit* gehört er automatisch dazu.

Über einen Audi A4 Cabrio schreibt er: »Dabei frisst der Sechszylinder-Diesel auch bei schärferer Fahrt nicht mehr als zehn Liter.« Ein Auto, das im 21. Jahrhundert nur zehn Liter fossile Energie auf 100 Kilometer verbraucht? Super. Damit werden ja auch kaum 250 Gramm Kohlendioxid rausgeblasen, also nur doppelt so viel wie ein unter sozialen und Umweltaspekten gerade noch akzeptables Auto.

Nachdem Joffe nachhaltig über einen 125.000 Euro teuren Mercedes-Benz CL 500 Coupé geschwärmt hat, kommt er zu dem Schluss: »Den Verbrauch lassen wir aus Pietätsgründen weg.« Durch so eine Einstellung wird die Seite-1-Sorge der ehrwürdigen Zeitschrift um die Zukunft des Planeten sehr relativiert. Wer vorn das Energie-, Umwelt- und Gerechtigkeitsproblem des Planeten erklärt und den Anteil der westlichen Industrienationen herausarbeitet, aber hinten auf infantilem Prestigekauf besteht und den Zusammenhang des Leitartikels mit dem realen Verbrauch seines Mercedes CL 500 Coupé nicht erkennt oder erkennen will, verhält sich wie ein verheirateter CSU-Funktionär, der beim Schreiben einer Rede über die Wichtigkeit der Treue zur bayerischen Gesellschaft unter großem Gejohle seine Sekretärin bumst.

Joffe geht der Klimawandel offenbar auf die Nerven, und vor allem ärgern ihn auch jene, die in diesem Zusammenhang lebensverändernd aktiv werden. In der *Zeit* vom 17. Oktober 2007 beschrieb er den »Klimatismus als neue weltliche Religion« von Fanatikern, die Al Gore als Gott anbeten, Wachstum als Teufel verdammen und, vor allem, die ihm offenbar sein Auto wegnehmen wollen. Das alles ist bisweilen pointiert und wäre lustig, wenn nicht ein entscheidendes Problem zugrunde läge: Joffe will den Klimawandel als eine der üblichen ästhetischen Feuilleton-Debatten abhandeln und sich selbst als aufrechten Kämpfer gegen eine – eigens dafür erfundene – Klimadespotie inszenieren. Um das als Intellektueller und als Medienmensch mit herausragender gesellschaftlicher Verantwortung tun und auch seinen Sportwagen weiter brummen lassen zu können, muss er die ganz große Nummer wagen:

»Ob Erwärmung (…) menschengemacht ist oder nicht, ist in der Tat die Schicksalsfrage des 21. Jahrhunderts.«

Womöglich hatte Joffe diesen Köder in der Hoffnung ausgeworfen, Gore-gläubige Klima-Fanatiker würden dazu aufrufen, ihn als Klima-Leugner zu verbrennen.

Das aber geht beim besten Willen nicht. Wissenschaftlich gesehen ist seit den 90ern unstrittig, dass der Klimawandel menschengemacht ist. Joffes Aussage ist in etwa so ketzerisch, als würde er sagen: »Ob die Erde eine Scheibe ist oder eine Kugel, ist die Schicksalsfrage des 21. Jahrhunderts.«

Dafür wird man nicht verbrannt, höchstens ausgelacht. Selbst George W. Bush hat es inzwischen gut sein lassen.

Aber man schafft tatsächlich eines: Man vergeudet die Zeit der Erwachsenen. Und die *Zeit*. Und das ist schade.

Auch andere wichtige Medien haben Probleme, das Thema qualitativ oder zumindest glaubwürdig zu begleiten.

Stefan Aust, der langjährige Chefredakteur des *Spiegel*, soll den Anblick von Windrädern nicht ertragen können oder wollen. Und er ist damit in der Redaktion nicht alleine, muss man angesichts der jahrelangen Anti-Windkraft-Berichterstattung annehmen. Manch einer mag das für einen popeligen Einwand halten gegen regenerativ erzeugte Energie im Vergleich mit dem realen Schaden, den das Herausholen und Verbrennen der zu Ende gehenden Kohle in Natur und Atmosphäre anrichtet. Aber die Zukunft der Erde ist das eine, der Blick aus dem eigenen, reetgedeckten Wochenendhäuschen das andere.

Der Spiegel hat über zwei Jahrzehnte einige Phasen der Klimaberichterstattung durchlaufen. Die gestiegene Dringlichkeit brachte ihm in der Gegenwart erkennbar das Problem, sich dem Thema nicht mehr oder ständig mit der üblichen herablassenden Attitüde nähern zu können. So geht es im Zickzack hin und her zwischen präzisen Beschreibungen des Problems oder einzelner Bereiche und der üblichen Verdammung der »Klima-Hysterie« oder der blöden moralischen Weltverbesserer.

Der *Stern* wiederum hat den Trend »Einfach die Welt verbessern« sehr früh erkannt, muss nun aber hinnehmen, dass sich die Welt einfach nicht verbessern lässt, oder zumindest nicht so einfach. Was nun? »Immer noch einfach die Welt verbessern«? Oder: »Die Welt noch einfacher verbessern«?

Die Fernsehtalkshows taten sich allein schon deshalb schwer, weil sie die wahren Experten zum Thema nicht kannten oder nicht wollten. Wenn solche Diskussionen dann aufs Energiesparen reduziert werden und der Bundesumweltminister die weitreichendsten Vorstellungen hat, kann etwas nicht stimmen.

Das Thema ist für die Medien wirklich schwierig. Es entzieht sich dem Trendjournalismus, es ist kompliziert, es ist langsam, es tut sich kaum etwas, und wenn, dann nach allgemeinem Medienverständnis immer dasselbe. Eine Konferenz, bei der wieder nichts herauskommt, ein Bericht, der noch mal sagt, was der letzte auch schon sagte. Wo ist das »Neue«?

Wo ist die Geschichte? Wo die überraschende Wendung? Wo die immer gut kommende Reduzierung auf ein Duell zwischen zwei Menschen oder Gruppen? Der Eisbär ist auch schon durch. Und es gibt – außer Gore – niemand Prominentes weit und breit zum Rauf- und dann wieder Runterschreiben.

Deshalb werden hie und da auch immer noch die guten alten »Klimaskeptiker« oder mittlerweile ihre Weiterentwicklung, die »Klimaauswirkungsskeptiker«, bemüht, um den scheinbaren und scheinbar langweiligen Konsens aufzubrechen. Auch damit wird nur Zeit vergeudet, in der die relevanten gesellschaftlichen Diskussionen nicht geführt werden.

Es ist womöglich ein bisserl beschämend, dass – ausgerechnet – Springers Boulevardzeitung *Bild* bisher den weitreichendsten Versuch unternommen hat, das Thema Klimawandel ihren Lesern praktisch nahezubringen. Selbstverständlich ist das aus medienethischer Sicht nicht glaubwürdig, steht in keinerlei akzeptablem Verhältnis zum vorherigen und sonstigen Verhalten von *Bild* und der dort favorisierten und auch weiter praktizierten Vorfahrt für die Vollgas-Wirtschaft und kann jederzeit in eine Hasskampagne gegen alles und jeden umschlagen, wenn das populistischer und verkäuflicher erscheint als die Klimasorge.

Trotzdem: *Bild* wird zwar von immer weniger Menschen, aber doch immer noch von weit mehr gekauft als alle überregionalen Qualitätszeitungen zusammen. Insofern ist die relevante Frage nicht, wie ich die Klimaberichterstattung von *Bild* finde, sondern ob und wie sie die *Bild*-Leser erreicht hat.

Ein Grund, warum die Eliten keine Klimaeliten sind, liegt möglicherweise darin begründet, dass der Inhalt Öko lange sehr wenig galt. Bezeichnend ist, was die damalige Fraktionschefin Angela Merkel zunächst für den CDU-Bundestagsabgeordneten Martin Hohmann ersann, als nach öffentlicher Empörung über dessen als antisemitisch kritisierte Rede Verdammung gefragt war: Sie wollte ihn in den Umweltausschuss versetzen.

Und was machte man jahrelang mit Politikern, die neu im Bundestag waren oder übrig, nachdem die »richtigen« Jobs vergeben waren? Sie wurden in den Umweltausschuss geschickt.

Auch in anderen Bereichen brachte der Schwerpunkt Ökologie keine Aufstiegschancen mit sich. Im Journalismus dürfte es lange karrierehemmender gewesen sein, wenn einer Öko war, als wenn er als Sporthansel galt. Das ist nicht nur für wirtschaftsfreundliche (also fast alle) Medien zutreffend, für die Ökologie und Wirtschaft stets Gegensätze waren.

Nicht nur das, aber auch das trug zu einem kulturellen Graben zwischen Öko-Redakteuren und den Entscheidern in den Redaktionen bei. Man kommunizierte miteinander, aber man verstand sich nicht. Ähnliches galt für die Beziehung zwischen Öko-Berichterstattung und dem »Normalleser«. Sie ist bis heute geprägt von einem eklatanten Vermittlungsproblem.

Die Lösung dieses Vermittlungsproblems besteht aus meiner Sicht nicht in der Vergrößerung der Berichterstattung, einer prominenteren Platzierung oder einer Beförderung des Öko-Redakteurs. Klimawandel und Klimakonsum müssen raus aus der Öko-Nische, weg von der Zertifikats- und Emissions-Lyrik, der Katastrophen-Bebilderung und den Wirtschaftsseiten. Das Thema muss interdisziplinär und vor allem als gesellschaftliches und konsumistisches Projekt behandelt und untersucht werden.

Auch das ist ein sich selbst dynamisierender Prozess, der gesellschaftliche Vorbilder braucht und der sie entstehen oder in die Öffentlichkeit treten lässt. Vorbilder, die das Know-how mit dem Glamour verbinden und den persönlichen und gesellschaftlichen Fortschritt in Talkshows glaubhaft ausstellen. Die als Avantgarde begeistert von ihren neuen Produkten schwärmen wie in den alten Tagen von ihren Sportwagen.

Warum das nicht längst passiert ist, ist eine soziologische Untersuchung wert. Mein Verdacht: Die Elite und auch Teile der gehobenen Mittelschicht haben zwar keine Probleme, Hartz IV moralisch zu begründen und anderen zu erklären, warum es nicht mehr so weitergehen kann wie bisher und man sich am Riemen reißen und seiner Oma ihr klein Häuschen verkaufen muss. Sie haben aber bisher keine ökologisch-soziale Moral in ihr Verständnis von Bürgerlichkeit integriert. Unter anderem vermutlich, weil es – im Gegensatz zu Hartz IV – auch ihr eigenes Leben betrifft. Die sogenannte Neue Bürgerlichkeit hat diese ökologisch-soziale Moral bisher ebenfalls verdrängt oder abgelehnt.

Die Elite ist nicht in der Lage, einen Anspruch auf ein neues gesellschaftliches Leitbild in Sachen Energie zu formulieren.

Das könnte ein Zeichen sein, dass nicht der Klimawandel, sondern die moralisch fundierte Position, sich ihm zu stellen, von der deutschen Elite als Bedrohung des eigenen Lebensstils und Standes empfunden wird.

Daher braucht es eine neue Elite, die statt oder neben der alten die Klimakonsum-Avantgarde bildet. Die vorangeht und sagt, was wichtig ist, was gut ist und was guter Geschmack ist. Es hat sicher etwas mit dem Elitegedanken zu tun, wenn man einen Lebensfokus auf den Erwerb und Gebrauch moderner Produkte richtet, die den eigenen Fußabdruck reduzieren und möglichst minimieren. Wenn man es unbedingt negativ sehen will, kann man dieses Negative genauso in der Abgrenzung gegenüber anderen weiter konventionell Konsumierenden finden sowie in der Absicht, möglichst viele zur Nachahmung zu inspirieren, also zu »bekehren«.

Ich sehe es nicht als Abgrenzung nach »unten«, also moralische Verurteilung von Schlechterverdienenden, die sich die wunderbaren Klimaschutzprodukte gar nicht leisten können. Wie sie sich auch den Mercedes CL 500 Coupé finanziell nicht leisten können.

Es ist eine Abkehr von Werten, die als falsch erkannt oder als nicht mehr zukunftstauglich eingeschätzt werden. Ziel ist nicht die Exklusion, sondern die Integration der Gerechtigkeit – und zwar gegenüber mehr Menschen und der Natur.

Ein Hauptziel ist qualitatives Wachstum. Das heißt unter anderem, dass die Kosten, die durch Schädigung der Natur und anderer Menschen entstehen, reduziert werden und von den Unternehmen und/oder Kunden getragen werden und somit in der Gesamtkalkulation allen Wirtschaftens enthalten sind.

Nach einer Zeit des Nebeneinanders wird sich eine neue bürgerliche Kultur herausschälen, in deren Folge die anachronistisch agierende Elite abgelöst wird, was ihre Funktion als Leit- und Vorbildmilieu angeht.

Die neue Elite wird ein Auto mit hohem Kohlendioxidausstoß nicht haben wollen. Irgendwann werden es sich auch andere aus Prestigegründen nicht mehr leisten können.

Wenn ein respektierter Bürger wie der Leitartikler Joffe darauf besteht, schwere Autos zu propagieren, die sehr viel Kohlendioxid ausstoßen, so kann er das selbstverständlich auch künftig tun, allerdings im Rahmen der dann geltenden politisch durchgesetzten Regelungen.

Er hat sich damit komplett abgekoppelt von der Moderne. Man wird ihn eines Tages anschauen wie jenen Konsumbürger, der sich im mittelpreisigen Restaurant eine Zigarette anzündet. Er mag es für Rebellion und Freiheitskampf halten, für den Rest ist es nicht mehr gesellschaftsfähig.

Das ist dann weder Öko-Stalinismus noch Verzicht, noch Freiheitsberaubung: Es entspricht einfach weder der Moral noch dem Geschmack, noch dem Stil der Zeit. Das heißt nicht, dass Joffe keine Zustimmung mehr finden würde. Er muss sich seine Freunde nur anderswo suchen. Aber das tut er ja bereits.

Das meine ich gar nicht zynisch, sondern vielmehr hoffnungsfroh. Jetzt ist ein Zeitpunkt, zu dem in gewissem Ausmaß neu verhandelt wird. Nicht, wo oben und unten ist in der Gesellschaft, aber wo vorn und wo hinten ist. Menschen, die sich bisher vorn wähnten, könnten nicht der neuen Konsumelite angehören (wenn sie darauf bestünden). Andere könnten in bestimmtem Ausmaß aufsteigen und Teil eines neuen Leitmilieus werden. Wer das jetzt nicht glaubt, soll später nicht ankommen und lamentieren.

Einfach machen: Boris Palmer, Öko-Oberbürgermeister

Das Platzieren und Voranbringen eines moralischen Themas oder einer Modernisierung in der Gesellschaft durch die Bewusstseinsindustrie ist das eine. Aber wo beginnt die echte Arbeit? In der Provinz. In den USA haben sich Hunderte Städte in ihrer Verzweiflung über das Nichthandeln in Washington zu einer eigenen Kyoto-Allianz zusammengeschlossen. Auch in Deutschland gibt es ökologische Vorzeigekommunen und Landkreise, entstanden durch Bürgerbewegung oder engagierte Kommunalpolitiker oder beides. In Tübingen hat ein frisch gewählter Oberbürgermeister die energetische Modernisierung und den Kampf gegen die Klimakatastrophe zur obersten Stadtpflicht erklärt.

Boris Palmer war der erste deutsche Politiker, der einen knallharten Klimaschutz-Wahlkampf führte. Er gewann die Wahl. Haushoch.

Der Umwelt- und Verkehrsexperte der Grünen im baden-württembergischen Landtag wurde im Oktober 2006 gegen die Amtsinhaberin von der SPD im ersten Wahlgang zum Oberbürgermeister der schwäbischen Universitätsstadt Tübingen gewählt. Von einer grün-schwarzen Mehrheit. Auf der Grundlage eines Wahlprogramms, das schwerpunktmäßig die Entwicklung des klassisch-hochgeistigen Tübingen zu einer modernen Eco-Stadt der Zukunft vorsieht. Es gab auch noch weitere, lokale Faktoren in diesem Wahlkampf. Trotzdem: Wie kam das, dass man von moderner Energieerzeugung und Ausbau des Fahrradwegnetzes redet, Al Gores Film zeigt und eine absolute Mehrheit holt?

Ich traf ihn in Berlin, um mit ihm darüber zu sprechen.

»Vor fünf Jahren hätte ich noch keinen Wahlkampf so führen können«, sagte er. »Einfach kommen und sagen: Die drei wichtigsten Dinge sind Klimaschutz, Klimaschutz und Klimaschutz.«

Warum nun?

»Die Bewertung des Themas ist heute völlig anders.«

Es gibt einige wenige Politiker, die seit Jahrzehnten Klimaschutz politisch behandeln und leben. Selbst die Grünen haben kaum Spitzenpersonal, das ein glaubhaftes Role Model abgeben kann, weder was politisches Profil, noch was persönlichen Lebensstil betrifft. Die Grünen-Spitzenpolitikerin Renate Künast sagte mir, sie lebe das in vielerlei Hinsicht, halte es aber für ein »Träumchen«, dass Politiker einen ökologischen Lebensstil vorleben müssten oder könnten.

Ein Träumchen? Ja, es sei ein »Träumchen, zu glauben, dass man gerade mit dem Politikerjob, der einen viel herumbringt, 150-prozentig positiv leben kann.«

Es stimmt, dass Spitzenpolitiker qua Funktion viel reisen (müssen) und damit auch entsprechend Energie verbrauchen. Es ist sicher auch überhaupt nicht zielführend, engagierten Leuten permanent vorzuhalten, dass sie zu Klimakonferenzen eingeflogen kommen. Es ist aber Spitzenpolitikern auch nicht verboten, in Plusenergiehäusern zu leben oder mit modernen und spritsparenden Autos zu fahren. Die Grünen-Parteispitze musste man im Jahr 2007 geradezu prügeln, damit sie von dicken BMWs zumindest mal auf effizientere BMWs umstieg. Von selbst wären die Vorsitzenden Bütikofer und Roth auf die Idee offenbar gar nicht gekommen.

»Mein dominierendes Leitbild ist die ökologische Lebensweise« – so was sagt Palmer nicht nur, er lebt es tatsächlich.

Zum Beispiel: Der Chauffeur der Vorgängerin widmet sich mittlerweile anderen Aufgaben. Palmer fährt mit dem Fahrrad von seinem Zuhause in Tübingens Öko-Quartier Französisches Viertel zum Rathaus. Privat hat er überhaupt kein Auto.

Fliegen? Kaum. Selbst Berlin erreicht er mit dem Zug. Die Hauptsache ist, dass er eine Energiequelle findet, um seinen allgegenwärtigen Laptop über die Laufzeit des Akkus hinaus am Funktionieren zu halten. Den Strommix der Bahn hat er dann allerdings nicht mehr selbst in der Hand.

Ruft man ihn mobil an, kann es sein, dass er gerade einen Alpenpass hochradelt.

Dass und wie er den Daimler-Dienstwagen der Vorgängerin gegen einen Toyota Prius tauschte, ist in die Geschichte der Symbolpolitik eingegangen.

Beim Amtsantritt hatte er bewusst diese anscheinende Grenzverletzung begangen, um auf eine Veränderung der öffentlichen Meinung über Verhaltenskodizes von Politikern hinzuweisen oder hinzuarbeiten. Angesichts der »größten Herausforderung der Menschheit«, wie selbst die Bundeskanzlerin Angela Merkel den Klimawandel nennt, solle die Öffentlichkeit künftig von einem schwäbischen Schultes erwarten dürfen, dass er ein umweltfreundliches Auto fahre. Sobald es ein deutsches Auto gebe, das die ökologischen Kriterien des Oberbürgermeisters erfülle, werde er selbstverständlich wechseln. Bis aber die heimische Industrie ein solches Auto baue, müsse man auf Japaner zurückgreifen. Landesvater Oettinger (CDU) tat entsetzt. Das sei »Landesverrat«.

Das offenbart ein arg anachronistisches Verständnis vom Weltgeschehen in einer Zeit global agierender Konzerne, in der Toyota auch in Europa produziert und »deutsche« Autos längst nicht nur von deutschen Arbeitern in Deutschland gefertigt werden. Allerdings waren auch einige Tübinger Bürger Oettingers Meinung, die bei Daimler im benachbarten Sindelfingen arbeiten.

War Palmers Aktion eine Politikershow?[4] Sicher gab es Leute, die das so sahen. Sicher weiß Palmer, wie Medienpolitik und Mediengesellschaft funktionieren. Aber wer mit ihm über Fahrrad, Auto, Verkehr und Klima redet, merkt schnell, dass da Substanz dahinter ist. Womit wir zur Ausgangsfrage zurückkommen, ob Politiker etwas vorleben müssen. Sie müssen nicht. Aber dass Palmer lebt, was er propagiert, macht ihn glaubwürdig. Und was er mit dem Prius gemacht hat, kann man als Umsetzung einer Strategie sehen, die seit Jahren existiert, allerdings nur in der Theorie: Erst geht eine Elite voran, und dann ringt der bewusste Konsument der bockigen deutschen Autoindustrie den Fortschritt ab, indem er ihr ihr Liebstes vorenthält – sein Geld. Immer im Wissen, dass der Verkehr real 20 Prozent zu den Gesamt-CO_2-Emissionen in Deutschland beiträgt und damit zur Erwärmung der Atmosphäre. Und in der Grundannahme, dass die Automobilindustrie die emotionale Schlüsselindustrie für Klimaschutz ist.

Warum er seinen Entwurf einer modernen, ökologischen Stadtpolitik mit dem Auto verknüpft hat, obwohl sein Ziel doch heißt, weniger Auto oder gar keins?

Tja, auch Palmer weiß um die Symbolkraft des Autos, weiß, dass es die Fantasien der Leute erregt, im Gegensatz zur Wärmedämmung oder Kraft-Wärme-Kopplung. Aber er fand die Hybrid-Technik auch tatsächlich faszinierend.

Als ich ihn nach seinen Erfahrungen mit dem Prius fragte, schwärmte er davon, wie er auf der B 27 nach Stuttgart dank der beim Bremsen gewonnenen Energie mit dem Elektromotor »ohne ein Gramm CO_2 von Degerloch bis zum Landtag runter« fahre, das ist eine innerstädtische Strecke von etwa sieben Kilometern.

Palmer wuchs in Geradstetten auf, nicht weit von Tübingen entfernt. Er hat ein 1,0-Abi gemacht. Er ist Mathematiker. Sohn des als »Remstalrebell« bekannten Obsthändlers und Politikers Helmut Palmer. Er war 34, als er zum OB gewählt wurde. »Zu jung«, fand nicht nur Tübingens große Intellektuelle Inge Jens. Dabei war er da schon ein Polit-Veteran. Er wurde zweimal im Wahlkreis Tübingen in den Landtag gewählt, zuletzt 2006 mit Spitzenergebnis. Die Taktiker in der Partei rieten ihm von der Kandidatur ab. Als Grüner eine OB-Wahl gewinnen? Das war selbst in Tübingen unwahrscheinlich. Außerdem hatte er schon mal eine OB-Wahl in Stuttgart »verloren«.

Aber als Opposition hat Palmer im Landtag jahrelang für den Papierkorb gearbeitet. Die Macher waren damals andere. Er wollte unbedingt einer sein.

Jetzt macht er.

Das Ziel hat es in sich: Er will Tübingen zu einer ökologischen Vorbildstadt entwickeln.

»Wer in zehn Jahren nach Tübingen kommt, soll sagen können: Hier ist der Platz, wo man sehen kann, wie der ökologische Städtebau der Zukunft aussieht.«

Ganz schön großer Satz? Es gab noch größere:

»Frage nicht, was dein Land für den Klimaschutz tun kann, frage dich, was du für den Klimaschutz tun kannst«, donnerte er seinen Bürgern bei seiner ersten Neujahrsansprache entgegen. Eine Kennedy-Weiterentwicklung? Da rollten diejenigen die Augen, denen Palmer nicht nur eine Spur zu jung ist, sondern auch zu laut und zu nassforsch. Aber er ist sicher, dass man gerade in Kommunen viel erreichen kann. Klar, er muss jedes Mal eine Mehrheit im Gemeinderat organisieren, er muss das Geld irgendwo herkriegen, er muss seine Bürger mitnehmen. Sein Vorteil könnte sein, dass er keine Utopien hat, sondern weiß, was er will. Und wie er es kriegt.

Palmer – oder genauer gesagt: Tübingen – hat das Glück, dass man seine Stadtwerke nicht verkauft hat. Als Oberbürgermeister ist er jetzt deren Aufsichtsratsvorsitzender und Chef von 1.400 Angestellten. Eine echte Machtposition.

Zusammen mit etwa 50 Stadtwerken und regionalen Stromversorgern hat Palmer Tübingen in dem Verbund SüdWestStrom an einem Windkraftpark in der Nordsee beteiligt, etwa 100 Kilometer nordwestlich von Borkum mitten im Meer gelegen.

Palmer ist Aufsichtsratsvorsitzender. Tübingen ist mit 8 Megawatt und 10 Millionen Euro an »Bard Offshore 1« beteiligt. Konstanz hat zum Beispiel 1 Megawatt. Es gibt auch kleine Kommunen, die einen Minianteil haben. Es geht darum, durch eigene Erzeugungskapazitäten die Unabhängigkeit der Stadtwerke zu erhalten oder zu vergrößern und damit, so Palmer, »die Abhängigkeit von den vier großen Konzernen zu reduzieren«. Grundlage sei Rückendeckung aus der Gesellschaft. Man produziere klimafreundlichen Strom, »weil die Bürger von den Stadtwerken eine Vorreiterrolle bei den erneuerbaren Energien erwarten«.

Mit dem Windpark, zwei Wasserkraftwerken am Neckar, Photovoltaik-Anlagen und dem schon vor Palmer vorhandenen Bestand an Kraftwärmekopplung auf Gasbasis soll Tübingen 2011 über 40 Prozent des Strombedarfs der Stadt selbst produzieren.

Die Verwaltung der Universitätsstadt fliegt auf Palmers Anweisung nur, wenn es notwendig ist, jeder Flug wird bei *Atmosfair* kompensiert. Die Bürger sind auch dazu aufgerufen.

»Wer sich einen Flug Stuttgart–Berlin leisten kann, kann sich auch acht Euro für den Klimaschutz leisten«, sagt Palmer.

Eine besondere Aktion ist das Abkommandieren seiner Beschäftigten in der Verwaltung zu einer praktischen Fortbildungsstunde. Geübt wird spritsparendes Autofahren.

»Da werden sich Ihre Kollegen sicher freuen«, sagte ich.

Palmer: »Wieso? Ist während der Arbeitszeit.«

Inzwischen laufen etwa 20 Projekte. Nach welchem Prinzip geht er vor? Palmer sucht Bereiche, in denen kommunal etwas zu bewegen ist. Die erste Frage lautet also: Wo geht was? Die zweite: Wer macht's? Dann legt er einen Öffentlichkeitstermin fest, bei dem er erklärt, warum das jetzt gut und wichtig ist. Ein Ziel wird vorgegeben. Dann wird das Ziel erreicht. »Es braucht messbare Erfolge, um ein Wir-Gefühl zu erzeugen«, sagt er.

So hat er es auch beim Ökostrom gemacht. Es sei an der Zeit, dass nach der Verwaltung auch die Bürger umstiegen und dass es großartig wäre, wenn bis Jahresende soundsoviel umgestiegen wären, sagte er. Im Sommer waren bereits mehr gewechselt als vorgegeben. Großer Jubel. Palmer ist Anhänger des Ökostrom-Aufpreismodells, bei dem ein etwas höherer Strompreis mit dem Versprechen gekoppelt ist, den Mehrpreis (oder Anteile davon) in neue Anlagen zu investieren, mit denen zusätzliche erneuerbare Energie erzeugt wird.

Die Bestandsaufnahme der städtischen Wohnungsbaugesellschaft erfolgt schwerpunktmäßig unter energetischen Gesichtspunkten. »Mit einem Eimer Farbe losgehen und eine Wand streichen – das machen wir nicht mehr.« Sanieren heißt energetisch sanieren.

Das sind alles keine Sensationen. Es sind aber Dinge, die passieren. Wenn etwas sensationell ist, dann die Zielvorgabe. Palmer will jeden der derzeit 84.000 Tübinger dazu bewegen, seine persönliche CO_2-Bilanz von derzeit durchschnittlich zehn Tonnen bereits bis 2020 auf ein »umweltverträgliches Maß zu bringen«. Das sind für ihn drei Tonnen pro Jahr und Bürger. Minus 70 Prozent.

Drei Tonnen pro Mensch gelten derzeit als klimaneutral, zwei Tonnen pro EU-Bürger sind die Vorgabe bis 2050, um die Erwärmung auf zwei Grad zu begrenzen.

Aber wie will er minus 70 Prozent schaffen?

»Man kann in jedem Segment des Energieverbrauchs Maßnahmen aufzeigen, die 70 Prozent CO_2-Reduktion erbringen. Es geht also nur um die Breitenanwendung vorhandener Technik und die Veränderung existierenden Verhaltens. Schwierig genug, aber machbar.«

Was heißt das konkret für eine Stadt?

»Wenn die Stadt durch Regelungstechnik, Heizungsmeister und Wärmedämmung in allen städtischen Gebäuden 70 Prozent Einsparung bis 2020 erreicht, dann zeigt das, wie es geht. Es kommt nur darauf an, die Gebäude in anderem Eigentum ebenso zu modernisieren.«

Ist Palmer eigentlich ein klassischer Öko?

Kann nicht sein. Dafür ist er zu jung. Dafür hat er sich in seiner Partei zu harte Auseinandersetzungen mit klassischen Ökos geliefert. Aber seine intensive Beschäftigung mit dem Thema, sein Lebensstil, seine Kompetenz in der Energiefrage, seine Ansprüche an andere: Das geht auch weit über einen gesundheitsorientierten Konsumstil hinaus.

Andererseits beschrieb er schon vor fünfzehn Jahren in der Schülerzeitung die Macht und die Verantwortung des Verbrauchers. Damals entstand die Idee des politikmachenden Einkaufskorbs. Wenn Palmer aber loszog, um politisch einzukaufen, merkte er: »Es gibt diese Macht nicht.«

Das sei für ihn Phase Zwei gewesen und der Grund, warum er Politiker wurde: »Das muss anders werden.«

Ende der 90er kam die Desillusionierung. Aha: Der Mensch ist nicht so, sondern anders. Da hieß es: Er agiert nicht selbständig, man muss steuernd eingreifen und ihn zu seiner Verantwortung drängen. Aber nicht durch Ge- und Verbote, sondern über den Geldbeutel, etwa durch Erhöhung der Flugsteuer oder des Benzinpreises.

Was wir heute haben, Phase Drei, nennt Palmer die »Überraschungsphase«. Veränderte Marktbedingungen, eine Professionalisierung der Öko-Branche und neues gesellschaftliches Bewusstsein durch Wissenszuwachs sind für ihn die Gründe positiver Entwicklungen.

Jetzt noch die Feuilletonfrage: Verändern die Leute ihre Konsumgewohnheiten wegen des Distinktionsgewinns oder weil sie sehen, dass man jetzt etwas tun muss? Ist das Egoismus oder Altruismus? Ästhetik oder Realpolitik? Schein oder Sein?

Es ist immer wieder spannend zu sehen, wie jemand auf diese Frage reagiert.

Palmer reagiert erwartungsgemäß. Nämlich pragmatisch.

»Es kann das eine sein, es kann das andere sein, es kann eine Mischform sein. Wichtig ist das Ergebnis.«

Klimaschutz als Modetrend? »Es gäbe Schlimmeres, wenn es dafür sofort einen quantitativen und dadurch auch qualitativen Schlag tut.«

Die derzeitige Entwicklung nennt er einen »Prozess, der in sozialer Formation abläuft.«

Heißt: Eine Vernetzung von Leuten, die die Sache voranbringen. Determinanten des Engagements seien Einkommen, Bildung und Milieu.

Übersetzung: Wer besser ausgebildet ist und mehr verdient, tut auch mehr. Palmer findet das Tempo, in dem sich etwas tut, übrigens nicht beängstigend langsam, sondern seit einiger Zeit »enorm«.

Was ist mit den marxistisch geschulten Kritikern, die Klimakonsum als Kapitulation vor dem Kapitalismus verstehen? »Der Kapitalismus ist sicher nicht die einzig vorstellbare Form. Sehr wahrscheinlich gibt es Besseres. Aber in diesem Jahrhundert wird niemand einen akzeptablen Weg beschreiben können, wie man vom Kapitalismus zu dem anderen kommt. Deshalb muss man mit der Gesellschaft arbeiten, die wir haben, und das Problem lösen.«

Ein Neuer Öko hätte es nicht besser sagen können.

10

MEIN SOHN, SEIN BÖSES VFB-TRIKOT – UND DIE FRAGE, OB MAN ES NICHT AUCH ÜBERTREIBEN KANN

Mein Sohn liebt sein Mario-Gomez-Trikot: Leider ist vorne Werbung für einen Atomstromkonzern drauf. Muss es weg?

Seit Jahren versucht mein Schwiegervater, mir meinen Sohn auszuspannen. Sein finsterer Plan: Er will ihn umdrehen und zu einem Anhänger des Fußball-Bundesligisten VfB Stuttgart machen. Immer wenn der Junge zu Besuch beim Opa im Schwäbischen ist, erzählt er ihm, dass er VfB-Fan werden soll. Er sagt ihm, das sei einfach das Beste. Das sehe man ja an ihm. Ich sei ja als Kind auch VfB-Fan gewesen und sei es in Wahrheit immer noch.

Ersteres stimmt. Mein Großvater hatte mich dazu verleitet.

Lange hatte mein Sohn den Avancen widerstanden. Er fand den VfB nicht so richtig interessant. Doch dann wurde Stuttgart Meister. Und als er danach wieder zum Opa kam, lag da ein VfB-Trikot. Hinten stand die Nummer 33 drauf. Und der Name Mario Gomez. Wer es nicht weiß: Das war zu der Zeit der Starstürmer des VfB.

Seither trug mein Sohn das Trikot. Ständig. Er ging damit in die Schule. Er trug es zu Hause. Das war nicht darum ein Problem, weil ich ein ehemaliger VfB-Anhänger bin, dem vor Jahren die Liebe zu diesem Klub verlorengegangen ist. Es war ein Problem, weil da nicht nur hinten »Gomez« draufsteht, sondern vorne auch noch »*EnBW*«.

Energie Baden-Württemberg (*EnBW*) ist einer der vier führenden Atom- und Kohlestrom-Energiekonzerne, die den deutschen Markt unter sich in hauptsächlich regional definierte Teile aufgeteilt haben. Ein großer Teil der

Werbe- und Imagestrategie der *EnBW* ist auf »Greenwashing« der Atom- und Kohleenergie aus.

»Und der VfB«, sagt mein Bruder, »ist Teil dieser Strategie.«

Ihm ging es übrigens genauso. Trotz Photovoltaikanlage auf dem Dach ist auch sein Schwiegervater VfB-Fan. Und auch er kaufte seinem Enkel ein *EnBW*-Trikot. Mein Bruder bedrängte dann tatsächlich seinen Sohn, doch lieber Fan von Borussia Mönchengladbach zu werden. Weil dessen Hauptsponsor *Kyocera* ein ihm sympathischer Konzern ist, der auch Photovoltaikmodule herstellt.

Kyocera hat, zum Beispiel, die Module geliefert für das größte Solarstadion der Welt, das Stade de Suisse in Bern. *Kyocera* sei für eine Menge sauber produzierter Sonnenenergie verantwortlich, die 88 Millionen Litern fossilem Treibstoff entspreche, sagt er. Das findet mein Bruder großartig.

Dennoch: Wegen *Kyocera* für Borussia Mönchengladbach sein, die seit Jahren einen Scheißfußball spielen – ist das nicht ein wenig übertrieben? Schließlich geht es im Fußball um Unterhaltung, Zerstreuung, große Gefühle.

Eben, sagt mein Bruder. Er sei bekanntlich mit ganzem Herzen Effizienz-Revolutionär. Seine Gefühle ließen daher eine Unterstützung des VfB nicht zu.

»Ich kann gefühlsmäßig doch nicht für den Erfolg eines Klubs sein, der damit auch zum Ruhm eines Atom- und Kohlestromkonzerns beiträgt.«

Dessen Ziel es sei, die Energiewende mit allen Tricks zu verhindern.

Tatsächlich ist *EnBW* auch noch Haupt- und Trikotsponsor des Karlsruher SC und hat damit 2007 einen großen Image-Erfolg errungen: Sein erster Klub (VfB) wurde Bundesligameister, sein zweiter Klub (KSC) gewann den Titel in der 2. Bundesliga. Was schmückt einen Konzern mehr als Erfolge in der Massensport- und Unterhaltungsbranche Fußball?

Fußballfans verstehen es in der Regel, Sponsoren und deren Interessen indifferent gegenüberzustehen oder sie in den Bereich der Nicht-Relevanz hinwegzuinterpretieren.

Politisch denkende, linke Anhänger des AC Mailand trennen seit Jahren ihre Liebe zum Fußballklub und die Tatsache, dass der Besitzer Silvio Berlusconi heißt, Besitzer des Medienkonzerns *Fininvest*, ist und den Klub für seine politischen und unternehmerischen Zwecke instrumentalisiert. Denen sie selbstverständlich extrem kritisch und ablehnend gegenüberstehen.

Selbst Fausto Bertinotti, Chef der italienischen Kommunistischen Partei (KP), ist Milan-Fan. Er lasse sich von Berlusconi nicht enteignen, schrieb der Parlamentarier und Mitte-Politiker Nando Dalla Chiesa im *taz-Journal* »Es ist Liebe«.

»Berlusconi mag hoffen, er könne seinen Verein für politische Zwecke nutzen, aber was bei den Fans zählt, ist der Verein, ist die Mannschaft – und nicht Berlusconi.«

Das klingt gut, ignoriert aber, dass gerade Berlusconi ein Musterbeispiel dafür ist, wie man den Fußball ge- oder missbraucht. Schließlich hat Berlusconi seinen schnellen Erfolg als Politiker und Parteigründer von Forza Italia nicht nur über seine Medienmacht aufgebaut, sondern auch auf Fanclubs des AC Mailand.

Die ökologische, soziale oder moralische Qualifizierung eines Sponsors ist für die meisten Anhänger der meisten Klubs bisher kein Thema. Selbst der Einstieg des extrem zweifelhaften russischen Energiegiganten *Gazprom* beim FC Schalke 04 wurde relativ gleichmütig geschluckt. Zwar war klar zu erkennen, dass der Fußballklub dazu dienen soll, per Imagetransfer den schlecht beleumundeten Gas-Monopolisten sympathischer erscheinen zu lassen, aber der Tenor lautete: Was soll's, irgendwo muss die Kohle für den neuen Brasilianer ja schließlich herkommen.

Viele Klubs können froh sein, wenn sie überhaupt einen Trikotsponsor ergattern, dessen Investition im Etat fest eingeplant ist und dringend gebraucht wird. Ein freies Trikot gilt längst nicht mehr als bewundernswerter Widerstand gegen Kommerzialisierung, sondern als Mangel an Attraktivität und Professionalität.

Energieunternehmen nutzen den Fußball gern, um Sympathie-Synergien herzustellen. Die »grünen« oder »guten« Unternehmen drängen dagegen nicht gerade auf den Markt. Was wiederum daran liegen könnte, dass die Bundesligaklubs bisher ihre Ware gut verkaufen können, wenn sie Spektakel und den Komfort neuer Stadien anbieten können. Dass sie außerdem noch ökologische und soziale Verantwortung zeigen, wird noch kaum nachgefragt. Und simples Sport-Sponsoring ist für die neuen, moralischen Unternehmen vielleicht auch gar nicht positiv, weil ihre moderne, reflektierende Zielgruppe eine Investition in exorbitante Profi-Gehälter möglicherweise für überflüssig hält oder sogar ablehnt.

Der SC Freiburg: Ökoklub oder Show?

Interessant ist die Frage, ob ein Fußball-Unternehmen, das sich selbst schon vor Jahren so »grün« und nachhaltig positioniert hat wie der SC Freiburg und Anhänger hat, die aus den politisch-kulturellen Milieus der Weltökohauptstadt Freiburg kommen, die einen Grünen zum Oberbürgermeister gewählt haben – ob also so ein Klub heute mit *EnBW* als Trikotsponsor durchkommen würde. Oder ob sich dann gesellschaftlicher Protest regte.

Dagegen spricht: Vor wenigen Jahren hatte der SC bereits die mehrheitlich *EnBW* gehörende *NaturEnergie* auf dem Trikot. Damit konnte *EnBW* zum einen Leute verwirren, die den echten Ökostrom-Anbieter *Naturstrom* dann auch prompt und jahrelang mit *NaturEnergie* verwechselten. Zum anderen war es Teil einer Imagestrategie, die darauf zielte, die Wasserkraft in das damals geplante Erneuerbare-Energien-Gesetz integriert zu bekommen. Es gelang. Zugespitzt kann man sagen, dass die Popularität des SC Freiburg instrumentalisiert wurde, damit ein Atomstromkonzern an eine zusätzliche Gelddruckmaschine kam.

Als erster Bundesligist hat der SC dann ein Solarstadion geschaffen, dessen Energiebedarf von zwei Photovoltaik-Kraftwerken (Leistung: 146.000 Kilowattstunden im Jahr) zum großen Teil selbst produziert wird.

Das Stadion wurde von Dreisam- in Badenova-Stadion umgetauft. Der südbadische Energiedienstleister *Badenova* ist seit Jahren Premiumsponsor des Fußball-Unternehmens. Die *Badenova* ist »mehrheitlich in kommunalem Besitz«. Also eine Alternative zu den vier großen Unternehmen?

Es stimmt: Freiburg (32,8 Prozent) und andere südbadische Kommunen und Zweckverbände halten über die Hälfte der Aktien. Hauptanteilseigner ist freilich der *Eon*-Ableger *Thüga* mit 47,3 Prozent.

Die *Thüga* ist eine clevere Erfindung von *Eon*, ein Netz von Beteiligungen an Stadtwerken und Kommunalbetrieben, das diese bindet und unter anderem sicherstellt, dass nicht anderswo günstigerer oder besserer Strom gekauft wird.

Im Falle der *Badenova* bedeutet die Verknüpfung: Knapp die Hälfte des Jahresgewinns geht an *Eon*. Weitere Millionen gehen an den Lieferanten *EnBW*, der den Atomstrom im Mix anliefert (25,08 Prozent) und Teile des fossilen Anteils (von insgesamt 60 Prozent). Im Vordergrund der Außendarstellung von *Badenova* stehen aber primär die erneuerbaren Energien. Neben dem vom EEG gesetzlich vorgeschriebenen Pflichtanteil (11,1 Prozent) sind das 6,12 Prozent. *Badenova* ist also ein Atom- und Kohlestromlieferant und -bewahrer, wie er im Buche steht. Wenn er in der Öffentlichkeit als Umweltunternehmen rüberkommt, so verdankt er das auch dem Imagetransfer über den SC Freiburg und vor allem dem in der Außendarstellung herausgehobenen Solardach.

Ein Anhänger des SC hat auf den neuen Stadionnamen mit Vereinsaustritt reagiert.

»Die Umbenennung des Dreisamstadions kann ich leider nicht mittragen«, schrieb der Freiburger Martin Wiedemann in seinem Austrittsschreiben an den Klub. »Wir haben uns (privat wie geschäftlich) entschlossen, keinerlei Verflechtung mit der Atomindustrie einzugehen, und dementsprechend einen Stromlieferanten gewählt, der in allen Belangen ›atomstromfrei‹ ist. Hier kann auch die Installation von neuen Solaranlagen die grundsätzliche Verflechtung Ihres neuen Partners für mich nicht aufwiegen.«

Wiedemann ist Jahrgang 1957 und laut Eigendefinition ein »alter Anti-AKW-Aktivist« und Unterstützer des Ökostrom-Unternehmens *Schönau*. Nachahmer findet er keine. Er erhielt eine Austrittsbestätigung, ansonsten reagierte der Verein nicht. Sein Entschluss, sagt er, habe den Leuten »zum Teil eingeleuchtet.« Dafür muss man aber sehr genau hinsehen. Tut man es nicht, bleibt häufig nur hängen: SC – *Badenova* – umweltbewusst.

Selbstverständlich ist ein Solardach besser als kein Solardach.

Neben dem SC hat von den 36 Profiklubs der beiden Bundesligen nur Arminia Bielefeld eine Photovoltaikanlage auf seiner Schücoarena, und zwar seit 2000. Für die Identitäts- und Markenbildung von Arminia spielt die Photovoltaikanlage aber praktisch keine Rolle. Auch der SSV Reutlingen, der FC Basel und Young Boys Bern produzieren auf ihren Stadiondächern Solarstrom – alle mit *Kyocera*-Modulen.

In der Saison 2010/11 ist etwas Öko-Bewegung in die Bundesliga gekommen. Das Stadion des Hamburger SV heißt jetzt Imtech-Arena. Das Unternehmen *Imtech* ist Spezialist für nachhaltige Steigerung der Energieeffizienz.

Der HSV will mit Hilfe von *Imtech* seinen Energieverbrauch im Stadion um 35 Prozent der bisherigen Emissionen senken. Es soll eine Reduktion des jährlichen CO_2-Ausstoßes um 1.200 Tonnen erreicht werden. Das entspräche dem CO_2-Ausstoß von etwa 200 Einfamilienhäusern.

Mit Hilfe des Freiburger Öko-Institutes will der FSV Mainz 05 »klimaneutral« werden. Der Verein ist bisher laut eigenen Angaben verantwortlich für jährlich rund 900 Tonnen CO_2. Die größten Anteile daran nehmen Strom (420 t), Wärme (290 t) und Reisen (160 t) ein. Mainz hat einen »Klimawart« eingestellt und will künftig 30 Prozent Emissionen weniger produzieren.

Dabei greift der Klub allerdings auf Wasserstrom seines Trikot-Sponsors *Entega* zurück. *Entega* versucht, sich mit einer großen Kommunikationsoffensive auf dem Ökostrom-Markt zu positionieren. Das Energieunternehmen gehört den Stadtwerken Mainz und der HEAG Südhessische

Energie AG. An jener indes ist mit 40 Prozent die *Thüga* beteiligt, welche eine hundertprozentige Tochter des Kohle- und Atomstromriesen *Eon* ist. Wenn man auf entega.de im Kleingedruckten nachliest, sieht man, dass der »Ökostrom« zwar zu hundert Prozent erneuerbar ist, der Nichtöko-stromkunde aber zu 61 Prozent fossile Energie bekommt. Somit besteht der Gesamtstrommix von *Entega* zu 34 Prozent aus fossiler und sonstiger Energie. Das ist energiewirtschaftlich der alte Wein in einem schön oran-ge angemalten Schlauch.

Anders als mein Bruder kann ich nicht für einen Klub sein, nur weil der Sponsor Solardächer baut.

Aber tatsächlich bekam ich irgendwann richtig Probleme, wenn ich mei-nen Sohn mit diesem *EnBW*-Trikot durch die Wohnung laufen sah. Ich wusste, dass ich ihm noch einige Jahre lang nicht damit kommen konnte, dass wir damit einen Konzern bewarben, der so lange wie möglich Gewin-ne mit abgeschriebenen Atomkraft- und schmutzigen Kohlekraftwerken ma-chen will und deshalb die Energiewende verhindert. Aber das Trikot tat mir in den Augen weh.

Hatte ich mich reingesteigert – oder war es die unausweichliche Folge der ernsthaften Beschäftigung mit den Energiekonzernen, ihrer Macht und ihren Strategien? Als ich den Anblick kaum noch aushielt, kam es zu einer schicksalhaften Wendung. Zum einen sank Gomez durch eine dramatisch schlechte EM 2008 in der Gunst der Jugend gegen Null. Zum anderen entdeckte mein Sohn eines Tages die gewaltige Identifikationsfläche des argentinischen Fußballkünstlers Lionel Messi und dadurch eine Liebe zum FC Barcelona.

Ich rannte sofort los und besorgte ein Barca-Trikot. Hinten stand Messi drauf, vorn »Unicef«. Tja, und seither trägt er Messi-Trikots. Im Vergleich zu *EnBW* ein grandioser Anblick.

Ich weiß aber, dass mein Schwiegervater auf eine neue Chance lauert. Deshalb haben wir inzwischen Unmengen Messi-Trikots.

Mein Sohn braucht nur zu schnipsen, schon kriegt er wieder ein neues.

ZWISCHENSPIEL

»Al Gore hat ihn überzeugt?« – Wie mein Bruder die Sache sieht

Ich erzähle hier die ganze Zeit von meinem Bruder. Er heißt übrigens Martin Unfried. Vielleicht sollte man ihn auch mal über seinen Bruder erzählen lassen

Mein Bruder Peter hat den Klimawandel entdeckt. Er hat das Gefühl, dass er ein paar Dinge tun muss. Er kauft einen supersparsamen Kühlschrank. Er wettert gegen Spritschlucker. Er spricht Bekannte an und versucht, sie für grünen Strom zu gewinnen. Er will in Zukunft nicht mehr fliegen.

Oder sagen wir mal: weniger. Und warum? Weil er im Kino war.

Ich weiß noch, wie er aus Kalifornien mailte.

»Du musst dir den Film von Al Gore ansehen!« Das mit dem Klimawandel sei der Wahnsinn. Nun müsse gehandelt werden.

Das war schon bitter. Es war bitter für mich, seinen Bruder. Zehn Jahre hab ich in seiner Anwesenheit vom Klimaschutz gesprochen. Zehn Jahre hab ich versucht, ihn anzufixen. Und jetzt hat ihn Al Gore überzeugt. Wovon genau? Keine Ahnung. Mein Bruder muss schon vorher gewusst haben, dass es sehr wahrscheinlich einen menschengemachten Klimawandel gibt, und was das bedeutet. Ich habe es ihm seit Mitte der 90er immer wieder erzählt.

Warum hat es so lange gedauert, bis der Mainstream plötzlich den Klimaschutz entdeckt? Es lag selbstverständlich nicht an einem Mangel an Informationen. Mein Bruder ist Journalist und liest jeden Tag mehrere Zeitungen. Er wusste, dass mit dem Klima was nicht stimmt. Und er hat einen nervigen Bruder. Das heißt: Hatte.

Vor Jahren war ich noch tatsächlich offensiv und gesprächig. Manche nannten das missionarisch. Dabei dachte ich nur, es könnte ihn so packen, wie es mich gepackt hatte: Die Änderung unserer Energiewirtschaft als große Herausforderung unserer Generation.

Hat es aber nicht. Das Klimaproblem war zwar da, es berührte ihn aber nicht. Damit war er in guter Gesellschaft. Ich hatte mal dem Intendanten des ZDF in einem Brief geschrieben, dass es merkwürdig sei, dass bei *Wetten, dass …?* vor 20 Millionen Zuschauern für den VW Touareg geworben werde. Der Intendant versicherte mir, juristisch sei das völlig in Ordnung. Es handle sich hier nicht um Schleichwerbung. Als ob es darum ginge.

Noch vor ein paar Jahren war es für einen ZDF-Intendanten offenbar noch völlig undenkbar, dass es Ausdruck schlechten Geschmacks sein könnte, wenn ein öffentlich-rechtlicher Sender im redaktionellen Teil für ein gesellschaftlich problematisches Produkt Pate steht. Das Bewusstsein meines Bruders war keinen Deut weiter.

Ich erinnere mich: Bereits 1995 war ich in Berlin beim Klimagipfel. Die damalige Umweltministerin Angela Merkel (CDU) kämpfte tapfer für ein künftiges Protokoll. Zu der Zeit hatten wir gerade ein kleines Medienhoch des Klimaschutzes über Deutschland. Es waren die gleichen Geschichten wie zwölf Jahre später: Ach, wir können ja so viel Energie sparen … ach, wir könnten die Erneuerbaren … ach, die Chinesen und die bösen Amerikaner. Sogar ein bisschen Verzichtdebatte gab es schon. Vielflieger sollten sich an die eigene Nase fassen!

Ich schrieb damals mal einen Artikel über eine Reise nach Madrid. Mit dem Bus – wegen CO_2. Ich habe damals sogar noch Familie und Freunde auf das Problem von Flugreisen aufmerksam gemacht. Hat niemanden interessiert.

Mein Bruder flog jedes Jahr interkontinental und interessierte sich nicht im Geringsten für erneuerbare Energien. Irgendwann hörte ich auf, vom Klimaschutz zu reden.

Wie soll man mit Familienmitgliedern und Freunden eine moralische Debatte führen, wenn es keinerlei familiäre und gesellschaftliche Maßstäbe gibt? Vergiss es.

Es war offensichtlich, dass die Lebensstildebatte die viel interessantere Produktdebatte verhinderte. Warum fahren wir noch diese dämlichen Steinzeitautos, warum leben wir in lächerlichen, energiefressenden Steinzeithäusern und warum lassen wir uns von den Energiekonzernen deren steinzeitlichen Atom- und Braunkohlestrom andrehen?

Die Verzichtdebatte verstellte auch meinem Bruder die Sicht auf die einfachen Fragen. Er kaufte keine besseren Produkte. Dabei sollte es eigentlich in einer Konsumgesellschaft angelegt sein, dass wir tolle innovative Produkte kaufen und alte verschrotten, und größtenteils ist es ja auch so. Nur nicht, wenn es sich um innovative Produkte handelte, die was mit Klimaschutz zu tun hatten. Die waren so uncool aufgeladen, dass Leute mitleidig guckten, wenn von Passivhäusern die Rede war. Haha, so ein Haus kann nur ein Gutmensch bauen, der viel Geld für wenig Spaß bezahlt. Eine schlimmere Aufladung kann es für ein innovatives Produkt gar nicht geben.

Ich stieg dann ein in die Produktwelt, baute eine Photovoltaikanlage und kaufte Anteile an Windrädern. Und ich dachte mir eine neue Strategie aus: Ich gab mit meinen Produkten an.

»Mensch, ich produziere mehr Strom, als ich verbrauche.« Auch das funktionierte überhaupt nicht. War viel zu weit weg vom Leben meines Bruders. Er hatte keinerlei Produktgefühle und keinerlei Sehnsucht, selbst zum Stromproduzenten zu werden. Es fehlte eklatant an Bildung. Der hatte schlicht die Klassiker von Hermann Scheer nicht gelesen: *Solare Weltwirtschaft* und *Energieautonomie*.

Er war übrigens nicht der Einzige. Niemand in meinem Bekanntenkreis hat Scheer gelesen. Das ist natürlich auch so ein Problem. Immerhin hatte ich meinen Bruder dann vor ein paar Jahren so weit, dass er den Strom wechselte. Lange hatten ja sogar Ökos kein abgeklärtes Verhältnis zu den Atomkonzernen. Deshalb haben viele auch lange nicht kapiert, dass die Kündigung des eigenen Stromvertrags der souveränste eigene Ausstieg aus der Kohle- und Atomwirtschaft ist. Erst das Produkt zu Hause aus der Steckdose hat das meinem Bruder wirklich nähergebracht. Der grüne Strom macht ihm Spaß und hat sein Verhältnis zu den Konzernen verändert.

Und dann fand ich das absolut richtige Produkt für ihn. Ein neues Auto.

Erscheint erst mal merkwürdig: Jemand, der durch ein Auto zum Klimaschutz kommt? Mir aber nicht mehr. Meine These nach all den Lehrjahren ist: Nicht das Bewusstsein stimuliert in der Konsumgesellschaft die Wahl der Produkte, sondern erst die richtigen Produkte verändern das Bewusstsein.

Konkret: Er dachte an einen Familienvan. Weil man »die Sitze da so toll verstellen kann.«

Ich sagte: »Vergiss es. Das ist selbst unter deiner Würde.« Mit dem Dreiliter-Auto kamen die Gefühle. Mein Bruder hatte das erste Mal in seinem Leben Effizienzgefühle. Im Schnitt 3,2 Liter auf hundert Kilometer. Ich bestätigte ihm gern und oft, dass das ein Wahnsinn sei. Und erwähnte praktisch nie den fehlenden Dieselrußfilter.

Heute liebt er dieses Produkt. Es hat ihm mehr über unsere neue Welt der Energie vermittelt, als ich das geschafft habe. Ein Auto, das die Augen und das Herz öffnet. Manchmal denke ich, dass das ganz schön bitter ist. Aber es bestätigt zumindest, dass ich mit der Produktgefühl-These richtig liege.

Und dann kam Al. Und der Winter 2006/2007. Aus der glücklichen Aneinanderreihung von Einzelereignissen ergab sich eine mediale Lawine, ein Karneval des Klimaschutzes. Ein britischer Volkswirt schrieb einen Bericht: Volkswirtschaftlich könnte Handeln günstiger sein als Nichtstun.

Nichts Neues, außer dass es kein irrer Öko sagte, sondern ein renommierter Ökonom. Riesige Resonanz. Dann kam ein warmer Winter und der Film von Al Gore lief in den deutschen Kinos und wurde ein mediales Megaereignis. Und das, obwohl der Film gar nicht an die deutschen Zuschauer, sondern an amerikanische Klimawandelskeptiker gerichtet ist.

Erst mit Al Gore kamen die Gefühle meines Bruders so richtig in Fahrt.

Ökostrom, Auto, Al Gore: Damit hat der Junge sein Klimaschutzgefühl entwickelt. Lust auf moderne Produkte und ein Gefühl für Verantwortung bekommen. Er fühlt jetzt, was die versammelte deutsche Elite so lange abgelehnt hat. Ich habe ihm immer wieder gesagt: Warum soll ein verantwortlicher Bürger nicht ein paar ganz banale Dinge tun? Inzwischen hört er zu, redet von selbst drüber, ruft an und mailt mir Zeug, dass ich kaum zum Arbeiten komme. Er fühlt sogar, dass wir tatsächlich unser Verhalten ändern können. Einfach weniger nach Kalifornien fliegen? Ist eine Möglichkeit. Wenn das so weitergeht, baut mein Bruder vielleicht tatsächlich bald eine Photovoltaikanlage.

Danke, Al Gore.

11

»HALLO PETER UNFRIED, BUCHEN SIE JETZT« – DER LETZTE FLUG NACH KALIFORNIEN

Werde ich nie mehr fliegen?

Eine Mail kommt

»Hallo Peter Unfried«, heißt es in dieser Mail freundlich, aber im Imperativ, »buchen Sie jetzt eine spontane Flugreise mit Familie oder Freunden zum Inklusivpreis ab fünf Euro pro Hin- und Rückflug (inkl. aller Steuern, Gebühren und Entgelte).«

Sofort hektische Überlegungen. Mist. Wo könnte ich hinfliegen? Habe ich überhaupt eine andere Wahl? Muss ich bei dem Preis nicht fliegen, weil ich sonst ja blöd wäre? Egal wohin. Vielleicht nach Basel – um mal wieder Freunde in Freiburg zu besuchen. Oder ins Baltikum, weil ich da immer noch nicht war. Oder von Köln nach Leipzig, das klingt interessant. Aber wie komme ich nach Köln – und was mache ich in Leipzig? Na, da wird sich dann halt etwas finden.

So war das.

Und so ist es nicht mehr. Wenn heute diese Mails kommen (»10.000 Flüge unter zehn Euro«), klicke ich sie weg. Es sei denn, ich plane eine Reise. Dann schaue ich mir die Angebote an. Und klicke sie dann weg.

Ich fliege nicht mehr nach Ljubljana, nur weil es ein günstiges Angebot gibt.

Damit will ich nicht sagen, dass man nicht schöne Erfahrungen machen kann, wenn man sich vom Markt, dem Zufall und einem Impuls treiben lässt. Der neue Markt der sogenannten Billigflieger hat sicher einiges verändert und einiges geleistet, auch kulturell. Er hat Teile von Europa einander näher gebracht oder zumindest einige Europäer. Er hat es Menschen ermöglicht, komplizierte Arbeits- und Lebensverhältnisse bewerkstelligen zu können.

Die Verteidiger des Freiheitsgedankens betonen den demokratischen und egalitären Aspekt des Billigfliegens, der es Wenigergutverdienenden ermöglicht hat, in neuem Umfang am Flugverkehr zu partizipieren und damit Lebensfreude zu gewinnen. Englands Arbeiterjungs können nun ihren (vorübergehenden) Abschied vom Junggesellenleben mit dem obligatorischen Saufwochenende in Tallin oder Riga zelebrieren. Früher musste das popelige Blackpool genügen.

Ist das Fortschritt?

Auf jeden Fall ist das eine tendenziöse Frage. Es wird ja nun häufig der Taunus beschworen, der »auch schön« sei. Das sagt die Klimalobby und sicher auch die Taunuslobby.

Aber da war ich in den 70ern schon mal. Selbst wenn man mir sagt, dass ich mich nicht so anstellen soll und 95 Prozent aller Menschen noch nie geflogen sind, rufe ich nicht: Taunus, hurra! Das heißt, ich kann jeden verstehen, der sich nicht so einfach in den Taunus schicken lassen will. Oder in die Fränkische Schweiz.

Einmal rief ich meine Kinder heran.

»Kinder, herkommen. Wir fahren in den Urlaub.«

Die Kinder (unaufgeregt): »Nach Kalifornien?«

Ich: »Nee.«

Die Kinder: »Nach Mallorca?« (second best)

Ich: »Nee, in die Fränkische Schweiz.«

Da zogen sie murrend und protestierend Leine.

Ich (ungnädig): »Mensch, ich habe meine Kindheitsurlaube komplett in Südtirol verbringen müssen.«

So was ignorieren die. Erst dachte ich, sie seien mal wieder unverschämt und undankbar. Tatsächlich aber habe ich sie ja kulturell so gepolt, dass sie jetzt nicht einfach umschalten konnten.

Ich war bis zum hohen Alter von zwanzig genau einmal geflogen. Bukarest. Hin und zurück (ersparen Sie mir die Details). Die waren mit acht und sechs Jahren viermal in den USA und hatten diverse Spanienflüge gemacht. Die beschäftigen sich nicht mit dem Flug als solchem, sondern nur noch mit dem Inflight-Kinoprogramm. Die gehen nach der Landung in San Francisco automatisch den Car-Rental-Schildern nach. Die denken, fliegen gehöre einfach zum Leben. Dachte ich ja auch.

Die Umweltforschung hat herausgefunden, dass umweltschonendes Mobilitätsverhalten die Königsdisziplin des neuen Öko ist: Im Gegensatz etwa zum Energiebereich wird eine Verhaltensveränderung beim Fliegen nicht als Win-win-Situation begriffen, sondern häufig als Verzicht und Lebensqualitätseinschränkung abgewehrt.

Der Grund ist simpel: Zu einem Langstreckenflug gibt es keine Mobilitätsalternative.

Die davon profitierenden Unternehmen weisen gerne darauf hin, dass der Gesamtanteil des Flugverkehrs an den Schadstoffemissionen überschaubar sei. Er beträgt neun Prozent vom gesamten Treibhauseffekt, steigt aber rasant. Relevanter als der Anteil des Fliegens an der Gesamtemission der Welt ist für mich allerdings inzwischen der Anteil an meiner persönlichen CO_2-Bilanz.

Die wird traditionell vom Fliegen extrem verschlechtert. Nur war mir das lange Zeit weder bewusst, noch interessierte es mich. Im Gegenteil: Ich bemerkte manchmal, dass ich mir wichtiger vorkam, wenn ich auf einem Flughafen war. Wenn ich mal eben an einem Tag nach München flog – morgens hin und abends zurück. Wenn ich beim Einsteigen das Lächeln der Stewardess sah.

Mensch, Unfried, sagte ich dann streng zu mir.

Aber es war so.

Ist »Kompensieren« von Flügen gut oder schlecht?

Ein Deutscher verursacht im Schnitt etwa zehn bis elf Tonnen Kohlendioxid im Jahr. Ein Afrikaner 0,9 Tonnen. Ein Inlandsflug von Berlin nach Stuttgart (hin und zurück sind das etwa 1.000 Kilometer) geht mit 0,3 Tonnen in die persönliche Bilanz ein. Das bedeutet: Unsere Autobilanz ist vergleichsweise gut, weil wir nur noch 10.000 Kilometer fahren und 3,5 Liter pro 100 Kilometer verbrauchen. Aber bereits zwei Inlandsflüge entsprechen fast einem ganzen Jahr Audi-A2-Fahren.

Ein New York-Flug verursacht je nach CO_2-Rechner bis zu fünf Tonnen. Der Emissionsrechner des Klimaschutzprojektes *Atmosfair* gibt ihn mit 4,2 Tonnen an. Die Unterschiede zwischen den Rechnern ergeben sich dadurch, dass es strittig ist, um wie viel höher der Treibhausfaktor beim Fliegen im Vergleich zum reinen CO_2-Ausstoß ist. Der sogenannte Radiative Forcing Index (RFI) ist die angenommene Gesamtschädlichkeit aller Klimagase, ausgedrückt in CO_2. Er benennt die Zahl, mit der man den bei einem Flug verursachten CO_2-Ausstoß multiplizieren muss, um den Treibhauseffekt des Fliegens zu ermitteln. Die Zahl ist zwei- bis viermal höher als der reine CO_2-Ausstoß.

Atmosfair orientiert sich an Ergebnissen des Weltklimapanels IPCC und rechnet eher konservativ mit 2,7. Andere setzen den RFI-Faktor höher an. Manche auch tiefer. Der Grund liegt auf der Hand: Je tiefer der RFI-Faktor, desto niedriger die Kosten, die zusätzlich anfallen.

Das Kompensieren von Flügen durch den Ankauf eines Zertifikates bei einem Unternehmen wie der Klimaschutz-Organisation *Atmosfair* hat inzwischen viele Freunde – und viele Feinde. Man bezahlt einen von der Länge und damit vom Schaden des Fluges abhängigen Betrag, den die Unternehmen in Klimaschutz-Projekte stecken. Das durch den Flug verursachte Kohlendioxid wird durch die Anpflanzung von Bäumen gebunden. Oder es wird eine Menge Energie, die der Menge der durch den Flug verursachten Treibhausgase entspricht, andernorts CO_2-neutral produziert. Das heißt, das Geld wird in Solar-, Wasserkraft-, Biomasse- oder Energiesparprojekte in vom Klimawandel besonders betroffenen Entwicklungsländern investiert, um dort die Menge Treibhausgase einzusparen, die eine vergleichbar starke Klimawirkung haben soll wie die Emissionen aus dem Flugzeug.

Kompensieren kann man als fortgeschrittenen, zeitgemäßen Kapitalismus bezeichnen. Es wird eine neue Ware gefunden, nämlich das Zertifikat. Es gibt dafür einen neuen Markt, nämlich bewusste Konsumenten oder imageorientierte Unternehmen. Der Deal wird – noch bis auf Weiteres – freiwillig getätigt. Beide Seiten haben etwas davon.

Ein perfekter Handel?

Niemals: Emissionshandel stehe im fundamentalen Widerspruch zum Klimaschutz, sagen Kritiker.

Der Schaden sei entstanden, das Zertifikat letztlich nur ein Freikaufen jener, die es sich leisten könnten. So wie man sich bei der katholischen Kirche von Sünden freikaufte oder im US-Bürgerkrieg, statt selbst an die Front zu gehen, einen ökonomisch Schwächergestellten schickte.

Das Rumgedüse der Okayverdienenden werde also dank *Atmosfair* und ähnlich funktionierenden Modellen weiter gesellschaftlich sanktioniert. Selbst das Hummer-Fahren – Sinnbild für die Verantwortungslosigkeit in Form von sinnfreiem und klimaindifferentem Schwachmaten-Konsum – sei zu rechtfertigen und zu verantworten, wenn der Hummer-Besitzer als Ausgleich ein Stück Regenwald aufforsten lasse. So könnten die einen sich einbilden, durchs Fliegen »Gutes« zu tun – und die anderen durchs Hummer-Fahren. Statt beides einzustellen oder das Transportmittel zu wechseln.

Darf man seine Kinder schlagen,
wenn man hinterher »kompensiert«?

Der freiwillige Klimaschutzbeitrag bei Flügen hat die Geister extrem angeregt und zu einigen wunderbaren, weiterreichenden Ideen geführt. *New York Times*-Kolumnist Thomas L. Friedman schlägt vor, das Kompensationsgeschäft auf die Zehn Gebote auszuweiten. Das heißt: Wann immer man, etwa beim Gang in den Garten, ein Begehr nach seines Nächsten Weib verspüre, das sich dort in der Sonne räkele, solle man nicht umgehend kalt duschen, sondern umgehend bei einer dafür eingerichteten Internetfirma die Anpflanzung von 100 Bäumen im brasilianischen Regenwald ordern. Bei einem Minibegehr könnten auch mal zehn Bäume reichen.

Friedman glaubt, dass Gotteslästerung eher geringes Potenzial habe, während man mit dem Kompensieren von Ehebruch durch Aufforstung von Regenwald oder Finanzierung von Windkraftanlagen in China den Planeten bis 2020 klimaneutral bekommen könnte.

Michael Kinsley schlug in einer Kolumne im Nachrichtenmagazin *Time* vor, das Kompensations-Prinzip über den Bereich Umwelt hinaus auszuweiten. So könnte es einen Freikauf für »schlechte Eltern« geben. Wenn ein Vater aus der aufgeklärten Mittelschicht in den Industrienationen das Bedürfnis hat, inakzeptables Verhalten seines Kindes mit Körperverletzung zu sanktionieren, so wird er es in der Regel nicht tun. Es bleibt beim Wunsch. Aber was ist, wenn er sein Kind schlagen kann und dadurch Gutes tun, nämlich die Gesamtmenge an Gewalt gegen Kinder reduzieren?

Ein Markt für »Gewalt gegen Kinder«-Zertifikate würde globalen Fortschritt bringen. Das Geld, das man im Westen für eine ordentliche Backpfeife hinblättert, könnte anderswo in der Welt einen Vater dazu bringen, sein Kind ausnahmsweise eine ganze Woche nicht zu schlagen. Eine Winwin-Situation, sagt Kinsley.

Das sei der Zauber des Kapitalismus. Alles, was er brauche, sei eine Welt der Ungerechtigkeit. Was ja glücklicherweise genau die Welt sei, in der wir lebten.

Das klingt zynisch und lustig. Dahinter steht der übliche Entlarvungs-
gedanke: Warum sollen sich Reiche nicht nur Flüge leisten dürfen, sondern auch ein gutes Gewissen, während Arme das nicht können? Die üblichen Antworten lauten: Weder schafft dieser Handel Ungleichheit, noch
reduziert ein Nichtzustandekommen die Ungleichheit. Darf der Reiche
nicht den Handel machen – also kompensieren –, macht ihn auch der
Arme nicht: Sein Regenwald wird nicht aufgeforstet.

Man könnte, sagt Kinsley, den ganzen Tag diskutieren, wo jene moralische Grenze ist, ab der man einen Handel nicht mehr machen kann, obwohl beide Seiten davon profitieren. Oder man schafft einen Markt für das
Gewinnen solcher Diskussionen. Der Reiche kann das Recht kaufen, dass
sein Argument die Oberhand behält. Der Arme hat das Recht trotz besseren Arguments den Mund zu halten, und zieht dafür die Gebühr ein.

Darf man fremdgehen, wenn man hinterher kompensiert?

Zwei britische Kompensationskritiker erregten größeres Aufsehen mit der
Kompensationsparodie www.cheatneutral.com. Auf dieser Website wird
einem angeboten, Seitensprünge zu kompensieren. Wer außerhäuslich se-
xuell verkehre, vermehre den Herzschmerz und die Eifersucht in der Atmosphäre, heißt es auf der Homepage. Aber mit 2,50 Pfund an www.
cheatneutral.com könne man diesen Schmerz und die schlechten Gefühle »neutralisieren«, weil www.cheatneutral.com das Geld in ein Partner-
projekt investiere, das sich der geschlechtlichen Treue verpflichte.

Die Absurdität des Seitensprunghandels – wer promisk agiert und
zahlt, bringt ein anderes Paar dazu, monogam zu bleiben – soll klarmachen, dass man den eigenen CO_2-Ausstoß nicht mit von anderen betrie-
benem Klimaschutz neutralisieren kann. Sondern: Analog zur Energie-
einsparung muss Monogamie vor der eigenen Haustür beginnen bzw.
hinter der eigenen Haustür.

Die Realität des Kapitalismus aber war eine Seitensprung-Agentur, die
mit www.cheatneutral.com zusammenarbeiten wollte. Idee: Die einen

vermitteln alternative Sexualpartner, die anderen kompensierten den außerhäuslichen Sex: So bringt Seitensprung Spaß und Sinn und Geld.

Die Erfinder von www.cheatneutral.com sind echte Ökos, die mit ihrer Parodie Kompensationsprojekte entlarven wollten. Ihre Argumente: Es sei kaum zu kalkulieren, ob, wann und wie durch in Kompensationsprojekte eingezahltes Geld neue Bäume gepflanzt würden und damit CO_2 gespart werde. Der Handel sei unmoralisch, weil man jemanden dafür bezahle, dass er sich anderswo des Problems annehme, statt selbst die Verantwortung zu tragen. Es reduziere den Druck, weil sich Leute dadurch bequem von dem Problem distanzieren könnten.

Ich beschließe, mir das Unternehmen *Atmosfair* genauer anzusehen.

Dietrich Brockhagen, Geschäftsführer von *Atmosfair*, über die Kritik an freiwilligen Klimaschutzbeiträgen

Atmosfair residierte lange in Berlin in der Nähe des Brandenburger Tors und des Hotels Adlon. Trotzdem eine trübe Gegend. Spektakulärstes Etablissement ist ein Supermarkt, in dem hin und wieder auch die Kanzlerin und einige Minister einkaufen. Insofern ist es als Aufstieg zu sehen, dass *Atmosfair* sich im Zuge einer kleinen Expansion inzwischen im Stadtteil Kreuzberg angesiedelt hat, zwischen Halleschem Tor und Mehringdamm. 200 Quadratmeter, sechste Etage, nichts Überkandideltes, aber so, dass man die inzwischen 15 Mitarbeiter unterbringen kann. Zuvor hatte man sich in den hinteren Bereich der Geschäftsstelle von *German Watch* gedrängt, der Umwelt- und Nord-Süd-Initiative.

Atmosfair hatte seinen Umsatz im Jahr 2007 auf eine Million Euro verfünffacht, 2010 lag man schon bei drei Millionen. Die Zahl der Buchungen liegt inzwischen bei 200 bis 250 täglich. In allen vergleichenden Studien und Tests von Kompensationsanbietern belegt *Atmosfair* seit seiner Gründung immer den ersten Platz.

Das zeigt die Zunahme von Bewusstsein im Zusammenhang mit dem Klimawandel. Der Erfolg hängt aber auch damit zusammen, dass *Atmos-*

fair die Leute da erreicht, wo sie sind. Im Internet. Beim Konsumieren und sich Informieren.

Dietrich Brockhagen ist Geschäftsführer von *Atmosfair*. Jahrgang 1967. Kommt aus Kassel. Promotion in Umweltökonomie. Arbeitete früher für die EU und das Bundesumweltministerium. Übernahm dort das Forschungsprojekt *Atmosfair*, das 2005 in eine gemeinnützige GmbH umgewandelt wurde.

Über www.cheatneutral.com kann er sich richtig amüsieren.

»In der Totalität stimmt die Analogie nicht. Aber es steckt eine Wahrheit dahinter. Durch Emissionshandel kann das Klimaproblem nicht gelöst werden. Die technologische Entwicklung, die nötig ist, muss in den Industrieländern laufen und dann per Leapfrogging in die Entwicklungsländer transferiert werden.«

»Leapfrogging« meint die Veränderung einer Gesellschaft oder eines Unternehmens hin zu einem höheren Entwicklungsstand, ohne dass wie anderswo Zwischenstufen durchlaufen werden. Ökologisches Leapfrogging ist das Gegenmodell zur Nachholenden Entwicklung im klassischen Sinne: der direkte Übergang eines Entwicklungslands in den Status der Nachhaltigkeit, ohne dass auf dem Weg zu mehr Wohlstand zunächst die Ressourcen-verschwendende Wirtschaftsweise der Industrieländer imitiert wird.

Brockhagen: »Es kann nicht so laufen, dass wir nur die Technik exportieren, die wir hier bereits haben. Deshalb wurde in Kyoto festgelegt, dass der Emissionshandel nur zusätzlich zu nationalen Regeln genutzt werden kann, dass aber mindestens die Hälfte der CO_2-Einsparungen zu Hause gemacht werden muss. Dieser Grundgedanke ist absolut richtig. Insofern ist auch der Gedanke nicht falsch: Die kaufen sich frei und bei ihnen zu Hause passiert nichts.«

Vielleicht kommt man der Sache näher, wenn man sie nicht »Kompensation« nennt oder Emissionsausgleichszahlungen. *Atmosfair* nennt das Zahlen von Geld einen »freiwilligen Klimaschutzbeitrag«. Handelt es sich also um einen realistischeren und ehrlicheren Preis, weil er nicht nur die steuerprivilegierten Kerosinkosten, die Personal- und sonstige Kostenfaktoren berücksichtigt, sondern eben auch entstehende Klima- und Naturkosten? Ein Grund für die Gründung von *Atmosfair* im Jahr 2003 war ja, dass naheliegende politische Maßnahmen wie die Aufhebung der Steuerbefreiung von Kerosin »nicht politisch durchsetzbar sind«, wie man das ja nennt.

»Ideal verwirklicht«, so Brockhagen, »sagen die Preise die ökologische Wahrheit und sind diese Kosten vollständig internalisiert.«

In der Praxis sind sie es nicht, weil auch *Atmosfair* Kompromisse macht.

»Wir stellen fest, dass wirkliche Leapfrogging-Projekte wie die Förderung von Solarenergie in Entwicklungsländern aufgrund ihrer hohen Kosten zu noch höheren Preisen führen würden.«

Höhere Preise schrecken ab. Deswegen fördert *Atmosfair* neben Solarenergie auch Technologien wie Methanfilter bei der Abwasserreinigung, mit denen zu geringen Kosten Treibhausgase eingespart werden können.

Man bewegt sich auf einer feinen Linie, will man an der Wahrheit dranbleiben und dennoch einen Preis ermitteln, den Leute freiwillig zu zahlen bereit sind. Noch.

»Zweite Einschränkung:«, sagt Brockhagen, »Wir berechnen zwar die Emissionen, die aus dem Flugzeug rauskommen, das ist aber kein Vollkostenansatz mit Infrastruktur, Flughäfen, bis hin zu dem kleinen Tankschiff, das nach Grönland fährt und in einem Ölfeld sucht.«

Damit man ihn nicht falsch versteht: Das Prinzip der Internalisierung externer Kosten vertritt er leidenschaftlich. Es macht ihm auch nichts aus, wenn es permanent mit religiöser Metaphorik aufgeladen wird, speziell mit dem Wort »Ablasshandel«.

»Ich habe aus vielen Interviews rausgelesen, dass das das Schlagwort ist, unter das es Journalisten gerne packen, wegen des intellektuellen Reizes, der dahintersteckt. Und weil sie gern Vergleiche ziehen und Bildersprache bevorzugen.«

Für ihn stellt es sich so dar, dass es häufig gar nicht negativ gesehen wird, sondern als »Ablass, der funktioniert.«

»Problematisch ist das Wort, wenn es sagen soll, es beruhigt nur das Gewissen, hat aber keinen realen Effekt.«

Das Hauptargument für Flugpreise mit Aufschlagzahlung ist für Brockhagen eben der reale Effekt, also die Kompensation ökologischer Kosten. Zweites Argument ist, dass der bewusste Konsument den realen Preis bezahlt, also die tatsächlich entstehenden Umweltkosten kennenlernt und akzeptiert. »Ich gehe von einer Entwicklung aus, in der mit dem Einstieg in die neue Praxis das Bewusstsein zunimmt – und nicht automatisch die Anzahl der Flüge.«

Der Vorwurf steht im Raum, dass eine besser verdienende Klasse sich etwas leisten kann und will, nicht um den Lebensstil zu ändern, sondern um ihn zu behalten und dennoch sich abgrenzen zu können von anderen, die sich das nicht leisten können und wollen.

»Den Effekt haben Sie immer. Auch wenn Sie ins Theater gehen. Eigentlich sind wir gemeinnützig wie ›Brot für die Welt‹. Bei mir ist es so, dass ich besonders viel spende, wenn es mir selber auch gut geht. Dennoch würde ich das nicht als Ablass sehen. Bei *Atmosfair* steht die Spende zudem in einem Verhältnis zum Problem, das ich verursache. Wie beim Hunger geht es beim Klima um ein Nord-Süd-Problem.«

So betrachtet, ähnelt der Kauf von Klima-Zertifikaten dem Kauf von Fair-Trade-Produkten, nur dass die fair behandelten Menschen nicht die Erzeuger der Ware sind, sondern die von den negativen Folgen betroffenen. Man könnte es Entwicklungshilfe nennen. Oder weniger euphemistisch: einen Geldtransfer, der transparent macht und anerkennt, dass wir auf Kosten anderer leben. Das allerdings klingt unangenehm moralistisch.

Bei *Atmosfair* hat man sich nach reiflicher Überlegung gegen die harte Tour entschieden und für eine milde Form der Ansprache, die eben nicht das schlechte Gewissen verstärken, sondern das gute fördern will.

Je länger man mit Brockhagen redet, desto klarer wird einem, wie weit sein tatsächlicher Erkenntnisstand und das *Atmosfair*-Modell auseinander liegen.

Er will viel mehr. Eigentlich.

Und dennoch versteht man genau, warum er macht, was er macht.

»Wir haben gesagt, wir machen das, was wir positiv verkaufen können. Es ist weniger ein vom Ziel her gedachter Ansatz, also: Was brauchen wir? Es ist ein Ansatz, der davon ausgeht, was wir jetzt realistischerweise machen können.«

Sind Sie nicht eigentlich ein klassischer Öko, Herr Brockhagen?

Er überlegt. »Auf der Skala zwischen Fundi und Realo sehe ich mich natürlich auf der Fundi-Seite. So gesehen bin ich ein klassischer Öko. Aber das hindert mich nicht daran, mit *Atmosfair* reine Realpolitik zu machen.«

Sind Sie Moralist?

»Im Prinzip schon. Aber ich versuche, das Problem auf die Sachfrage zu reduzieren.«

Wird die freiwillige Ökoflugsteuer ein Mikromarkt bleiben oder wird sie zum Mainstream?

»Sie wird einen beträchtlichen Teil des Marktes ausmachen und dann kurze Zeit Mainstream sein. Zu diesem Zeitpunkt wird sie voraussichtlich gesetzlich geregelt.«

Die Politik vollzieht in diesem Bereich das nach, was die Gesellschaft bereits denkt und tut?

»Ja. Ich sehe es so, dass wir den Boden bereiten, um politische Instrumente durchsetzbar zu machen.«

Das Geld wird derzeit in Projekte investiert wie eine solare Großküche in Indien.

Das finden sicher manche Leute putzig?

»Diese Leute gibt's. Aber das sind meistens Leute, die nicht wissen, um was für ein großartiges Hightech-Ökomodell es sich da handelt. Das Geschmäckle kommt wohl, weil Großküche ein bisschen nach Volksküche klingt, nach 60er Jahren und nach Hippies. Aber diese großen Reisküchen sind in Indien einfach Tradition und absolut normal. Die Solaranlage läuft rund um die Uhr und liefert immer heißes Wasser. Das ist wirklich Technologie, die begeistert. Da stimmt alles.«

Alternatives Kompensieren?

Ich gebe meinen jährlichen Kalifornien-Flug mehrfach in den *Atmosfair* -Rechner ein. Wird einfach nicht weniger. Immer noch 6,4 Tonnen CO_2.

Schlimmer: Wir waren ja zu viert. Der *Atmosfair* -Rechner: »Bei vier Passagieren auf einer Flugreise sind das insgesamt 25.760 kg CO_2.«

Unser Kühlschrank verursacht 202 Kilo CO_2 im Jahr, ein Inder verursacht 900 Kilo, mein Anteil am CO_2-Ausstoß unseres Dreiliter-Audis beträgt 800 Kilo, das klimaverträgliche Jahresbudget eines Menschen wird derzeit mit 3.000 Kilo angegeben – und wir zwei Erwachsene haben (die Kinder sind nicht verantwortlich, die mussten mit) für knapp vier Wochen Ortswechsel 25.760 Kilo Kohlendioxid in Kauf genommen.

Wie bewertet *Atmosfair* das?

Keinerlei Beschimpfungen.

Der Rechner bleibt angenehm nüchtern.

»Diese Menge CO_2 kann *Atmosfair* für Sie in einem Klimaschutzprojekt für 520,00 Euro einsparen.«

Der Barcelona-Flug vom Frühjahr wird mit viermal 800 Kilo beziffert, das macht 3.200 Kilo Kohlendioxid.

»Diese Menge CO_2 kann *Atmosfair* für Sie in einem Klimaschutzprojekt für 68,00 Euro einsparen.«

Gesamtsumme: knapp 600 Euro.

Werde ich das zahlen? Mein Bruder fliegt ja nicht, jedenfalls nicht privat.

Beruflich schon.

»Zahlst du?«

»Natürlich, Baby, Köln –Thessaloniki: 1.729 Kilometer mal zwei sind gleich 860 Kilogramm. Macht 19 Euro, für ein Clean Development Mechanism Gold-Standard-Projekt, finanziert durch *Atmosfair*. Allerdings bin ich kein Freund der Kompensierungsidee.«

»Warum zahlst du dann?«

»Ich mache das nur als innerbetriebliches Kommunikationsinstrument, um dafür zu lobbyen, dass das in die Kostenkalkulation aufgenommen wird.«

»Weißt du was Besseres?«

»Ja, eine Flugsteuer: ein USA-Flug kostet künftig 40 Euro, innereuropäisch macht es elf Euro.«

»Und damit baut ihr Niederländer dann Dämme?«

»Nein. Aber die Frage ist tatsächlich, ob der Einsatz für ein Projekt in Indien wirklich zielführend ist für den Klimaschutz.«

Seine Theorie ist: Die Strukturprobleme und die Produktvorlieben im Westen stehen dem globalen Klimaschutz im Wege. Der Konsument in Deutschland sollte lieber bei einem Windpark in Deutschland einsteigen.

Ich: »Wie meinst du das?«

Mein Bruder: »Berechne alle deine Kalifornien-Flüge zusammen in einem Kompensationsrechner. Diese Summe zahlst du nicht an *Atmosfair*, sondern die investierst du in Windkraft oder Photovoltaik in Deutschland. Ich schätze, bei dir kommen inzwischen bestimmt 5.000 Euro zusammen.«

»Ist das nicht ungerecht gegenüber den geschädigten Afrikanern?«

Projekte wie *Atmosfair* laufen unter den Standards des »Clean Development Mechanism«. Sie sind echte Instrumente internationaler Umweltpolitik und folgen dem Prinzip, dass Investitionen in Indien mehr Klimaschutz ermöglichen, als wenn die gleiche Summe in Deutschland investiert würde. Was auch stimmt. Westliche Staaten können sich Investitionen in Indien zudem für ihre eigenen Reduktionsziele anrechnen lassen.

Nach dieser Logik ist es besser, erst mal in China saubere Energie zu produzieren, statt bei uns Windräder zu bauen. Das basiert aber auf der Vorstellung, Klimaschutz sei in erster Linie ein Kostenproblem, und Kosten könne man global berechnen. Für meinen Bruder ist es viel mehr und vor allem auch ein psychologisches Problem.

»Es geht um eine Produkt- und Modernisierungsrevolution im Energiebereich. Eine schnelle und radikale Verbreitung erneuerbarer Energien im Westen wird die Entwicklung in Entwicklungsländern stärker anstoßen als Entwicklungshilfe-Projekte.«

Das war eigentlich der Moment, wo er mit seinem Lieblingsthema kommen müsste.

»Mein Gefühl sagt mir, dass du jetzt auf den Flachbildfernseher zu sprechen kommst.«

»In der EU werden Millionen gut funktionierender Röhrenfernseher durch flache Fernseher ersetzt. Und warum?«

»Warum?«

»Weil wir es geil finden. Wir werden ohne mit der Wimper zu zucken Milliarden Euros in eine Fernsehwende investieren. Die Chinesen sind uns dabei so was von egal. Und recht haben wir: Durch unser Flatscreen-Fieber werden die Chinesen ruckizucki in ein paar Jahren recht günstige Flachfernseher kaufen können. Also werden die dort auf dem Land niemals Röhrenfernseher kaufen, sondern sofort einsteigen in die Flatscreen-Welt.«

»Und?«

»Warum soll das bei Windrädern und Photovoltaikmodulen anders sein? Wenn erst mal mehr Leute kapieren, dass Braunkohle und Atomkraftwerke Röhrenfernseher sind, dann geht die Post ab. Wenn wir es nur wollen, können wir diese Steinzeitprodukte natürlich recht fix ausrangieren.«

Wenn ich das mal übersetzen darf: Er glaubt, dass Europa die ressourcen- und energieeffizienteste Region der Welt werden muss, damit andere nachziehen.

So pointiert und teilweise richtig die Parodien auf klimaneutrales Fliegen sind, übersehen sie meiner Meinung nach häufig wieder das Wichtigste: Die Diskussion der Moral des Handelnden ist nicht zielführend, sondern destruktiv. Auch das Einklagen der Gleichheit oder zumindest der sozialen Gerechtigkeit bringt den Kampf gegen den Klimawandel nicht voran, sondern wird von Leuten immer wieder auch dazu in die Diskussion gebracht, um ihn zu verhindern. Ziel eines qualitativen Wachstums kann nicht sein, dass jeder Brite zum Saufen nach Riga fliegt und auch nicht, dass jeder Afrikaner so viel fliegt wie ein gut verdienender westlicher Mittelschichtler, sondern dass Letzterer nicht mehr bettelarm ist und dennoch so wenig fliegt wie inzwischen auch Ersterer. Glaubt man dem Lebensstil-Vorbildmodell, muss dafür der Mittelschicht-Europäer wenig oder gar nicht fliegen. Grundsätzlich.

Tut der westliche Mittelschichtler das aber im echten Leben nicht, warum auch immer, soll er zumindest die entstehenden Kosten tragen.

Manche sagen, es sei ungerecht, die Umwelt einzurechnen und Flüge teurer zu machen, weil Wenigerverdienende sich die Kompensation nicht leisten oder gar nicht mehr fliegen könnten. Über die Frage, ob und warum es ungerecht ist, dass die einen viel und die anderen wenig verdienen, muss man diskutieren. Die Umwelt sollte man dabei außen vor lassen, die ist nicht daran schuld. Arm und Reich zahlen auch gleich viel für Flachbildfernseher oder Zigaretten. Oder für klimaschädigende Autos. Die Anklage der Ungerechtigkeit kommt häufig erst, wenn die Klimaschädigung reduziert wird und sich das auf den Preis auswirkt.

Man kann selbstverständlich wollen, dass die künftige Einbeziehung der Klimaschäden nicht gleich verteilt werden soll, sondern dass die Reichen mehr bezahlen, weil sie mehr konsumieren und damit mehr verursachen. Dann muss man das über Steuern jenseits der Ware regeln.

Warum berufliches Fliegen entspannt

Es gibt eine interessante Spaltung des Menschen im Zusammenhang mit dem Fliegen. Der Mensch verhält sich als Tourist anders, als wenn er Geschäftsreisender ist. Eine Untersuchung im Auftrag von *Atmosfair* ergab, dass die gleichen Menschen in unterschiedlichen Rollen unterschiedlich ansprechbar sind. Touristen haben inzwischen das Gefühl, sich für ihren Flug persönlich rechtfertigen zu müssen. Es gibt auch für sie immer Gründe für einen Flug, aber man merkt schnell, dass der Rechtfertigungsdruck deutlich höher ist als bei einem Geschäftsreisenden.

Der Geschäftsreisende lächelt verständnis- oder sorgenvoll und im Prinzip sagt er, dass er ja nicht verantwortlich sei. Nach Leon Festingers sozialpsychologischer Theorie der Kognitiven Dissonanz sucht der Mensch Harmonie zwischen seinen Wertvorstellungen und seinem Verhalten. Fehlt die Harmonie, wird er unruhig und versucht, sie wieder herzustellen. Entweder sucht er dann Begründungen, um sein Tun zu rechtfertigen, oder er schiebt die Verantwortung dafür ab. Zur Rechtfertigung von Konsumentscheidungen wird die selektive Wahrnehmung eingeschaltet, positive Aspekte werden verstärkt, negative unterdrückt.

Berufliche Flüge gehen bei den üblichen CO_2-Rechenmodellen ausdrücklich nicht in den persönlichen Fußabdruck ein. Sie existieren also praktisch nicht bzw. nicht im Hinblick auf die persönliche Moralfrage. Das entspannt die Geschäftsreisenden. Deshalb zahlen sie auch gern extra für umweltbewusstes Fliegen, denn so stehen sie doppelt gut da: Ich bin nicht verantwortlich für die entstehenden Schäden, sorge aber trotzdem dafür, dass sie ausgeglichen werden. Also bin ich ein ziemlich toller Hecht.

Dietrich Brockhagen sagt: »Für mich ist die Frage nach dem Fußabdruck immer die Frage nach dem Verursacherprinzip. Der Verursacher muss nicht allein der sein, der im Flugzeug sitzt. Aber er ist es auch.«

Aber die Firma hat mich doch gezwungen! Glauben Sie, ich wollte zu diesem nichtsnutzigen Kongress nach Absurdistan?

»Na, warten Sie. Die entscheidende Frage ist: Wer verdient denn bei der Sache?«

Das Unternehmen natürlich.

»Ja, das Unternehmen verdient, weil der Geschäftsreisende dafür unterwegs ist. Der Geschäftsreisende verdient aber auch, weil er für das Unternehmen unterwegs ist. Dafür wird er bezahlt.«

Was heißt das für die Verantwortung?

»Man kann schauen, wer am meisten verdient, und danach die CO_2-Last verteilen.«

Das ist dann aber rechnerisch und moralisch kompliziert?

»Nee, nee, so kompliziert ist das nicht. Die Last wird zunächst 50 zu 50 zwischen Passagier und Industrie aufgeteilt. Für den touristischen Bereich kann man die Wertschöpfungskette mit ihren Gewinnanteilen genau nennen. Man weiß, wie viel der Hotelier und der Veranstalter verdienen, wie viel das Flugunternehmen und wie viel das Reisebüro, nämlich am wenigsten. Dann kann man sagen: Wenn 100 Euro geflossen sind und das Reisebüro bekommt davon zehn, dann kriegen sie auch einen fünfprozentigen Anteil an den CO_2-Emissionen. Das ist für mich das Verursacher-Prinzip.«

Und was ist, wenn ich als Journalist für meinen Arbeitgeber nach, sagen wir, San Francisco fliege?

»Wenn Sie dann acht Tonnen verursachen, müssen Sie vielleicht zwei aufs eigene Konto tun, fünf gehen an Ihre Zeitung.«

Macht sieben. Was ist mit der achten Tonne?

»Die geht an die Leserschaft.«

Dass ich zwei nehmen sollte, sah ich ein. Aber die armen Leser, die schon ein teures Abo bezahlen mussten, sollten nun auch noch das Kohlendioxid übernehmen?

»Das wird aber unseren lieben Lesern nicht gefallen, dass sie eine Tonne CO_2 übernehmen müssen.«

»Klar. Aber es ist so.«

»Die Leser werden sagen: Wir haben Ihnen doch nicht vorgeschrieben, ins Flugzeug zu steigen.«

»Und Sie werden sagen: Aber ihr wollt bestimmte News haben, ihr würdet uns doch nicht kaufen, wenn wir das nicht bringen würden.«

Bei einem Unternehmen, das einer Genossenschaft und zahlreichen ökologisch denkenden Lesern gehört und nicht am Markt ist, um Rendite zu erwirtschaften, wäre es interessant, ob diese Leser sagen würden: Nee, nee, dann lass das mal mit dem San-Francisco-Flug, geht ja auch so. Bei einem aktiennotierten Unternehmen führt der Renditedruck zu der Art von Business, die eben stattfindet.

Damit Marktmechanismen im Sinne der Umwelt arbeiten können,

müssen natürliche Ressourcen teurer werden und alle Umweltkosten geregelt in die Preise einfließen. Es wird nämlich ein weiter Weg, bis der Aktionär sich freiwillig bereit erklärt, auf zehn Prozent Rendite zu verzichten, wenn sich zeigt, dass diese zehn Prozent fehlten, sollten Angestellte nicht mehr fliegen.

Anders verhält es sich, wenn Angestellte nicht mehr fliegen, ohne dass das dem Unternehmen ökonomisch schadet. Oder wenn es im Gegenteil dem Unternehmen ökonomisch zugute kommt.

Damit sind wir wieder im Bereich der Kultur und der Gewohnheit. Bei vielen Unternehmen ist es so, dass für bestimmte Dinge in der Weltgeschichte rumgeflogen wird. Oder in Deutschland.

Geschäftsflüge machen 25 Prozent aller Flüge aus. Im Gegensatz zum touristischen Flug, der eben nur sein »muss«, weil der Fliegende es will, kann auf den beruflichen Flug in vielen Fällen tatsächlich verzichtet werden. Es ist Sache eines Unternehmens, festzulegen, für welche Angelegenheiten geflogen werden muss, das heißt persönlicher Kontakt unverzichtbar ist. Und welche Angelegenheiten man – obwohl man sie »immer so erledigt hat« – künftig mittels moderner Kommunikationstechnologien abwickelt.

Unternehmensinterne Kommunikation macht zwei Drittel aller Geschäftsflüge aus. *Atmosfair* hat eine Software entwickelt, mit deren Hilfe Unternehmen ihre Flüge reduzieren können. Im Prinzip funktioniert das so, dass man dem Flugbuchenden während des Vorgangs im unternehmenseigenen System in einem ersten Schritt Alternativen aufzeigt und im zweiten Schritt Grenzen setzt. Brockhagen meint nicht neue Geschäftskontakte, sondern speziell »Leute, die sich gut kennen.« Wenn ein Geschäftsmann auf so eine Buchung hinsteuert, bietet ihm das System an, die Reise eben nicht zu buchen. Sondern sich bei einer Webkonferenz anzumelden.

»Man sagt immer, 50 Prozent der Geschäftsflüge könnte man ersetzen; ich denke, mit dieser neuen Technik könnten 15 Prozent in den nächsten drei Jahren wegfallen«, sagt Brockhagen. Bei einem Vorzeigekunden sind die innereuropäischen Flüge durch die *Atmosfair*-Software bereits um sieben Prozent zurückgegangen. Das Unternehmen hat dadurch einen zweistelligen Millionenbetrag gespart.

Brockhagen hat einen Slogan entwickelt, der den Entscheidern in den Unternehmen eigentlich gefallen müsste. Er lautet: »Zeit sparen, Geld sparen und Emissionen sparen.«

Das heißt: Die Unternehmen steigern die Effizienz ihrer Arbeit und sie steigern die Rendite. Das sind Argumente, die allemal gut genug sind, um über Klimaschutz nachzudenken.

Wer ist dieses »Gewissen«?

Unlängst erhielt ich im Zeitraum von einer Minute zwei Mails. Die eine lautete: »Exklusiv für Sie: 100 Euro Fluggutschein.« Die andere: »Help! Tuvalu is sinking.«

Ich klickte die erste weg, dann auch die zweite. War Ersteres »gut«, das Zweite aber gewissenlos, weil ich die untergehenden Inselbewohner ihrem Schicksal überließ?

Welche Rolle spielt das »gute Gewissen«, das überall betont wird, speziell auch in der Werbung? »Ihr Auto fürs gute Gewissen«, heißt es da nun häufig. Das ist neu. Früher sollte man ein Auto kaufen, um damit Frauen klarzumachen. Oder Berge rauf- und runterzufahren. Heute soll man sich daneben oder stattdessen ein gutes Gewissen kaufen können.

Wer ist das »Gewissen«? Laut Wikipedia wird das Gewissen (lateinisch conscientia, wörtlich »Mit-Wissen«) als eine Instanz im menschlichen Bewusstsein angesehen, die das Handeln des Menschen beratend und beurteilend begleitet. Grundlage der »Dos-and-Don'ts«-Empfehlungen sind nicht ewige ethische Kriterien, sondern gerade geltende Wertmaßstäbe.

Beispiel: In der Regel wird in unserer Gesellschaft im Moment das Recht der sexuellen Betätigung auf feste Paare reduziert. Wer gegen die Regel verstößt, muss ein schlechtes Gewissen haben und Buße tun, wie die erwähnte Kompensationsparodie cheatneutral verdeutlicht.

Bei den Hippies und in der Folge von 1968 dagegen redete man sich ein, dass Promiskuität wichtig sei, um die kleinbürgerlichen Wert-Anachronismen der Elterngeneration zu überwinden.

In den Kommunen hätte ein schlechtes Gewissen derjenige haben müssen, der sich nicht promisk betätigt. In T. C. Boyles Hippie-Roman *Drop City* wird erzählt, wie sich die einen Mitglieder der Kommune dadurch ausleben können, während andere sich zwar beteiligen, um nicht als kleinbürgerlich und unhip zu gelten, die vielfältigen sexuellen Betätigungen aber in Wahrheit nicht gut und erfüllend finden. Im *Spiegel* erzählte eine 68erin, wie sie von einem ihr unsympathischen Knilch mit den Worten »Ich möchte jetzt übrigens mit dir pimpern« zum Geschlechtsverkehr aufgefordert wurde. Statt ihn gebührend abfahren zu lassen, sah sie sich durch die Zeit, die Peer-Group und ihre Wertmaßstäbe zu der peinlichen Ausrede veranlasst: »Oh, ich bin gerade so schrecklich erkältet.«

Wann immer von »Gewissen« geredet wird, geht es offenbar darum, dass ein Handeln nach den geltenden moralischen Regeln der Gesellschaft und/oder des Ich richtig ist (gutes Gewissen) oder falsch (schlechtes Gewissen). Als Hilfsmittel wird gern ein innerer Dialog angenommen, in dem zwei Varianten des Menschen (sagen wir: Engel und Teufel) miteinander diskutieren, was wie zu tun ist. Damit soll gezeigt werden, dass das Gute und das Böse im Menschen angelegt sind und es an ihm ist, welche Seite gewinnt.

Da die betriebsinterne Diskussion schon mühsam und belastend genug ist, verwahren sich Menschen häufig dagegen, sich von jemand anderem »ein schlechtes Gewissen einreden zu lassen«, wenn sie selbst eigentlich noch gar keines haben, das heißt, einen bestimmten Wert noch nicht anerkennen. Das passiert speziell im Zusammenhang mit Klimawandel und Lebensstil häufig, da wir uns in einem gesellschaftlichen oder kulturellen Diskussions- und Evaluierungsprozess befinden.

Es ist noch relativ neu, dass wir darüber reden, ob das Fliegen, der Konsum bestimmter Waren, das Unterstützen bestimmter Unternehmen

»richtig« oder »falsch« ist. Die Abwehrreaktion erfolgt häufig mit dem ehrlichen Gestus: Nicht das auch noch! Ich habe genug andere Probleme.

Für die Atmosphäre ist es übrigens völlig belanglos, ob ich ein gutes, ein schlechtes oder gar kein Gewissen habe. Für die Atmosphäre zählt allein, was mein Auto ausstößt. Ob ich fliege oder nicht. Und ob ich fliege und kompensiere und dadurch zumindest anderswo CO_2 eingespart wird.

Menschen, die sich intensiv mit der Frage des Fliegens auseinandergesetzt haben und zu dem Ergebnis gekommen sind, dass es »falsch« ist, haben beim Übertreten ihrer Wertmaßstäbe tatsächlich ein »schlechtes Gewissen«, das heißt, ein Gefühl des Unbehagens, das durch die oben erwähnte Kognitive Dissonanz entsteht. Also durch eine Entscheidung zwischen zwei Alternativen, bei der die als positiv erkannte Alternative die bereits verworfene ist.

Das ist unangenehm und schwer auszuhalten. Daher wird der Mensch versuchen, die verlorene Konsonanz schleunigst wieder herzustellen. Er sucht Rechtfertigungen für sein Tun.

Ich habe im Laufe der Zeit einige gehört und selbstverständlich auch benutzt.

»Hm, Bahnreise würde zu lange dauern.«

»Hab ja leider das Geld nicht.«

»Habe leider nicht so viel Urlaub.«

»Habe leider keine Bahncard, die würde sich ja bei mir nicht lohnen.«

Glaubt der Mensch sich die Begründung, kommt er zur Ruhe. Rechnet er nach, könnte er feststellen, dass etwa ein Flug von Berlin nach Basel mit S-Bahn nach Schönefeld, Bustransfer und Nahverkehrszug nach Freiburg viereinhalb Stunden dauert, die Bahnreise auch nur sechs.

»Ja, aber ich kann morgens um elf Uhr einen Termin machen und abends die Kinder ins Bett bringen. Das ginge mit dem Zug halt nicht.«

Die Kinder! Sehr gut. Grad noch mal geschafft.

Gelingt es nicht, sich das Nichteinhalten seines Wertmaßstabes zu begründen, kommt es zu Schuldgefühlen und in der Folge zu einem verringerten Selbstwertgefühl.

Nicole Maroscheck hat in einer wissenschaftlichen Untersuchung geforscht, ob *Atmosfair* als Mittel genutzt wird, um die Alternativen der Entscheidung (Nichtfliegen = umweltfreundlich / Fliegen = umweltschädlich) zusammenzubringen (umweltfreundliches Fliegen) und damit seelischen Einklang herzustellen.

Wer sich einbildet, dass er »umweltfreundlich fliegt«, das ist eine weit verbreitete Annahme, kann durch *Atmosfair* zum lustigen Vielflieger werden. Maroscheck sagte mir, dass laut ihrer Untersuchung die Vermutung nahe läge, *Atmosfair* habe »einen zu vernachlässigenden flugsteigernden Effekt«.

Die Kunden fliegen eher wenig, drei Viertel fühlen sich verpflichtet, weitgehend aufs Fliegen zu verzichten. Keineswegs fangen Nichtflieger durch *Atmosfair* mit dem Fliegen an. Erklärte Nichtflieger sind meist gut ausgebildete Grünen-Wähler, die sich durch ausgiebige Beschäftigung mit dem Klimaproblem in den letzten zehn Jahren zum Nichtfliegen entschlossen haben. *Atmosfair* ist für Nichtflieger in der Regel keine Alternative, sondern wird von ihnen kritisiert.

Die Billigfluglinie *Easyjet* bietet inzwischen auch an, UN-zertifizierte Projekte für CO_2-Ausgleich zu unterstützen. Der Preis für Berlin – Basel hin und zurück beträgt 2,64 Euro, »um die 137 Kilogramm Kohlendioxid auszugleichen, die für jeden Passagier anfallen.«

2,64 Euro? *Easyjet* hat keine First Class und kann damit mehr Leute in einem Flieger transportieren. Die Maschinen sind auch meist gut gefüllt. Dadurch verbraucht man tatsächlich weniger Kerosin pro Reisendem als Mitbewerber. Der Trick besteht aber darin, nur »die 137 Kilogramm Kohlendioxid« auszugleichen, also CO_2-Neutralität zu versprechen, nicht: Klimaneutralität. Das heißt: Der RFI-Faktor wird komplett ignoriert. Das folgt der Logik, dass jemand, der für 30 Euro fliegen will, nicht zehn Euro fürs Klima bezahlen wird.

In diesem Fall kann ich mir vorstellen, dass jemand mit Informationsdefizit den Minibetrag bezahlt und fröhlich davonfliegt, weil er dem Spin von *Easyjet* folgt und wie gewünscht denkt: 2,64 Euro? Super-Gefühl. Und überhaupt: So schlimm kann das ja wohl nicht sein mit dem Klimaschaden durch meinen Flug.

Es erscheint mir aus persönlicher Erfahrung und nach Beschäftigung mit dem Thema aber sehr unwahrscheinlich, dass jemand anfängt, sich seriös mit der Problematik auseinanderzusetzen, die Zusammenhänge versteht – und danach seinen Flugkonsum intensiviert, weil er feststellt, dass man Klimaschutzbeiträge zahlen kann. Und ob jemand, der nicht mehr fliegen würde, wenn er nicht kompensieren könnte, wohl weiterhin fliegt, weil er zahlen kann?

Kompensieren ist nach meiner Einschätzung ein wichtiger Schritt, um anzuerkennen, was man eigentlich so alles produziert – in meinem Fall 25.000 Kilogramm Kohlendioxid.

Nie mehr Kalifornien?

Ich habe großspurig erzählt, dass ich keine Impulsbilligflüge mehr mache, keine Inlands- und keine Bullshitflüge. Aber da ist immer noch die jährliche Kalifornien-Reise. San Francisco liegt etwa 10.500 Flugkilometer von Berlin entfernt. Die 6,4 Tonnen CO_2, die *Atmosfair* mir dafür aufbrummt, sind noch eher wenig. Andere Rechner sagen: acht Tonnen.

Ich habe meine Jahresbilanz mit dem CO_2-Rechner des *Instituts für Energie- und Umweltforschung* (*Ifeu*) ermittelt. Dieser Rechner unterteilt in die Bereiche privater Konsum, Ernährung, unterwegs, zu Hause und öffentlicher Konsum.

Meine CO_2-Bilanz 2007 ist 16,2 Tonnen.

Das ist ein Drittel mehr, als Deutsche im Schnitt verbrauchen.

17-mal so viel wie ein Afrikaner.

Das liegt vor allem an der Kalifornien-Reise. Außerdem war da ja noch dieser Costa-Brava-Zwischenurlaub im Mai. Auch schon fast Tradition. Macht laut *Ifeu* zusammen 9,4 Tonnen allein durch zwei Urlaube.

Gutes, postideologisches Leben als moralischer Hedonist ist schön und gut. Aber: So viel Ökostrom kann man gar nicht beziehen, so wenig kann man gar nicht duschen oder heizen. So viel weniger Fleisch kann man nicht essen und so viele Autos nicht besitzen, als dass man einen Transatlantikflug machen könnte – und dennoch eine Bilanz hinlegen, die Zukunft hat und nicht auf Kosten der Zukunft geht. Um es mal moralisch zu sagen.

Bestätigt dies nicht das Urteil jener, die mich für einen Heuchler und Scheinheiligen halten?

»Das kann man schon so nennen«, sagt Dietrich Brockhagen. »Wenn man sich erst mal genau bewusst ist über seinen CO_2-Fußabdruck und hat immer noch 16 Tonnen, dann ist es Heuchelei, anderen zu sagen, sie sollten mal schön Car-Sharing machen.«

Ich sehe den kalifornischen Himmel vor mir, die Pacific Avenue, den Harbour Beach. Ich fantasiere angestrengt das, was man sich sonst auch so zusammenfantasiert, und warte darauf, dass sich mein Rechtfertigungsprogramm aktiviert und eine neue Ausnahmeregelung auswirft. Aber es kommt nichts mehr. Schöne Scheiße.

12

MEIN ENERGIE-PLAN

Es wird Ernst. Mein Energieplan lautet: Minus 80 Prozent. Sofort. Das wird super

Was haben wir geschafft auf dem Weg zum bewussten Klimaschutzkonsumenten? Ökostrom, okayes Auto, moderne energieeffiziente Geräte, bewusster Lebensmitteleinkauf unter Gesundheits- und Klimaschutzaspekten, unter anderem weniger und besseres Fleisch. Wahlentscheidungen auf Grundlage des ökologischen Programms. Boykott von sozial und ökologisch nicht akzeptablen Unternehmen. Keine Inlandsflüge mehr. Keine

Kurztrips in europäische Städte per Billigflieger. Diverse Ökostrom-Wechsel initiiert. Ein erfolgreicher Versuch, Kolleginnen für das Thema zu sensibilisieren, ein bisher nicht erfolgreicher Versuch, einen Arbeitgeber von CO_2-Neutralität zu überzeugen. Eine unbekannte Zahl von Menschen entfremdet. Einen Sohn so beeinflusst, dass er einen heute anmotzt, wenn man seinen CD-Player auf »Pause« stellt, statt ihn auszuschalten.

»Sehr gut, sehr gut«, sagt mein Bruder, »aber das könnt ihr noch viel besser.«

Offensichtlich hat er gerade einen Grundkurs in Mitarbeitermotivation absolviert.

Dabei ist das nicht nötig. Ich weiß selber, dass das erst der Anfang ist.

Je mehr man sich reinsteigert, desto klarer wird einem auch, wie sehr die Schienen der Gesellschaft einem ein bestimmtes Leben und Verhalten nahelegen: Fliegen, rasen, Fleisch essen und so weiter. Ich bin inzwischen in der Lage, die Nebenstrecken zu finden. Das ist okay, geht aber noch relativ leicht. Mein Bruder hat sich eigene Schienen gelegt, das ist schon schwieriger. Wir werden das jetzt auch mal probieren.

Erstens: Der globale Kohlendioxidausstoß und die daraus resultierende Erwärmung sind im Wesentlichen auf das Bereitstellen und Verbrauchen von fossiler Energie zurückzuführen. Mein Plan ist es daher, den Verbrauch fossiler Energie zunächst weiter zu reduzieren und dann ganz einzustellen. Ziel ist ein Leben in Saus und Braus, das schon bald komplett mit erneuerbaren Energien funktioniert. Die hoffentlich geringe Menge an Ökostrom, die wir künftig jährlich verbrauchen, wollen wir selbst produzieren. Solange wir kein eigenes Dach haben für eine Photovoltaikanlage oder einen Keller für ein Blockheizkraftwerk und bis der Schwiegervater weichgeklopft ist, kaufen wir Anteile an Gemeinschaftsanlagen, die erneuerbare Energie erzeugen.

Zweitens: Geplant ist auch der zügige Ausstieg aus der Mobilität mit fossilen Brennstoffen. Das Dreiliter-Auto ist ja schön und gut, fährt aber immer noch mit Diesel, also Erdöl. Das hat keine Zukunft. Es bleibt so lange, bis der erste Plug-in-Hybrid für vier Passagiere auf dem Markt ist.

Damit werden wir in der Stadt und bei Fahrten bis 100 Kilometer zwar auch mit grünem Strom noch nicht ganz sprit- und emissionsfrei fahren, aber der Effizienzschritt im Vergleich zum Diesel wird gewaltig sein. Weil mich das Gleiten des Prius im reinen Elektrobetrieb so begeistert hat, kann ich das kaum erwarten. Das erste Unternehmen, das einen bezahlbaren Plug-in anbietet, kriegt mein Geld reingestopft.

Drittens: Alle Kleinkram-Bereiche werden weiterentwickelt. Die Ernährung, das persönliche Verhalten im Alltag, der Elektrogeräte-Park. Als Nächstes muss eine richtig moderne Waschmaschine her. Wir haben schon eine bei *Ecotest* rausgesucht.

»Geld braucht man schon«, sagt meine Frau. Stimmt. Es muss ein Gefühl ökonomischer und physischer Sicherheit geben, damit man den Kopf frei hat. Das heißt aber nicht zwingend, dass man fest angestellt sein muss, fünfstellig verdienen (im Monat) und seine Rente klar haben.

In meinem Fall bedeutet das: Ich werde bei entsprechenden ökonomischen Rahmenbedingungen keine Probleme haben, ein wahrhaft begeisterter Öko-Angeber zu sein, der sich an seinem Klimakonsum so berauscht, wie mein Bruder das verlangt.

Viertens: Die Sorge, ob ich mit fröhlichem Öko-Konsum womöglich mein Kleinbürgertum ausstelle oder den Raubtierkapitalismus und damit all seine negativen Folgen unterstütze, habe ich als nicht zielführend beiseite gelegt.

Es gibt gute Gründe, antikapitalistisch zu denken. Je mehr Menschen künftig vom Wohlstand ausgeschlossen sind oder werden, desto stärker wird der Widerstand sein. Die diagnostizierte »Politisierung« der Zwanzigjährigen hängt auch damit zusammen, dass sie im Gegensatz zu uns nicht mehr automatisch in gut bezahlte Festanstellungen hineinfallen.

Realistisch gesehen muss ich aber sagen: Ich persönlich werde in diesem Leben den Kapitalismus nicht überwinden. Und das ist auch nicht mein Plan. Damit will ich nicht behaupten, dass die komplizierten gesellschaftlichen Konflikte der Zukunft mit Konsum zu lösen seien. Nur: Es stehen in diesem Zusammenhang auch immer noch Politik-, Gesellschafts-, Bürgerlichkeits- und Protestmodelle in der Gegend rum, die längst plastiniert sind. Weg damit. Altes Denken kann die neuen Probleme nicht lösen. Wenn sich etwas inhaltlich Neues entwickelt, das die Gesellschaft voranbringen kann, dann nicht dort, wo anachronistische Mittel und Vorstellungen, wo Barrikaden oder Pflastersteine recyclet werden. Jede Form von »Straßenkampf« ist ein Retro-Spektakel, das für die Showbühne in den *Tagesthemen* taugt oder im Estrel-Hotel von Berlin-Neukölln, wenn dann mal alle das Abba-Musical gesehen haben. Jede Definition von »neuer Bürgerlichkeit«, die neues sozial-ökologisches Bewusstsein nicht als grundlegendes Moment integriert, taugt bestenfalls fürs Feuilleton.

Fünftens: Ich glaube bis zum Beweis des Gegenteils an den Konsum als soziale Handlung. Die den Kapitalismus modifizierende Grundlage des Denkens, Agierens und Konsumierens ist das Bewusstsein, dass die Wirtschaft nicht über die Biosphäre hinauswachsen kann. Die Bejahung des Marktes ist keine Absolution für alles. Das Ziel der Abschaffung des Energiemonopols in Deutschland und eine etwaige Verstaatlichung der Netze kann man auch verfolgen, ohne deshalb Sozialismus einführen zu wollen. Das Klimawandelproblem ist keine Systemfrage, sondern sehr wahrscheinlich im Sozialismus noch schwieriger zu lösen. Vor allem aber stellt sich die Systemfrage zu unseren Lebzeiten eh nicht mehr.

Der Konsumbürger als solcher ist sicher nicht neu. Neu werden die veränderten Standards sein, die er setzt, und die Ansprüche, die er stellt. Es handelt sich nicht um »das Beharren auf individuellem Verbraucheraktivismus anstelle einer umweltpolitischen Regulierung von Folgekosten«, das Heath und Potter in dem Klassiker *Konsumrebellen* einst beklagten. Die Idee ist: Konsumbürger und Umweltpolitik gehen eine Allianz ein, die sich gegenseitig stärkt.

Sechstens: Die Wissenschaft hat den Forschungsstand erarbeitet, die Ökonomen die wirtschaftlichen Auswirkungen beschrieben, die Politik muss aktiv Gesetze und Leitlinien vorgeben, um effektiven Kampf gegen Klimawandel ermöglichen zu können. Die Gesellschaft muss jetzt den gesellschaftlichen und sozialen Prozess entwickeln und definieren. Es geht nicht nur um Modernisierung der Wirtschaft und ihrer Produkte, es geht um eine Neusetzung von gesellschaftlichen Prioritäten und eine Überarbeitung und Veränderung der gesellschaftlichen Schienen, die unseren Lebensstil determinieren. Das Schöne ist: Man braucht sich keine Sorgen zu machen, dass die Anstrengung vergebens sein könnte. Der Aufbruch in die Energiemoderne ist nötig und immer richtig – ungeachtet der Frage, wie stark die Erde sich erwärmt.

Siebtens: Es braucht Menschen, die sich nicht auf Theorien oder Utopien konzentrieren, sondern die real in der Konsumgesellschaft stehen, die verstanden haben, wie sie funktioniert, und die auf dieser Grundlage agieren, protestieren, unterstützen und ablehnen – und sich nicht von den tatsächlich existierenden und teilweise eklatanten Widersprüchen lähmen lassen. Das heißt in der Konsequenz: Wenn die alte Elite nicht schleunigst in die Gänge kommt, dann wird sie abgelöst von einer neuen Elite, die in der Lage ist, ein Leitbild zu formulieren und zu leben in der entscheidenden Frage, der Energie- und Klimafrage. Das klingt jetzt ein bisschen vorlaut, aber diese Elite sind dann in Gottes Namen wir. Einer muss es ja machen.

Achtens: Ich fürchte, mit dem Aufstieg der Neuen Ökos zu einer vorbildstiftenden bürgerlichen Bewegung wird nicht nur eine Neudefinition des ehemaligen Kampfbegriffs »ökologischer Lebensstil« nötig, sondern auch eine des Wortes »Engagement«. Die Entwicklung zum bewussten Konsumenten und Neuen Öko vollzieht sich vor dem Hintergrund des Klimawandels, des Abschieds von der Industriegesellschaft sowie von diversen wirren Flausen, die man zu lange im Kopf hatte. Es ist die neue Kultur eines verantwortungsbewussten Konsumbürgers. Das pralle Dasein wird weder in der Dachgeschosswohnung gesucht noch im Anti-Bürgerlichen, sondern in einer neuen Verknüpfung des Privaten und des Öffentlichen, des Konsums und des Engagements. Das Motto: Engagiert materialistisch.

Auf dieser Grundlage engagieren sich die Konsumenten nun verstärkt und mit einem Plan, der im schlechtesten Fall sie selbst individuell voranbringt und glücklicher macht. Wenn man sich so umschaut, muss man sagen: Das ist ja schon eine ganze Menge.

Neuntens: Das Höhnen über »Selbstverwöhnung« der neuen bewussten Konsumenten mag im Einzelfall berechtigt sein, missachtet aber die reale soziale und ökologische Verbesserung, die vom bewussten Klimakonsum ausgeht. Wer vermutet, jemand fahre mit seinem modernen, effizienten Auto aus lauter Begeisterung doppelt so viel, weiß nichts von der Bewusstseinsveränderung, die sich vollzieht. Wer sich aus Klimagründen ein echtes Öko-Auto kauft, der denkt so intensiv über die Zusammenhänge nach, dass er damit weniger fahren wird.

Zehntens: Was ich aus meiner kurzen, aber intensiven Erfahrung sagen kann: Das Leben als Neuer Öko ist besser als das alte als gleichgültiger Hedonist. Ich spüre, dass ich weniger gelebt werde und mehr lebe, seit ich genauer weiß, was ich will und wozu. Im Prinzip kann man die Sache also auch eine Entwicklung vom gleichgültigen Hedonisten zu einem verantwortungsbewussten Hedonisten nennen.

Elftens: Es ist spannend, als Teil eines entstehenden neuen Leitmilieus für eine neue, zeitgemäße Kultur zu werben und zu stehen, die Natur und Klimawandel selbstverständlich in alles Denken und Handeln integriert. Viel spannender als in altes Denken zurückzufallen oder sich im Gestrüpp von Anti-Kapitalismus, Gegenkultur-Illusion und dem langweiligen gegeneinander Ausspielen der ökologischen und sozialen Fragen zu verheddern.

Zwölftens: Wie weitreichend die Bewusstseins- und Konsumrevolution sein wird, die wir anzetteln, wie viel die Produktpolitik leisten kann, die wir machen, hängt davon ab, wie viele einsteigen und wie engagiert und konsequent wir die Sache durchziehen.

Ich gehe davon aus, dass der Frankfurter Soziologe Christian Schneider recht behält, der gesagt hat: »Die Klasse der Konsumenten wird den Kapitalismus nicht abschaffen, aber sie wird ihn von innen verändern. Was in der Luft liegt, ist eine aus vernetzten Konsumenten-Gruppen entstehende Verbraucher-Demokratie.« Was ich sicher weiß: Meine persönliche Modernisierung funktioniert auch ohne die Chinesen und Inder. Und die energetische Modernisierung in Deutschland und den USA auch.

Dreizehntens: Ich glaube inzwischen auch, dass die hochemittierende westliche Gesellschaft beim Klimaschutzkonsum vorangehen muss, um die wunderbaren Innovationen in der Folge global verkaufen zu können. Das betrifft nicht nur Energie-Einsparung, sondern auch Anpassungstechnologie.

Mein neues Leben als fröhlicher, verantwortungsbewusster Konsument ist ein Entwicklungsschritt. Wir müssen auch global glaubwürdig sein, um die zu Recht bestehenden Vorurteile entkräften zu können, dass wir letztlich nur weiter auf Kosten der Armen unseren Wohlstand verteidigen wollen. Auch wenn wir in Berlin-Neukölln leben, sind wir global betrachtet die Elite. Deshalb muss zunächst unser Energieverbrauch im Westen entscheidend sinken. Das heißt, vor allem und als Erstes auch mein persönlicher. Wenn wir das schaffen und dabei so schön grinsen wie die Kalifornier, werden uns die anderen das abkaufen und die dafür entwickelten Gegenstände gleich mit.

Vierzehntens: Ich habe alle möglichen Gründe nochmal erwogen, die dagegen sprächen. Aber ich fürchte, was der *Atmosfair*-Geschäftsführer mir sagte, stimmt leider: Man kann nicht eine Sache propagieren und tatsächlich wollen – und gleichzeitig 16 Tonnen raushauen.

Fliegen ist ein Bereich, der den Lebensstil bei entsprechender Entscheidung tatsächlich entscheidend verändert. Schlimmer: Im Unterschied zu anderen Bereichen ist das Fliegen eine Sache, bei der man selbst bei guter Lebenserwartung nicht mit technologischen Lösungen rechnen sollte. Fliegen oder nicht fliegen ist, so leid mir das für mich selbst tut, eine Frage der Moral.

Das ist hart, denn im Fall unserer Familie bedeutet es, dass wir dieses Jahr nicht mehr an die Westküste kommen werden. Da trifft es sich ganz schlecht, dass ich vor einigen Monaten angefangen habe, von Eugene, Oregon, zu träumen. Seltsam ist aber auch, dass diese Kinder, die jahrelang murrend mitkamen, plötzlich angefangen haben, von Kalifornien zu schwärmen.

Wir Erwachsenen sind dennoch fest entschlossen, nicht zu fliegen. Werde ich durchhalten? Oder mich irgendwann überzeugen, dass mit Atmos-fair-Klimaschutzbeitrag die Flüge letztlich doch okay sind?

Fünfzehntens: Was ich sicher weiß, ist, hundert Prozent korrekt und moralisch sein geht nicht und ist auch nicht das Ziel. Genauso wenig wie die Rettung der Welt. Das Ziel ist viel bescheidener und lautet: 80 Prozent weniger und nur noch erneuerbare Energie verbrauchen.

Mein Bruder sagt: »Das ist keine Lebensaufgabe und kein Hexenwerk, das schaffen wir nebenbei.«

Er sicher. Was mich betrifft, so kommt gerade meine Frau rein und sagt: »Warum brennen hier schon wieder alle Lichter?« Keine Ahnung. Aber danke, dass du fragst, Süße. Ich werde sie gleich mal nacheinander ausschalten.

Und was ist mit Adornos Urteil, dass es kein richtiges Leben im falschen gibt?

Das mag für Adorno gegolten haben. Aber muss es auch für mich gelten?

Ich halte Sie auf dem Laufenden.

Weiterführende Literatur

ABURDENE, Patricia: *Megatrends 2010. The Rise of Conscious Capitalism.* Charlottesville 2005.

BODE, Thilo: *Abgespeist. Wir wir beim Essen betrogen werden und was wir dagegen tun können.* Frankfurt/Main 2007.

BOLZ, Norbert: »Das konsumistische Manifest«. In: Khor u.a.: *Konsum. Globalisierung. Umwelt.* S. 54–57. Hamburg 2005.

BOYLE, T.C.: *Drop City*, München 2003.

BUSSE, Tanja: *Die Einkaufsrevolution. Konsumenten entdecken ihre Macht.* München 2006.

CHARIM, Isolde: »Der planetarische Präsident«. In: *taz Journal* »Logisch. Wie wir alle besser leben«. Berlin 2007.

DUVE, Karen: *Anständig essen.* Berlin 2011.

FLANNERY, Tim: *Wir Wettermacher.* 2. Auflage, Frankfurt/Main 2007.

FRIEBE, Holm und Sascha LOBO: *Wir nennen es Arbeit. Die digitale Boheme.* München 2006.

GORE, Al: *Eine unbequeme Wahrheit. Die drohende Klimakatastrophe und was wir dagegen tun können.* München 2006.

GORE, Al: *Angriff auf die Vernunft.* München 2007.

GRIMM, Fred: *Shopping hilft die Welt verbessern. Der andere Einkaufsführer.* München 2006.

HAHLBROCK, Klaus: *Kann unsere Welt die Menschen noch ernähren?* Frankfurt/Main 2007.

HEATH, Joseph und Andrew POTTER: *Konsumrebellen. Der Mythos der Gegenkultur.* Berlin 2005.

HICKMAN, Leo: *Fast nackt. Mein abenteuerlicher Versuch ethisch korrekt zu leben.* München und Zürich 2006.

JAENICKE, Hannes: *Wut allein reicht nicht.* Gütersloh 2010.

LOTTER, Wolf: »Das richtige Maß. Weniger ist mehr? Falsch.« In: *brand eins* 07/07: »Zu viel! Überleben im Überfluss«.

LOVELOCK, James: *Gaias Rache. Warum die Erde sich wehrt.* Berlin 2006.

MAROSCHECK, Nicole: *Untersuchung potenzieller Effekte von Emissionsausgleichszahlungen auf das Flugverhalten klimaschutzorientierter Menschen.* Diplomarbeit. Uni Lüneburg 2006.

MISIK, Robert: *Das Kultbuch.* Berlin 2007.

PÖTTER, Bernhard: *König Kunde ruiniert sein Land. Wie der Verbraucherschutz am Verbraucher scheitert.* München 2006.

POLLAN, Michael: *Das Omnivoren-Dilemma*. München 2011.

POLLAN, Michael: *Lebensmittel*. München 2009.

SAFRAN FOER, Jonathan: *Tiere essen*. Köln 2010.

SCHEER, Hermann: *Energieautonomie. Eine neue Politik für erneuerbare Energien*. München 2005.

SCHEER, Hermann: *Der EnergEthische Imperativ. 100 Prozent jetzt*. München 2010.

SCHEER, Hermann: *Solare Weltwirtschaft. Strategie für die ökologische Moderne*. München 2002.

SCHLOSSER, Eric: *Fast Food Nation: The Dark Side of the All-American Meal*. New York 2002. Deutsche Ausgabe: *Fast Food Gesellschaft*, München 2003.

SCHREIBER, Jürgen: *Meine Jahre mit Joschka*. Berlin 2007.

STAUD, Toralf und Nick REIMER: *Wir Klimaretter. So ist die Wende noch zu schaffen*. Köln 2007.

STEFFEN, Alex (Hg.): *Worldchanging. A User's Guide for the 21st Century*. New York 2006.

STEHR, Nico: *Die Moralisierung der Märkte*. Frankfurt/Main 2007.

TRENDBÜRO: *OTTO-Trendstudie Konsum-Ethik 2007*. Hamburg 2007.

ULLRICH, Wolfgang: *Haben wollen. Wie funktioniert die Konsumkultur?* Frankfurt/Main 2006.

WALTER, Franz: *Träume von Jamaika. Wie Politik funktioniert und was die Gesellschaft verändert*. Köln und Hamburg 2006.

WENZEL, Eike, Christian RAUCH und Anja KIRIG: *Zielgruppe Lohas. Wie der grüne Lifestyle die Märkte erobert*. Kelkheim 2007.

Fußnoten

1 Hermann Scheer (geboren am 29. April 1944) war der wichtigste Kämpfer für eine globale Wende zu den Erneuerbaren Energien. Er starb am 14. Oktober 2010 in Berlin. Ich habe mich entschlossen, die diversen Stellen in »Öko« unverändert zu lassen, an denen Scheer sehr lebendig auftaucht. Auch ein, zwei etwas alberne Passagen. Das soll aber nicht meine Hochachtung vor der Lebensleistung Hermann Scheers schmälern. In einem Nachruf schrieb ich in der *taz* Folgendes, von dem ich nichts zurückzunehmen habe: »Wenn man eines Tages die Namen von aktuellen Spitzenpolitikern längst vergessen haben wird, speziell jene der SPD, dann wird man sich immer noch erinnern an einen herausragenden Weltpolitiker, Intellektuellen und Humanisten unserer Zeit. An Hermann Scheer. Um es auch

für den popkulturell konditionierten Teil der Gesellschaft klarzumachen: Hermann Scheer ist größer als die Beatles. Über seine Bedeutung kann heute noch kein Konsens bestehen. Aber das wird sich ändern. Scheer hat die Wende zu hundert Prozent erneuerbaren Energien nicht nur früh als zentrale Aufgabe der Gegenwart erkannt, er sah die gesellschaftliche und soziale Dimension, er war in der Lage, die ökologische Transformation zu denken. Mehr: Er war sicher zu wissen, wie man sie hinkriegt.«

2 2010 kauften wir einen Flachbildfernseher. Energiesparende LED-Hintergrundbeleuchtung. 71 Watt Stromverbrauch. 81 Zentimeter-Bildschirm. Wir hatten vorher 37 Zentimeter und fanden ihn riesig. Der Verkäufer war indes beleidigt. Es war unter seiner Würde, etwas unter 106 Zentimetern zu verkaufen.

3 Inzwischen sind wir selbst bei EWS/Schönau. Minki sagt, er habe nichts anderes von einem Öko-Angeber wie mir erwartet.

4 Auch 2010 waren Dienstwagen in Deutschland in der Regel große Audi, BMW oder Daimler, speziell bei Bundes- und Landespolitikern, sowie bei Oberbürgermeistern. Klimakultur und die Wichtigkeit von identitärer Symbolik ist in diesem Milieu immer noch nicht angekommen.

Zeitungen und Zeitschriften

Enorm – Wirtschaft für den Menschen
Der Falter
Frankfurter Allgemeine Sonntagszeitung
New York Times
Rolling Stone Magazine
San Jose Mercury News
San Francisco Chronicle
Der Spiegel
Süddeutsche Zeitung
Die Tageszeitung
taz-Journal (»Logisch. Wie wir alle besser leben.«)
taz-Journal
(»Es ist Liebe. 32 Liebeserklärungen an die Teilnehmer der Fußball-WM 2006«
Time
Vanity Fair
Wirtschaftswoche
Die Zeit

Songs

»Christiane« – Bernd Begemann. Aus: *Rezession, Baby!* (1993).

»Love The One You're With« – Stephen Stills. Aus: *Stephen Stills* (1970).

»Müsli Män« – BAP. Aus: *für usszeschnigge* (1981).

»Zehnter Juni« – BAP. Aus: *vun drinne noh drusse* (1982).

»I Saved the World Today« – Eurythmics (1999).

»Ökostrom« – MIA. Aus: *Stille Post* (2004).

»Watt'n Knall bei Vattenfall« – Ökosex (2007).

»Weihnachten ohne Atom« – Ökosex (2007).

»Annie Lennox said to me ...« – Ökosex (2009)

Internetseiten

alles-was-gerecht-ist.de

atmosfair.de

bioberlin.worldpress.com

cheatneutral.com

dasistdrin.de

dhlovelife.com

duh.de

ecorazzi.com

ecotopten.de

ethicalconsumer.org

foodwatch.de

grueneautos.com

karmakonsum.de

konsumguerilla.de

lohasjournal.com

live.tcktcktck.org

maioandco.com

oekosex.eu

treehugger.com

youtube.com

Danksagung

Mein erster Dank geht an Birgit Schmitz. Sie sagte mir: »Darüber musst du ein Buch schreiben, Peter.« Und dann erklärte sie mir, wie man das macht.

Viele Menschen haben in der Folge zu den Geschichten und Gedanken beigetragen, die in diesem Buch stehen. Dazu kommen viele Informationen und Inspirationen aus Zeitungsartikeln und Büchern. All diesen Menschen danke ich. Besonders wichtig waren die Bücher von Fred Grimm sowie von Nick Reimer und Toralf Staud.

Ich danke meinen Kollegen in der *taz*, die mir dieses Projekt ermöglicht haben, weil sie erkannten, dass es mir wirklich am Herzen liegt.

Ich danke allen, die mir ihre Zeit geschenkt haben, die mir ihre Hilfe gewährt haben und die mich und das Projekt bereichert haben. Viele Freunde und Kollegen habe ich immer wieder in Gespräche verwickelt, um ihre Gedanken zu diesem Thema zu erfahren. Manchmal sogar, ohne ihnen zu sagen, dass sie gerade beraubt werden. Auch dafür sage ich Danke und bitte um Verständnis. Stellvertretend nennen möchte ich Dietrich Brockhagen, Ulla Gahn, Gero Lücking, Boris Palmer, Christiane Paul, Hermann Scheer, Nico Stehr und Eike Wenzel sowie Gerda Jenninger, Karin Unfried, Volker Weidermann, Birgit Kolboske und Stefan Kuzmany.

An einer entscheidenden Weggabelung traf ich Jan Feddersen. Und dann lief es.

Ein großer Dank geht an meine Agentin Barbara Wenner, die an die Idee glaubte. Und an den DuMont Verlag und dort speziell an meine Lektorin Tanja Rauch. Nur durch sie konnte aus der Idee ein Buch werden.

Besonders danke ich Paulina und Kalle. Dafür, dass sie Dreiliter-Autos auch gut finden. Und Ute. Du bist die wahre Öko.

Mein letzter Dank geht an meinen Bruder. Ohne dich wäre dieses Buch weder nötig geworden noch möglich gewesen.

Danke, Martin.